TEN LECTURES ON
ENTERPRISE
STRATEGY

战略十讲

企业战略框架与逻辑的本土演绎

（第二版）

任俊正 著

中国发展出版社
CHINA DEVELOPMENT PRESS

图书在版编目（CIP）数据

战略十讲：企业战略框架与逻辑的本土演绎 / 任俊正著. -- 2版. -- 北京：中国发展出版社，2021.12（2025.6重印）

ISBN 978-7-5177-1277-0

Ⅰ. ①战… Ⅱ. ①任… Ⅲ. ①企业战略－研究 Ⅳ. ①F272

中国版本图书馆CIP数据核字（2021）第259771号

书　　　名： 战略十讲：企业战略框架与逻辑的本土演绎
著作责任者： 任俊正
出 版 发 行： 中国发展出版社
联 系 地 址： 北京经济技术开发区荣华中路22号亦城财富中心1号楼8层（100176）
标 准 书 号： ISBN 978-7-5177-1277-0
经　销　者： 各地新华书店
印　刷　者： 北京富资园科技发展有限公司
开　　　本： 710mm × 1000mm　1/16
印　　　张： 22.5
字　　　数： 332千字
版　　　次： 2021年12月第1版
印　　　次： 2025年6月第2次印刷
定　　　价： 69.00元

联 系 电 话：（010）68990642　68990625
购 书 热 线：（010）68990682　68990686
网 络 订 购： http://zgfzcbs. tmall. com
网 购 电 话：（010）88333349　68990639
本 社 网 址： http://www.develpress. com
电 子 邮 件： 121410231@qq. com

再版序

本书第一版面世至今已有五年时间。

五年里，一方面，我持续追踪着中国企业群体的发展，像是看一幅动态的清明上河图，尽管国际风云仍在变幻，甚至曾经有过血雨腥风，中国企业群体的规模及质量仍然发生了不可思议的变化，又像是看一部电视连续剧，一些知名企业退出了历史舞台，一些新进企业正在粉墨登场，眼看他楼起了，眼看他楼倒了，让人不胜唏嘘。另一方面，我持续痴迷于战略研究与实践，像是一个人在与自己下棋，自然不自然地琢磨每一个见过或知道的企业的前世今生，用理论推演战略的演进，用实践来验证理论的逻辑。

企业家注定是孤独的。风平浪静时，他们需要感知青萍之末，警惕山雨欲来，又无法要求所有人都像他一样敏感，还要时刻防范公司的缺点被外界无端放大。疾风骤雨时，他们需要看到万里晴空，希冀雨后彩虹，也无法要求所有人都像他一样隐忍，看着人才该来不一定能来，想走随时就走，笑纳四面流言。他们不能分享自己内心的真实感受，哪怕面对自己最亲近的人。他们像走钢丝的人，随时都可能粉身碎骨，每刻还不能过于紧张。

五年里，我用心体会中国企业群体的起起落落，不断琢磨其背后的共性规律，一个结论更为清晰地浮现在我的眼前：战略的本色是常识，起起落落大都应归因于常识，而人却往往过多归因于自己，这才是起起伏伏的根源。波峰时，舍我其谁，要向老天再借五百年；波谷时，四面楚歌，感叹人性冷暖。无论豪情万丈，还是心冷意寒，都是自我逻辑，而非常识逻辑。太阳底下没有新鲜事，新鲜往往只是我们的认知局限，就算创新，也有创新的常识。我们都在常识中运行，却常常倒在对常识的背离。

首先，战略的常识本色意味着一切或大或小或长或远的战略都必须符合常识的规律。好战略符合常识，差战略违背常识。回头看一下大企业尤其是近五年来轰然倒下的知名企业，无不是违背如“有多大饭量吃多少饭”“打铁还需自身硬”“手中有钱，心里不慌”等常识，或者换个高雅的说法，如战略盲进、资源能力不匹配、战略风险意识薄弱等常识。

其次，战略的常识本色意味着一切或特或新或奇的战略理论必须符合常识。任何理论都有其假设、逻辑以及主张。由于战略涉及因素多，再加上中文语义表达的多样性，战略理论更需要清晰的逻辑。符合常识的逻辑越简单，不符合常识的逻辑越复杂。在企业中，本来人的嘴是扁的，心不一定是齐的，简单的事情都会被理解得东扭西歪。逻辑再曲里拐弯，只能让人不知所措。若这样，再好的战略理论，逻辑太复杂，又让人如何应用？近些年很多人动不动就提一些绕来绕去的新概念新理论。很多死掉的企业，尤其是近五年死掉的互联网、新能源企业，相当多都是被这些自己或别人提出来的理论，绕来绕去绕死的。

最后，战略的常识本色意味着战略工作者必须将战略常识融进血液成为自己的本能。战略决策需要直觉，竞争响应往往依赖本能。极少数商业天才的确会有与生俱来的商业直觉或本能。但对绝大多数的人来说，直觉或本能只能依赖于后天无休止的磨炼。按战略的语言描述战略，按战略的逻辑制定战略，按战略的手段管理战略，老老实实地吸收古今中外的战略智慧才是正道，像新手学开车，一开始都不会有直觉与本能，规范操作的时间久了，一些原则底线就会慢慢融入血液了。

五年里，我与众多企业家、职业经理人，以及正在成为企业家、职业经理人的战略工作者接触与交流，深入思考如何理解与实践战略的常识本色。我试图找到一种最为恰当的写字方式对所有磨炼战略的孤独前行者表达敬意。他们高峰时，我真心喝彩，也提示其风险；他们低谷时，我一般多是鼓励，因为任何声音，不小心都会化作落井下石。这也是本书对失败案例用词尽可能谨慎的原因。对走钢丝的人来说，外界的很多语言都是多余甚至有毒的。我理解他们的孤独，也知道在路上的人正在遭遇的以及未来将会遭遇到的心境，更希望我用心书写的文字，如果有缘被读，能够排解他们的困惑，哪怕一丝，也已足够。

本书第一版面世后，很多读者朋友以不同的方式给我反馈与鼓励。有的读者认真阅读后做出漂亮的思维导图在网上传播，有的读者认真阅读后写了系列读后感。我的一群学生，他们多已是具有上市公司财报签字权的职场精英，主动在喜马拉雅上录制全书的音频。很多正在经受晦涩文字煎熬的 CPA 考生，反馈说“战略一下子通了”“战略原来这么有趣”，更有人说未来拟以战略工作为发展方向。我的读者粉丝群以及个人公众号粉丝群的朋友多次要求再版。朋友们心无尘埃的支持，让我感受到写文字的价值，也减轻了我痴迷于战略的孤独。真心感谢！

是为再版序。

任俊正

2021 年 9 月 27 日

自序

写一本有关战略的书的想法由来已久，最早可以追溯到2005年夏天。那时我与同事一起给一家拟上市的公司做战略咨询。那个项目的难度非常大。“书到用时方恨少”，为了做好项目，我们带去了几乎所有的经典战略书籍，有从国家图书馆以及北大、清华、人大等高校图书馆借的，也有新买的，还有自己收藏的。这些书大多数是汉译版本，也有少量外文原著。

我一边做着战略咨询方案，一边艰难地啃着这些所谓的经典。作为一个长期进行战略咨询的顾问，应该说我还是有一定理论基础的，可是读这些汉译经典时，我却常常被一种莫名其妙的烦躁与失望的情绪笼罩。书中有大量非常拗口的句子，基本上是英文直译，“中不中，英不英”，理解起来非常困难。跳过去不看吧，总觉得“书内有黄金”，有些不舍；耐着性子往下读吧，又“味同嚼蜡”，实在是一种折磨。迫不得已，找到原著来对照阅读，发现原著要表达的意思并不深奥，有时反倒很简单。就在那段啃经典的日子里，我产生了一个念头：“我一定要写出一本适合中国人读的战略书。”

产生念头容易，但要真正静下心来写却并不简单。如同大多数从外地来京的寻梦者一样，我不得不为房子、户口、子女上学等俗事困扰，很难有精力去系统地写一本书。再加上生性愚顽、兴趣多变，即便写，也只是冲动时打开电脑列个提纲，写上几篇读书心得，之后又不了了之。今天想这样写，明天想那样写，结果电脑中便有了许多半拉子书稿。时间的惯性真的可以吞噬人的一切欲望。后来，我似乎也习惯了只看看书、写写心得，按照心中的大致想法一本本研读西方经典名著的做法。出一本战略书的想法虽没被淡忘，却早已埋在心底深处。

这样的状态一直持续到2013年夏天。一个偶然的机会，我开始给备考注册会计师的学员讲战略课。战略是一门让考生头痛的学科，那种头痛类似于我曾经经历过的烦躁与失望。大量直译过来的文字，让读者摸不着北。我痛心地发现，绝大多数考生学习战略主要靠机械式的记忆，毫无乐趣可言。这种现状又一次激活了我"用通俗语言讲战略"的热情。第一堂战略课要讲3个小时。为了这3个小时，我准备了近一个月，特别是为了能言简意赅地讲清战略的理论框架，我费了很大精力将庞杂的战略知识最终浓缩成一张PPT。光画那张PPT我就花了整整8小时。那次讲课的效果非常好，我用生活中的小案例、年轻人关注的热点时事以及最朴素的语言诠释了我理解的战略框架。课后，很多学员说："任博士，没想到战略如此有趣！"也有的学员说："从今天开始，我发现我爱上了战略。"

也是从2013年夏天开始，我有机会担任一些名校MBA的论文评阅老师，参加他们的论文答辩。在与这些未来的社会精英近距离接触的过程中，我了解到他们也正经受着我学习战略时曾感到的烦躁与失望。很多MBA学员在写论文的时候，并没有完全弄明白战略的理论框架，更没有弄清战略工具之间的逻辑，所写论文只是教材所学内容的机械堆砌。当我在有限的时间里，用尽可能风趣的语言指出论文所涉及的战略工具的逻辑，结合生活中的常识点明其中的关键节点时，他们常常会不由地感叹："噢，原来是这样，怪不得书上有些内容怎么也看不懂。"他们常说的一句话是："战略结合常识理解了，确实非常有趣！"

在2013年夏天，我突然开始大量接触互联网创业者。他们大多来找我聊战略。有些人本来就认识，有些人是经朋友介绍来的。这些人激情四射，但绝大多数对战略的理解还处于最朴素的阶段。他们都想学习战略，大部分人也曾在书店里翻阅过大部头的战略教材，可往往对其望而生畏，看了看又放回原处。个别人横下心来买了回去，也多是束之高阁，鲜有读完的。

与他们聊战略，在茶馆、咖啡馆等环境中，当然不能照本宣科，不仅要通俗，所举的例子还要鲜活，提出的建议更要务实。这种情况逼着我持续关注互联网领域的最新事件，不断反思传统战略理论与互联网新思想的关系，再用朋友间“侃大山”的方式讲出。他们常说：“听任博士您讲的时候，感觉战略很有意思，但看书时却看不下去。”

2013 年夏天，我知道我必须动笔了。在这个浮躁的社会中，还有那么一拨人愿意沉下心来学习，我理应为他们做点什么。在这期间，我整理了 10 年来的咨询笔记编成《管理的细节》一书，一版销售迅速告罄，半年内再次加印。销售形势大好给了我继续写书的动力。于是，2005 年夏天产生的想法，终于在 2013 年夏天正式诉诸笔端。2016 年夏天，这本《战略十讲》终于摆在了读者面前。

之所以用“十”，是因为“十”在中国文化中有完整的意思。本书期望体现出系统性的特色。书中既包含传统战略学科的经典内容，也吸收了具有时代特色的战略新知识，并力求使两者相互融合。如书中将平衡计分卡、商业模式列为专题进行讨论。书中各章的标题大致表达了本章的核心思想，而将各章标题连成一段话则大致能表达本书的核心思想。

之所以用“讲”，旨在表达本书重在通俗“讲解”已有知识，而非像学术研究那样“创造”新知识。“讲”的目的是让听者明白。我希望能够用寥寥数笔勾勒出战略框架，用三言两语拨开理论迷雾，更希望能够用多年积累的战略咨询案例、互联网时代的趣事、生活中的故事来展示战略的智慧与精妙。简单地说，我希望用最通俗的语言讲清战略的“框架、逻辑”，让读者能够感受到战略理论的精致之美和战略应用的简洁之美。给别人讲明白，比自己想明白更难。由于水平有限，本书难免会有错漏，期望各位读者朋友多提宝贵意见，我将继续完善。

本书初稿出来后，曾由焉雪莲、梅莉、王峰、庞宏盈、郝美华、董珩、张瑜、李辰光等组成“试读小组”逐字逐句试读。在构思与成书过程中，王波、王宇鹏、许中阳、杨建功、陈美萍、周小光、刘辉、张正辉、周勇等曾给予资料支持或观点启发。我的上本书《管理的细节》的读者粉丝群中的朋友、

CPA课堂上的学生一直给予我精神上的支持。对于所有的支持与帮助，我皆心存感恩。

是为序。

任俊正

2016年7月19日

目录

第一讲

战略是什么

一、战略的概念有点抽象

战略管理作为一门学科，顾名思义，就是要学习如何“管理战略”，即管理的对象是“战略”。我们都曾管理过很多对象，譬如钱、时间，甚至是自己的孩子、配偶等。从本质上讲，他们与我们要管理的“战略”并无绝对差异。

那么，战略是什么？

如果把这个问题摆到很多人——包括那些学了多年战略的人面前，得到的答案往往令人失望，因为很少有人能说得清。如果碰到懂行的人，他可能会洋洋洒洒地讲一大堆，但大多时候是用名词套名词、用抽象解释抽象。还有一些在企业中工作的人，言必称战略，经常说什么“公司各项工作应以战略为核心”“这是由公司战略决定的”等。可细究却发现，很多人根本讲不清自己公司的战略到底是什么，更谈不上弄懂战略的定义了。

（一）两位著名的战略大师，两个针锋相对的战略定义

战略学科史上两个著名的人物——波特和明茨伯格，都曾给战略下过定义。

波特是哈佛大学商学院的教授，誉满全球的战略大师。他出版的《竞争战略》《竞争优势》《国家竞争优势》三本书，即“战略三部曲”，已经是全球战略学科的通用教材。目前市面上所能看到的战略管理方面的书，都难以逃出波特理论的框架。

波特认为，战略是公司为之奋斗的一些终点与公司为达到它们而寻求的途径的结合物。好抽象的话啊！我们尝试着将其分解，删繁就简后就只剩下两个关键词：目标和路径。说白了，波特对战略的定义可浓缩为：战

略 = 目标 + 路径；再通俗点，就是“你要去什么地方”以及“你要怎么去”。这就是所谓的传统战略概念。

明茨伯格是加拿大的著名管理学家。他曾经写了一本深受业界欢迎的书，叫《战略历程》，其中将战略管理的不同观点归纳成了十大流派。在他眼里，战略管理就是一个江湖，各门各派自成体系且又基本上都是瞎子摸象——所理解的都只是战略的一部分而已。所谓战略的整体，看完他的书，很多人都似懂非懂，或可以说还是不明白。

明茨伯格对战略的定义是“一系列或整套的决策或行动方式”。这句话就更抽象了，因为其中包含了更为抽象的关键词“决策”，而且是“一系列”决策。实际上，这“一系列决策”指的是应对环境变化的过程中一个个即时的决策。每个决策是一个点，一系列决策连接起来就是一条线。回过头来看，这条线就是自己的战略。你没有办法预知未来，只能兢兢业业、如履薄冰地应对环境的变化，及时调整前进的方向，这就是战略。简单地说，战略 = 路径，这也是所谓的现代战略概念。

（二）用红军长征战略验证两位大师的定义

在 20 世纪 30 年代，中国红军进行了举世瞩目的长征，走完了两万五千里，从而实现了战略大转移，为中国共产党的最终胜利奠定了重要的基础。长征无疑是一个伟大的战略举措。那么这个战略是如何制定出来的呢？关于这个问题的答案，传统战略观念与现代战略观念发生了分歧。

按照波特的思想，长征战略就是在分析敌我双方形势以及国际、国内环境变化趋势的基础上确定的，等于目标延安加上从瑞金到延安的路径。规划完之后，接下来就是坚决贯彻实施这一战略。这是传统战略观点给出的答案。

明茨伯格根本不这样认为。按他的观点，在长征出发前，制定不出也不可能制定出那么详细的规划，所谓的长征之路，是在与国民党激烈斗争中实践出来的，不是设计出来的。因为环境那么复杂，人们很难将环境的一切变化都事先预料到，更难设计出精确的路线，因为人的理性是有限的。

这是现代战略观点给出的答案。

两派观点各有千秋。说红军长征事先没有设计，那恐怕不可能；但说长征是事先完全精准设计出来的，也不现实。四渡赤水、强渡大渡河等都是在当时环境中灵活部署的结果，恰好反映了长征战略的精髓。

（三）第三个战略定义：和事佬的辩证

在这种情况下，和事佬出来了，他们认为两派说得都有道理，可以调和。战略不仅是事先设计的（预谋性战略），也是根据环境变化的（反应性战略）。具体来说，战略在实施前需要有规划，具体实施过程中再根据环境变化及时应对。战略就等于预谋性战略 + 反应性战略。这种观点在现实中被普遍采用。

专栏 1-1

战略就像导航仪，虽有时傻点，但还是有用的

战略规划在企业发展中所起的作用，就像导航仪在驾驶汽车中所起的作用一样。定好目的地，设定好起点，导航仪就会按一定逻辑形成路径规划，实时引导人们出行。战略也同样如此。

然而，导航仪经常会不准，譬如前面已经是断头路了，它可能还一再提醒你“请直行，三百米左拐”。你当然不会理它，直接掉头。导航仪傻，但人不会傻。导航仪对未来路径的提前规划，采用的是预谋性战略；而人看到环境变化能够及时调整，采用的是反应性战略。

虽然导航仪不一定百分百靠谱，但是有导航还是方便些，尤其是在对路径不熟悉的情况下，借助导航仪可少走很多冤枉路。也正因为导航仪存在着有限理性的“傻”，所以常常会成为让人们忍俊不禁的笑料。同样地，规划虽然也有用，但面对各种各样的规划，人们也常会笑称：“规划，规划，就是鬼话。”

二、战略简单理解就是"3+1"

简单来说，战略可理解为"3+1"。"3"是三个基本问题：我们在哪儿？我们要去哪儿？我们怎么去？"1"是一个实施问题：具体怎么办？之所以是"3+1"而不直接说"4"，是因为从严格意义上讲，实施只是战略制定好之后的具体落实。

有人开玩笑说，最有智慧的人实际上是保安。保安每天都在问：你是谁？你从哪儿来？要到哪儿去？战略的问题，实际也就是常见的保安式问题。这些问题看似简单，却大有深意。对战略的简单理解，可见图 1–1。

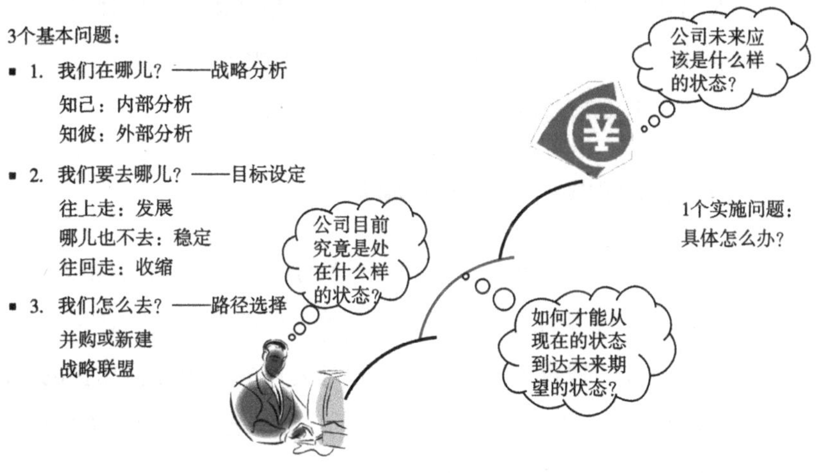

图1-1　战略就是"3+1"

资料来源：作者自制，除另有说明外，下同。

（一）第一个问题：我们在哪儿

这就涉及知彼与知己的问题。知彼，就是了解所处的外部环境；知己，就是了解所处的内部环境。

以联想集团为例，掌门人杨元庆必然经常思考这个问题：联想目前在哪儿？打开电视，只要看到他说话，就会发现他常常在讲这个问题。这个问题看似很简单，从地理位置上来说，联想集团在北京的中关村。可是，如果把企业看作市场中的竞争者，要回答这个问题就不能草率了。

要回答联想集团在哪儿，他首先得从外部环境来思考"我们在哪儿"。联想位于什么样的宏观环境中？这个宏观环境目前对联想是有利的还是不利的？联想位于什么样的产业环境中？这个产业是前景越来越光明的行业，还是走下坡路的行业？公司在中国民营企业中处于领头位置，但在世界上处于什么位置？它目前与竞争对手厮杀的战场中，谁是敌人谁又是朋友？

这些问题实际上就是对外部环境的分析。

他还得从企业内部来思考"我们在哪儿"。企业内部是一片和谐、积极上进，"文官不贪财，武官不怕死"，还是"相互掣肘、内耗严重"？企业这艘大船的内部是已经千疮百孔，还是运转良好？

这些问题实际上就是对内部环境的分析。

（二）第二个问题：我们要去哪儿

企业的本质是逐利的，要去的当然是钱多的地方。这是正常的逻辑。

常识告诉我们，钱多的地方肯定只有少数人能够看得到。如果人人都能看到，则那个地方的钱肯定不会多。公司与公司的竞争往往比拼的是眼光，或者说战略视野。环境中出现了一个机会，别人没有发现而你发现了，那你就有可能比别人更成功。

"我们要去哪儿"是个难题，也是一个非常关键的问题。功能机时代如日中天的诺基亚，曾经在全球以一副舍我其谁的王者风范令所有对手叹服，可到了智能手机时代，它却逐渐成为没落贵族，最后不得不"卖身"求生。英雄末路的一个重要原因就是，在它如日中天时，没有回答好"我们要去哪儿"的问题；或者说回答好了，但在实施时出了纰漏。再看现在的手机行业，苹果如日中天，华为逐鹿天下，但它们都想好了“我们要去哪儿”这个问题了吗？这就要等时间给我们答案了。国内很多企业也没有想好这个问题。改革开放四十多年来，有太多我们曾经耳熟能详的品牌逐渐退出了市场，一个重要原因就是它们没有回答好这个问题。

战略管理理论也无法为这个问题提供标准答案。战略管理之所以成为一种理论，就在于它能不断总结实践经验，努力成为体系，但与数学、物理学等自然科学相比，它仍无法脱离实务的特点。对于“要去哪儿”的问题，战略管理理论并没有也无法穷尽所有的答案，它能做的，只是总结各种答案的规律，即给出常规答案。

战略管理理论给出的常规答案通常有三种。

①往前冲。理论上有个好听的名字，叫发展战略。

②原地待着。即不往前也不往后。这可能面临两种境况：一种是风调雨顺，“老婆孩子热炕头”，抱着金山银山逍遥过日子，不折腾就是最好的战略；另一种是内忧外患、风雨飘摇，当一天和尚撞一天钟，能把烂摊子守住就心满意足了。不论是热炕头还是烂摊子，前提都是曾经奋斗过有个底子，即曾经往前冲过，才有资格稳定。这种战略学名叫作稳定战略。

③往后退，也叫收缩战略。往后退，一种是无奈地退或被动地退。譬如，国企改革中某些本该撤掉却不能撤掉的存续企业，就只能采取收缩战略，人员只出不进，等现有人员慢慢都退休了，这个企业就自然消失。另一种是中国人常说的“战略性撤退”或主动地退，譬如照相馆主看带有照相功能的智能手机有普及苗头时，主动将照相业务缩小。没有人愿意承认自己是被动地退。无论是被动还是主动，“退”都是往小了做。这时采取的就是收缩战略。

专栏 1-2

回答“我们要去哪儿”需要战略眼光

企业家不同于常人的地方，就在于他们具有超越常人的战略眼光。有人问，假定能穿越回到 1998 年，那时若你有 50 万元会做什么。大部分人会选择买房子，因为之后的房价会翻番上涨。我们都没有前后眼，不可能站在1998年看到20年后。这其实就显示出，我们当时的战略视野不够深广。

战略视野包括洞察力，能比别人看得深，能透过复杂的现象一眼看到本质；也包括前瞻性，能比别人看得远，能从现在看到未来；还得有敏锐性，比别人更敏感，能从青萍之末中看到山雨欲来。

如果马化腾在1998年拿着准备创业腾讯的50万元去买房子，那可能他的资产到现在翻20倍或更多倍，但是就不会有企鹅帝国了。这就用事实证明，他比一般人更有战略眼光。

有人可能会反驳，马化腾当时未必想过那么多，他的成功只是多种偶然因素促成的结果。若你这样想，那恭喜你，你暗合了明茨伯格的观点，即战略不可能预先设计，而是适应环境变化逐步形成的。马化腾是有战略眼光还是仅仅是个幸运儿，又是一个有争议性的话题。

（三）第三个问题：我们怎么去

这里主要谈发展战略，因为发展是主流。

实现发展战略有三条路径：并购、新建和战略联盟。

1. 并购

GE（通用）是全球知名的大公司，韦尔奇是其历史上最著名的CEO之一。在21世纪初前后一段时间，韦尔奇及GE的事迹被人们津津乐道，其热度堪比现今人们谈论乔布斯、扎克伯格。GE最重要的发展方式就是并购，通过并购不断优化自己的产业。它坚持“数一数二”战略，旗下的产业如果不能做到第一名或第二名，就要坚决卖掉，遇到有利于实现自身战略发展的企业，当买就买。这种方式最终成就了韦尔奇和GE的辉煌。

在上市公司中，并购也是最为常见的活动之一。翻看财经类报刊，有关上市公司的并购新闻比比皆是。

2. 新建

你想发展某项产业，除了购买现成的企业之外，还可以去新开一家企业。买现成的企业和新建一家企业，都是可选择的路子。新建是一个系统工程，意味着企业的软硬件系统同时要建，软件系统有制度、管理、文化等，硬件系统有厂房、设备等。行业经验及相关的经营技巧是软件系统的核心，是新建企业时首要考虑的对象。

3. 战略联盟

战略联盟是一种相对松散的方式，多为公司与公司之间以利益为核心而联结在一起。并购能够获得对对方的控制权，新建是亲自创建公司，这两种方式下结合的双方关系自然会更紧密些。而战略联盟则主要通过协议等方式形成。商场上没有永远的朋友，协议也不能完全相信，故双方的联系自然要松散一些。尽管如此，通过精心的制度安排，某些情况下战略联盟也会比较紧密。在我国珠三角地区，有大量为外资企业进行来料加工的企业，它们虽然不是外资企业的子公司或参股公司，但却被外资企业控制着订单、生产、质量甚至成本、定价。这些控制通过合同或相关协议完成。这些企业本质上已经类似于外资企业子公司。这种战略联盟就更紧密。

（四）最后一个问题：具体怎么办

战略实施就是战略执行，指具体实施预先设定好的战略。战略实施非常复杂，充分体现了管理的科学性与艺术性。它既不能过于僵化，需要根据环境灵活应变，又不能过于随意，需要按照预先设计的方案严格执行。在原则性与灵活性之间，战略实施者需要把握适中的度，而这又比较难。

战略实施的研究理论虽多，但非常分散，且大多并没有形成清晰的框架体系，对实践的指导作用也有限。目前主要有两种实施体系：一是传统的战略实施体系，主要通过对文化、人才、组织、制度、利益相关者、现金流等方面的管理来实施战略，管理手段主要是目标管理、计划管理、沟通管理、控制管理等；二是平衡计分卡的战略管理体系，主要通过对描绘战略、量化目标、建立计划、分配资源等方面的管理来实施战略，管理手段主要是战略地图、平衡计分卡、行动计划表等。后者在近些年比较流行。

三、学战略就是要学战略工具

战略要处理的多是实践性非常强的问题。“手机中的战斗机”波导公司在21世纪前10年一度上升势头非常强劲，是国产手机中不可忽视的力量。然而，到了智能手机时代，它却在市场上逐渐销声匿迹了。我们设想一下，如果想东山再起，波导公司在新的智能手机时代应该向何处去？这个问题涉及的因素非常多，一两句话很难讲清。如果没有受过战略管理训练，很可能就没办法讨论。因为这个问题的实践性强，涉及方方面面，若缺乏“头绪”，就难以讨论出结果。

（一）战略工具是解决常见战略问题的格式化方式

战略学科就是要总结归纳这些所谓“无头绪”讨论中的“头绪”，并将其格式化，供人们在进行战略思考与管理时应用。建立在一定理论基础上供人们用来解决战略管理问题的格式化方式，就是战略工具。能进入战略管理理论，尤其是经典教科书的工具，都有严谨的逻辑支撑，并经受过大量实践的检验。

严格来说，每个战略工具都应该有名称、理论基础、构成、应用方式、应用范围、局限性等内容，正如每一种药物都有药名、成分、服用方式、主治范围、忌用等内容一样。战略理论的每个部分都应该由这些战略工具支撑起来。但由于战略学科的实务性较强，现实中应用时的情况又千差万别，故并非每个战略工具都会有如药物般精准的工具属性。事实上，也不是每个战略工具都需要那样精准。学习战略，固然要学习这些战略工具，但更重要的是学习这些工具的思想与应用，而不能拘泥于形式。

专栏 1-3

战略工具是一些常识的总结

十多年前，一家企业聘请咨询顾问公司做战略规划。这家企业的很多年轻人都对战略知识充满着学习的渴望。咨询顾问的到来，更激起了他们学习的热情。

有一次，咨询顾问与该企业的几个年轻人聊天，其中一个人略带好奇地问："你们会用到 SWOT 工具吗？"工具对他来说，似乎是个非常神秘的词汇。

未等咨询顾问回答，另一个年轻人就迫不及待地说："战略不可能有什么工具，《孙子兵法》中有工具吗？"看得出，这个年轻人比较熟悉中国传统文化。

接着两个人开始争论，前者用理工思维的严谨来论证工具的重要性，后者以道家文化的哲理来阐述思想的重要性。

后来他们都读了 MBA，慢慢走向了高层岗位。在又一次见面中，咨询顾问笑着问他俩："你们会用到 SWOT 工具吗？"他俩哈哈大笑。

前一个人说："工具没那么神秘，就是常识，关键是背后的思想。"后一个人说："常识是道，看似简单却不简单。企业犯的错哪个不是违背常识？"

战略工具是常识的总结，也是对前人违背常识所犯错误的总结，看似简单，却不简单。

（二）战略工具按"3+1"的逻辑串起战略知识框架

我们要学的战略工具，浓缩起来也就一页纸的内容。按照战略的"3+1"式逻辑理解，可形成一个战略知识框架（见图 1-2）。在此框架下，每个模块都有若干个知识点，每个知识点又都有或可能有若干个战略工具支撑。总之，战略学科的知识就是由一个个战略工具组成的。

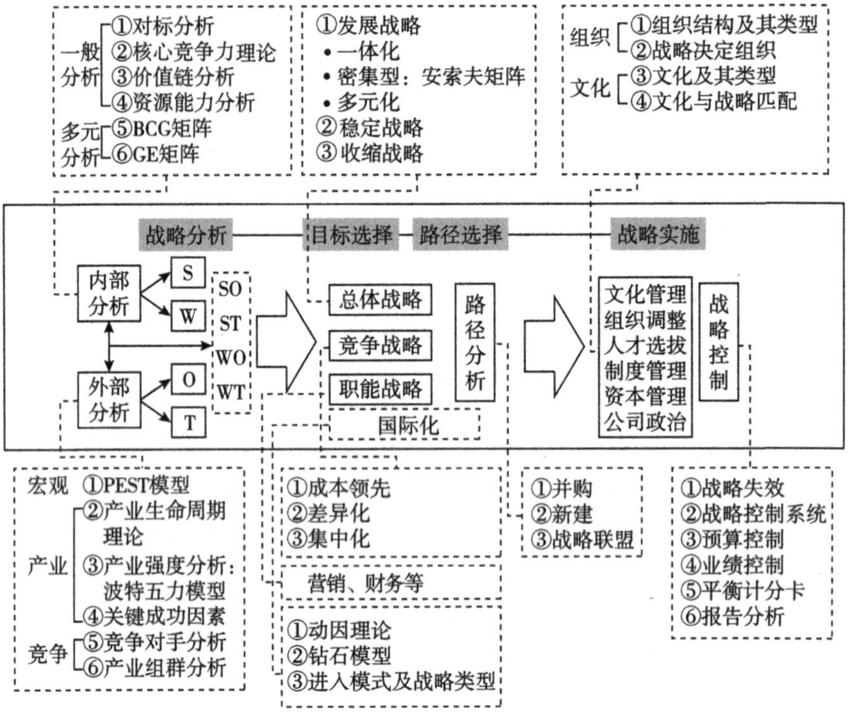

图1-2 战略知识框架

1. 外部分析的目的是找到机会与威胁，内部分析的目的是找到优势与劣势

外部分析主要是为了找到机会与威胁。分析的方法类似于剥洋葱，层层剖析，也类似于用望远镜查看军情，由远及近、由大及小。按照由大到小的顺序对外部环境进行分析，依次是宏观环境分析、产业环境分析和竞争环境分析。

每种分析都会用到若干个战略工具：①宏观环境分析主要用到 PEST 模型；②产业环境分析会用到产业生命周期理论、波特五力模型、关键成功因素等；③竞争环境分析主要用到竞争对手分析、战略组群分析等一些理论或工具。

内部分析主要是为了分清优势与劣势。①优势与劣势是相对的，所以得有个参考物，常用到的工具叫对标分析。所谓对标分析，简单地说，就是找把“尺子”，对着“尺子”查看自己的优势与不足。“尺子”可以是行业中的“排头兵”，也可以是竞争对手，还可以是企业内部的优秀部门或子公司等。②价值链分析是一个描述企业内部价值增值的工具，它总结了企业内部常见的活动及常见活动之间的逻辑。③核心竞争力理论也常用来分析企业内部优劣势。该理论暂时没有成形的战略工具，但有一些令人深思的思想。

2. SWOT 是连接战略分析与战略选择的桥梁

外部分析找到机会与威胁，内部分析找到优势与劣势，然后就是想方设法抓住机会、规避威胁、发挥优势、弥补劣势。这时常用到的工具就是SWOT。

SWOT 是战略分析与战略选择的连接桥梁。①它将外部分析与内部分析得出的若干结论置于一个模型之中，实现了外部与内部的匹配。②它将匹配结果与常见的战略选择方式联系在一起，形成备选战略。譬如，优势与机会匹配后，对应的常见战略选择方式是发展战略等。

这一连接桥梁往往带有很强的定性分析成分，使用它时要求战略思考者具有很强的创新能力。这种能力往往是长期实践后经验积累的结果。

3. 战略选择是从备选战略中按一定依据进行选择

战略选择就是从备选战略中按一定“理由”选择出适合自己战略的一种决策。它有两个关键词：一个是“理由”，即为什么要做出这样的选择；另一个是“适合”，即拟选择的战略应适应自己的实际所需。再次强调，战略管理学科是在对实务经验总结的基础上形成的学科。为了回答“理由”与“适合”这两个关键词所带来的问题，人们将对战略选择的实务经验进行总结与提炼，最后形成了不同类型的战略，进而归纳出选择每种类型战略所需的理由、适用的条件。这些就是战略选择理论的主要内容。

因此学习战略选择，主要就是学习战略类型判断、选择理由以及适应条件。这些内容类似于战略工具，但又不是成形的战略工具。

战略分为三个层次，总体战略、竞争战略与职能战略。对于有多个业务板块的公司来说，单个业务板块的战略就是竞争战略也叫业务战略，对多个业务板块进行整体安排的依据就是总体战略或公司战略。对于只有一个业务板块的公司来说，总体战略实际上就是竞争战略，两者合二为一。职能战略是主要职能活动的战略，如营销、人力资源、财务等职能活动的战略。

下面我们逐层分析其中所要学习的战略工具或内容。

①总体战略层次需学习的战略工具或内容。首先，要确定面临的战略选择是要发展，要稳定，还是要收缩。一般来说，很多公司都想发展，即选择发展战略。这种选择表面上运用的工具是SWOT，但实际上主要是由企业理念所决定的。其次，选择发展战略之后，具体如何发展？是要一体化发展、密集型发展，还是多元化发展？如果要一体化发展，是要前向一体化、后向一体化，还是横向一体化？如果要密集型发展，是要进行市场渗透、市场开发还是产品开发？如果要多元化发展，是要相关多元化还是非相关多元化？做出这些选择，就得有选择依据，即回答为什么这样选择。有些问题的解决有较为成熟的理论工具，如进行密集型战略选择时，安索夫矩阵就是相对成熟的工具；有些问题的解决却没有太成熟的理论工具，如进行一体化战略选择时。但一般来说，总体战略选择的依据主要还是SWOT分析，或简单地说，总体战略对应的工具是SWOT分析，总体战略的选择与SWOT分析密切联系在一起。这是学习战略的第一个关键点。

②竞争战略层次需学习的战略工具或内容。业务层次的战略主要有三种，即波特的三种基本战略——成本领先、差异化和集中化战略。这也涉及选择依据。按照波特的原意，这三种竞争战略是为了应对产业中存在的五种作用力而产生的，故波特三种竞争战略的选择依据主要是波特五力模型。

这样，竞争战略的选择就与波特五力模型紧密联系在一起了。这是学习战略的第二个关键点。

③职能战略层次需学习的战略工具或内容。职能活动是支撑公司总体战略与竞争战略的企业活动，涉及企业的方方面面。凡是波特内部价值链中涉及的基本活动与辅助活动，如营销、人力资源、财务、采购、研发、生产等各个环节，都是要支撑公司总体战略与竞争战略的。为了更好地起到支撑

作用，就需要制定战略，即制定职能战略。这部分内容主要是职能管理学科的汇总，所学的工具也都散落在不同学科中，如营销学的4P、生产运营中用到的六西格玛、即时生产等，严格地说，已经不属于战略学科的范畴。

4. 战略路径的规划主要是从并购、新建与战略联盟中寻找最优组合

战略路径选择面临的主要问题有三个。一是选择并购还是新建。二者各有利弊，企业需要对其进行成本、收益的衡量，才能做出适当的选择。从战略理论发展来看，并购还是新建一直是理论研究者的常新课题，也是一个基本的战略问题。这类问题的解决依据主要是波特五力模型的相关内容，还没有更成熟的工具与模型。二是自己生产还是外包生产，即制造还是外包。现在企业的竞争愈来愈激烈，为了集中资源于核心优势，很多企业选择将非核心资源外包。一些新型的互联网制造企业，如小米，就只保留品牌、营销、研发等核心职能，将生产等工作全部外包给第三方。在理论上，要不要外包、外包什么、如何外包等问题也是一直受到研究者关注的话题。这类问题的解决主要也是理论层面上的，没有成熟的工具，依据主要是核心竞争力等理论。三是战略联盟要不要搞、如何搞。战略联盟介于并购与新建之间，与对方既不是完全一体化也不是完全市场化的关系。进行战略联盟有利有弊，其不足之处在于联盟往往很不稳定。对于要不要及如何开展战略联盟，都是需要认真思考的问题。

5. 战略实施是找到实施战略的关键节点并进行管理

战略实施涉及内容较多，有时候还需要一些跨学科的理论。这部分内容的重点是找到实施战略的关键节点，并用管理手段进行管理。但是，虽然管理理论界和实务界一直试图将战略实施模型化、工具化，但能够形成成熟体系的内容并不多，到目前为止，平衡计分卡算一个。除此之外，还有一些零散的工具或思想，如目标管理、三层面规划等。

（三）先形成框架，才能逐步深入理解战略工具

前面提过，战略简单来说就是“3+1”；再通俗地讲，战略就是一个框，凡是与企业相关的各种事情都可以往里面装。企业里的任何事，都或多或

少与战略有关；企业里的任何工作，也都必须且必然围绕战略展开。这使得战略内容显得既“高深”又杂乱。

实际上战略理论有其自身的逻辑，这个逻辑就是框架内各组成部分之间的关系。学习战略，首先需要抓住这个框架，然后再盯局部，这样就不会掉入“迷宫”。抓住了战略的框架，知道了战略工具在框架中的定位，才能逐步深入理解战略工具，并最终结合企业实际，形成自己的、由战略工具构建的知识框架。在此基础上不断应用，进而才有可能掌握战略的精髓。

四、企业文化理念有什么用

理念体系包括公司使命、愿景、价值观等内容，有时还涵盖诸如公司理念、经营理念、公司宗旨等内容。有些公司会将其印制成册向外界宣传。公司网站中“关于我们”一栏，也多会配以精美的图片，很有格调地介绍这一套理念体系。

这一套理念体系让不少人比较困惑。一方面困惑于它们的概念界定，譬如什么是公司理念、什么是公司宗旨、两者的区别与联系等。教科书介绍这些内容时也常常云里雾里，而且不同的教科书可能对同一种事物采用不同的名称，更增加了人们的困惑。另一方面困惑于这些理念体系对公司发展到底有什么用：不要这些东西行不行？如果不行，为什么？

（一）理念体系试图解释企业的终极目标

战略大师波特对战略的定义是“公司为之奋斗的一些终点以及公司为达到它们而寻求的途径的结合物”。那么何谓终点？终点正是公司理念体系的来源。这些理念体系都是为了阐述“终点”而产生的。终点是什么？从字面上理解，就是公司最终要到达的地方。比如愚公，要用子子孙孙的努力来把大山移走，所以他的“终点”就是移走大山。再比如共产党员要为实现共产主义奋斗终生，那么共产主义就是要达到的“终点”。因此，终点其实是带有一点理想主义成分的。

中国有些企业，理念体系三年一换、五年一变，让人无所适从。所以有人甚至认为，理念体系与生产、制造、营销等具体活动没有大的关联，只是宣传口号而已。但若企业家也这样看，那这家企业就危矣。

（二）使命：我们为什么活着

使命就是企业的根本性质与存在理由。有时候，使命也被人们当作公司的目的。简单地说，使命就是我们为什么活着，或我们为什么会存在。使命一方面要靠自己去努力追求，另一方面也要接受现实的检验。

举一个过去的例子。在20世纪90年代后期，一种叫作商务通的产品曾经一度流行，“手机、呼机、商务通，一个都不能少”。但是现在它消失了。这种产品是建立在通信行业发展初期的基础上，当时电子记事本之类的东西还没有发展起来，这个产品自然有存在的价值，生产这个产品的公司也有存在的理由。但后来，当拥有类似功能的产品层出不穷时，这家一成不变的公司当然就失去了存在的基础，被淘汰了。

再举一个现在的例子。一些证券公司经常打着帮助客户理财之类的旗号，主要盈利模式却是收取客户开户与交易佣金。从本质上来说，这类证券公司因为有牌照，所以可以开展这类业务，它们存在的价值实际上就依赖于牌照。但当越来越多的互联网公司杀进金融领域，如同花顺、通达信等，与传统证券公司相比，这些公司提供开户、交易以及其他更多增值服务时更为便捷，这就直接拷问传统证券公司经纪业务存在的价值或理由了。

存在的价值或理由，不是说出来的，而是与企业真正持有的理念有关。

一家公司坚持的理念越能代表社会主流发展方向，它就越能走得长远。所以企业必须思考自己存在的理由。理由越充分，越容易得到员工与社会的认同，企业越会获得有利的发展条件。为什么有些企业的员工常常像打了鸡血一样充满激情？原因很可能与该企业的使命感更强有关。

（三）公司宗旨：我们是做什么的

公司应该常问自己一个问题：“我们是做什么的？”公司宗旨也可被理解成使命的一部分，甚至全部。

我们是做什么的？这是一个看似普通却未必能被准确回答的问题。我们是做水的、做电脑的、做汽车的？不，我们不只做水，我们是做健康的；我们不只做电脑，我们是做办公助手、快捷服务的；我们不只做汽车，我们是造老百姓买得起的车的。跳出具体事件的窠臼，而从满足人的需求的角度重新认识所从事的行业才应是公司的宗旨。这样的宗旨多少带有更广泛的理念的成分。

（四）价值观：我们认为什么是对的

价值观是公司经营哲学中最为核心的部分，由价值观出发，企业会形成经营理念、生产理念、安全理念等更为具体的理念，最后这套理念体系又会表现为一系列行为准则。

最通俗的解释，价值观就是我们认为什么是对的、什么是错的，即是非标准。传统观点认为，含蓄是一种美德，是对的；但现代社会中，快人快语也被认为是阳光、洒脱的表现，也是对的。面对婚姻中的第三者，有人认为那是爱情，有人认为那是不道德行为。每个人都有自己的是非判断标准，同样，每个公司也都有自己的标准，即价值观。

员工的价值观不统一，会给企业带来无穷的问题。这些问题解决起来费时、费力，甚至无法解决。譬如，在小的方面，有人认为上班就应该穿职业装，而有人则认为体现个性才更重要。在大的方面，有人认为有钱花就可以，企业进行国际化是瞎折腾，而有人则认为企业不能原地踏步，国际化发展是必然结果。由于理念不同，这些问题争论起来难有结果。对于类似情况，如果公司有约定俗成的标准，那就应让每个员工理解并共同遵守，可给公司节省大量的沟通成本。

公司的价值观还受到社会价值观的影响。汇源果汁曾一度以民族产业自居并作为对外宣传点，结果后来想“卖身”给可口可乐公司时，遭到了社会上很多民众的反对甚至谩骂。大家认为，汇源果汁违背了以往的原则，通过欺骗公众的感情提升品牌含量后却以高价套现，是典型的不诚信行为。我们不赞成这种一棍子打死的简单结论，但从一定程度上可以看出，公司价值观的确会受到社会价值观的约束。

（五）愿景：我们想成为什么样子

愿景就是我们想成为什么样子。某企业家当年创业时，曾对创业伙伴承诺，未来我们每个人可以拥有 10 套、20 套住房，我们公司会在最繁华的地段买下一栋办公楼，年营业额超过多少亿。那时，该企业家和他手下的员工都一穷二白，一切的梦想都很遥远，但他却敢给大家画这样的“大饼”。他描绘的这些图画就是愿景。

我们有时会说愿景目标怎样。愿景往往与目标联系在一起，但它又不同于目标。目标是愿景的具体化，它甚至可以用一套财务指标来描述。愿景包含的内容则要丰富得多。愿景的时间可长可短。太长了，人们看不到希望，就没有效果。譬如一个小民营企业告诉别人 20 年后该企业怎样，人们会觉得不实际。太短了，又会显得急功近利。譬如一个千亿级大企业，如果谈愿景时只说两三年后，就显得目光短浅。很多企业在创业时将上市当作一个愿景，能起到较好的激励作用，也比较接近实际。

愿景，可以清晰地展示企业想要的，也可以清晰地展示员工想要的。它就是要描述一幅图画，并让大家相信这幅图画且为之奋斗。虽说大家相信了这幅图画企业未必会成功，但若大家都不相信，那企业肯定会失败。

（六）理念体系所起的好作用是潜在的，坏作用却是直接的

理念体系对企业的发展所起的作用更多是长期的、潜在的、间接的。如果企业的理念是积极的，且内部成员认同它、拥护它，那么理念体系对企业的发展必然会起到很大的促进作用。这种促进作用可能不会立马体现出来，但滞后一段时间必然能给企业带来正向的变化。如果企业所反映出来的理念是消极的，且内部成员对它抵制、厌恶，那么理念体系对企业发展所起的阻碍作用会非常直接，内耗、窝工、浪费、人员流失等现象将随之而来。换句话说，理念体系好的时候，好作用不一定马上显现，但理念体系坏的时候，坏作用一定会马上显现。

五、战略管理怎么“管”

战略管理涉及方方面面的内容。那么，它到底该怎么“管”？

（一）管“战略”与管别的对象类似

在讨论管战略之前，我们先看一下管理别的对象的方式。

工厂车间中，要开展加工管理，管理的对象是“加工”。这种管理主要牵扯到两件事。一是“加工”这件事怎么做，如材料经过哪些环节，最后成为什么状态，中间每个环节应达到什么条件，温度多少、加工精度多少，等等。二是“加工”这件事涉及哪些人，这些人怎么管理。这就涉及岗位责任等一系列的东西。

（二）任何“管理业务”的管理，都会涉及两项内容

“管理业务”本身作为被管理对象时，主要涉及两项内容，简单来说就是事怎么做、人怎么管。

1. 管理业务如何开展，即“事怎么做”

管理活动现在慢慢变成了业务技能活动，譬如人力资源管理就是一门业务。这些业务的规律经总结、提炼后就形成管理目标、管理策略、管理流程、管理技术与方法等内容。同样地，风险管理、营销管理等都是一门门管理业务，要把它们做好就需要相应的业务技能。

2. 从事管理业务的人怎么管，即“人怎么管”

从事管理活动的也是一群人，这一群人同样需要管理。还以风险管理为例，风险管理涉及上至董事会下到各部门甚至每个员工，这些人该如何管理？一般来说，可先明确哪些人需要参与管理（定岗），再明确每类

人的权力范围责任（定责），再明确审批的基本流程（流程），最后明确奖惩（奖惩）。

（三）战略管理的三个阶段：战略分析、战略选择和战略实施

战略管理活动也是一项管理业务，对它的管理，也涉及两项内容，即战略管理这项业务如何做，以及怎样管理从事战略管理的人。战略管理作为一门学科，与其他理论学科一样，着重提升的是战略业务技能。

战略管理的过程，主要涉及战略分析、战略选择、战略实施三个阶段；也有人将之分为战略分析、战略制定、战略实施、战略评估等几个阶段；还有人简单地将之分为战略制定与战略实施两个阶段。但不论如何划分，所要回答的都是战略管理的业务流程或模块如何分类的问题。

战略管理这一项业务，就是针对战略分析、战略制定与战略实施每个阶段或每个模块，用战略理论上给出专业的战略工具和方法进行“操作”。譬如，对于单个公司，我们主要是运用 PEST 模型、波特五力模型及 SWOT 等工具进行战略分析与制定，运用平衡计分卡进行战略控制与实施。对于集团公司，我们主要运用波士顿矩阵（BCG 矩阵）对多个业务进行管理，如进行“关、停、并、转”的定位，确定哪些业务该关闭、哪些业务该暂停、哪些业务该合并、哪些业务该转型。学习战略管理，最终目的都是提升战略业务技能。

专栏 1-4

学好战略有什么用?

学习战略的人，有时也会自我质疑：“战略是重要，但学习战略理论，是否必要？”实际上，战略是一门实用性学科，而要将之用于实践，首先得理解其实用性的范围。

战略学科的实用性主要体现为战略业务技能的实用性。打个比方，如果把企业看作一辆车，经过战略学科训练的人，就相当于进行过正规赛车

训练的驾驶者。在正规赛车训练中，教练会将各种复杂情况逐项分解，学习者可集中学习基于前人经验总结的技能。故与没有受过专门训练的人相比，他的驾驶习惯会好得多，技能上也会强很多。这些技能在日常行车中也许体现不出明显的优势，但如果要参加赛车比赛，不经过严格训练的人会非常危险。企业在规模小的时候，战略业务技能的重要性可能并不明显，但到规模变大时，不掌握这门技能就很危险了。

企业所处的环境时时变化，情况非常复杂。战略学科不是要穷尽所有的可能情况，而是要在不断总结新的经验基础上找到规律，提供预见性的对策，最终使学习者掌握一种思维方式。还以赛车手类比，赛车手经过长时间的训练，会不断掌握一些新技能，并将这些技能变成常识，慢慢形成异于常人的直觉。战略学科的理论学习能够让人掌握一些新技能，并逐步将这些新技能变成内化的常识，让人少犯或不犯常识性错误。但能否形成直觉或内化的常识，就要靠自己有意识地训练了。

（四）战略管理也涉及利益相关者

战略管理涉及的另一个问题是：与战略管理业务利益相关的这群人怎么管理？战略管理业务相关的人群，主要有内部利益相关者与外部利益相关者。股东、管理层与员工等是内部利益相关者；政府、供应商、客户、债权人等是外部利益相关者。

公司发展战略会影响利益相关者的利益，故他们会在战略分析、制定与实施等不同环节以不同方式介入。由于公司战略的重要性，对利益相关者的管理过程事实上就成为利益相关者进行群体博弈的过程，这一过程甚至会演变为公司政治。外部利益相关者主要在战略制定环节介入，譬如公司决定向海外投资，银行认为这样的战略风险太大，不愿给予新贷款，甚至还可能催还老贷款。政府相关部门出于整体的考虑，可能会担心企业以海外投资的方式转移资产。内部利益相关者在战略制定与实施诸环节都会全面介入。这里需要注意的是，内部与外部利益相关者都密切关注战略实施的过程。当一个战略向另一个战略转变时，必然会涉及各方面的利益，需要着重关注变革管理。譬如，企业要改制，虽然对企业长远来说有好处，但是一些员工可能会认为伤害了自己的利益，会表达不满，企业应事先考虑好如何应对。

公司战略是公司治理与公司管理的桥梁，对利益相关者的管理主要通过公司治理体系建设、基本管理制度体系建设、社会责任管理等方式进行，其中既涉及股东大会、董事会、监事会及经理层，即“三会一层”的治理体系，也涉及董事会及下设的战略委员会、经理层、战略管理部门以及各个职能部门、子公司等内部层次。换句话说，利益相关者的博弈活动或者所谓的公司政治活动，主要是在这些机构或部门展开。要管好战略，从管理的科学性来说，需要针对这些机构或部门进行如前所述的责权、审批流程、奖惩等管理事项界定；从管理的艺术性来说，为有力地推动战略管理进程，需要战略管理者密切关注群体决策的博弈过程，不断提升决策影响力。

由于有利益相关者介入，战略管理变得更为复杂。基于这个原因，一个优秀的战略管理者，能够做好战略制定与战略实施只是最为基本甚至浅显的技能，而能够让内外部利益相关者达成妥协才是最为根本也是最为重要的战略技能。

在企业中，学习战略的人常被质疑：“你学会战略管理这门学科了，就会管理战略了？”被质疑的主要就是战略学习者对利益相关者管理的能力与水平。利益相关者管理的内容，由于涉及公司治理、公司政治等内容，与传统的以战略业务技能为主的战略学科有明显的区别，而且在实务中又充满艺术性，故为了内容聚焦，本书仅做以上概念梳理，不做展开。

第二讲

外部分析就是找机会与威胁

一、让猪飞起来的“风口”

2013年12月11日下午，小米公司CEO雷军和影视明星刘德华，在清华大学展开了一场名为“将人生变成战场”的对话。雷军在对话中说：“40岁以后我领悟到的最重要的道理就是顺势而为，台风来的时候连猪都可以飞。”我们必须承认雷军一度非常火，“顺势而为”“风口上的猪”作为流行语存在了多年。在那之后，整个社会都在忙着寻找“风口”，似乎只要找到“风口”，自己就可以成为那头随时能够飞起来的“猪”。

其实这句话并非雷军首创。多年前，股市中就流传着一句类似的话，雷军只说了前半句“涨潮的时候，牛都会飞”，没有说后半句“落潮的时候，才知道谁没穿内裤”。前半句强调的是“大势”，后半句强调的是“风险”；前半句强调的是“机会”，后半句强调的是“威胁”。

收益与风险共存，此事亘古不变。

（一）人之所以成功，常常是因为找到了“风口”

“风口上的猪”之所以能够流行，主要是因为小米公司的确是在“风口”中飞起来的“猪”，而雷军的确发现了“风口”。

雷军的成功，缘于他站在了行业发展的“风口”上。

雷军是在40岁之后才创建小米的。在这之前，他已经是成功的企业家，主持的金山公司早已赫赫有名且上市。用现在的话说，他已经完全实现了财富自由。据说，在苹果开发出了iPhone之后，雷军敏锐地发现手机行业将发生翻天覆地的变化，于是同一帮朋友创立了小米。

历史是任人打扮的小姑娘，我们已无从知道当时他是如何进行战略决策的。是误打误撞不小心就发财了，还是站得高、看得远，准确判断出了行业大势？不管答案是什么，但有一点可以肯定，即他与小米公司真正地赶上了移动互联网时代的发展大势。在雷军做小米的时候，市场上已经有很多手机品牌，但小米却恰逢其时地赶上了智能手机的大势。所以说，人若赶上大势，事业就会越来越顺；反之，则可能越做越难。

实际上，赶上了“风口”，任何企业都会飞起来。传统行业的企业如此，互联网及移动互联网时代的企业也如此。在21世纪的前十多年，地产大鳄都是赶上了房地产业飞速发展的大势而迅速崛起的。在很长一段时间，房价一年一个跟头地翻，起步早的房地产商疯狂发展是必然的结果。曾经有好多年，富豪榜上排位靠前的大都是房地产商。与此同时，得益于互联网技术尤其是移动互联技术的快速发展，一些新科技企业异军突起，阿里、腾讯、京东、美团、百度等逐渐走到了聚光灯下，马云、马化腾、王兴、刘强东、李彦宏等成为时代的弄潮儿。时代大潮有起有落，属于房地产商的辉煌不可能永远持续，网络“巨无霸”也必将逐渐远去。不论怎样，站在风口上未必会成功，但成功都是站在了风口上。

这些人的成功是靠运气还是真正的高瞻远瞩，不得而知。但是，风起于青萍之末，能够从水面上的轻微波动觉察到背后的山雨欲来，却是每个企业家需要不断打磨的技能。处于“风口”而不知，才是企业家最大的悲哀。

专栏 2-1

成功企业的战略是事先制定的，还是后来总结出来的？

成功的企业家都喜欢谈战略，可是他们所谈的战略是事先制定的，还是成功以后总结出来的呢？这个问题不好回答。因为事过境迁之后，任何对过去的回忆，都免不了带有主观色彩。

多数基层人员倾向于认为“战略是总结出来的”。因为以他们的亲身经历来看，企业能够发展，关键还是运气好，把握住了机会，如一下子拿了几个大单，或者忽然获得了至关重要的关系。譬如，某公司原来卖软件一直不温不火，后来“互联网 +”“云计算”热浪兴起后，公司的产品卖着卖着就成了“互联网 + 云计算方案”，结果销量暴增。实际上，按业内人的话，“互联网 +”“云解决方案”等概念，都是销售员为攻下客户现编的推销用词，后来发现确实管用，就慢慢总结成宣传方案。最后，经公司企宣文案总结拔高后，这些词又被写进领导的讲话稿。但是，领导刚开始时未必就确定了这个“风口”。

多数高层人员会反对“战略是总结出来的”这个观点，但他们通常也不完全赞同“战略是事先制定的”。精通辩证法的他们，往往会给出绝对正确的答案。可是事后谈到曾经的战略时，你会发现他们还是倾向于认为自己有“战略眼光”。譬如，前面提到的“互联网 + 云计算方案”，高层会说自己当时如何看到行业中存在的机会，并极力推动企业转型，而且在极力推动转型中还受到过非常巨大的阻力，如员工不理解、社会不理解甚至家人也不理解，所有痛苦都只能一个人扛，等等。

其实这个问题还可以有多种答案，但有一点毋庸置疑——机遇总是垂青有心人。这个有心人可以是业外人，如能够站在局外洞察一切的人，但更多的是业内人，甚至是中基层人员。套用华为公司总裁任正非的话说，不论是业内还是业外，这个有心人应该是能真切感受到“前方炮火声”的人。有心人时时盯着外部环境，敏锐地感知环境变化，时刻试图寻找机会。至于能不能看准机会或看准机会后能否抓住，则是另外的问题。

（二）外部分析就是探索“风口”出现的规律

要找到“风口”，就必须掌握找“风口”出现的基本规律。

战略管理学家梳理复杂环境的层次关系，梳理成功企业家的战略洞察逻辑，慢慢总结出来一系列找“风口”的范式。这套范式就是战略管理理论及相应的战略工具。

战略管理理论中的外部环境分析就是试图描述一个能够找到大势的

逻辑框架，将复杂的外部环境抽象化、简单化、程序化。西方战略管理学家希望人们运用这套范式扩大战略视野，准确地找到环境中的机会与威胁。

当然，学了这套理论范式，并不能保证每个人都可以找到“风口”，但是对那些期望主动找到而不是撞到“风口”的人，进行这样的战略思维训练，不断扩大自己的战略视野，又是必需的。

二、找到“风口”的理论逻辑

战略管理理论中的外部分析就是为了找到“风口”。接下来，我们讨论其中的逻辑。

先假想一个例子。

假定现在时间是20世纪90年代末，你怀着远大的理想，打算在中国的经济发展中占有一席之地。接下来，你要找“风口”。第一步是分析大势，看一下宏观形势。你敏锐地发现中国在转型改革过程中出现了很多商业机会，国家出台的住房制度改革政策将会释放出巨大的经济能量。你为此热血沸腾。第二步是将目标分解，由大到小，落实到产业层面。你仔细分析了住房建设行业的前世今生，预测该行业的未来前景，然后发现这个行业真是非常有吸引力，所有供应商、客户都会围绕着你转。第三步，再把目光放在具体的竞争对手上。你发现全国大部分房地产商都是刚起步，还没有形成大气候，真正的竞争梯队远未形成。最后，你详细归纳分析的结果，准确定位了你想要的“风口”，即开发房地产。

（一）外部分析的理论假设

假定经过分析之后，你决定进入房地产业，从此书写新的人生篇章。你科学、理性、极度前瞻性地分析之后，认为在重要城市各买一万亩地，定会大有作为。可之后，你痛苦又绝望地发现了一个无法回避的现实：你没钱，也没人脉关系。你进而领悟了，分析得再好，可能也没有用。

战略外部分析的理论假设是，只要能够发现有吸引力的行业，就可以进入这个行业获取超额利润，即只要能够找到“风口”，就可以飞起来。外部分析是用来帮人找“风口”的理论，至于找到的“风口”是否属于你，该理论并不关心。

事实上，重要的并不是外部分析理论有没有用，而是你进行外部分析的出发点实不实用。如果你的出发点是坐而论道，那分析出来的结果也只能用来坐而论道；如果你的出发点是为了分析自己可能拥有的机会与威胁，那它就是务实的。外部分析不可能完全脱离自身实际，必须基于自我条件又不囿于自我条件。

曾经有一个建筑专业毕业没几年的年轻人，当时就这样非常认真地进行了一层层分析，感到房地产是个大“风口”，但分析后却发现自己没钱、没关系，更无奈的是自己及整个家族从来没有人做过生意，更别提这么大的生意。与别人的不同之处在于，他没有丧气地得出“分析再好，也没有用”的结论，而是兴奋地发现，为房地产提供服务的暖通行业一定会很火，进入这个行业就有可能由小做到大。后来，他果然成了暖通行业的知名企业家。是否真正具备发现并捕捉机会与规避威胁的能力，就是企业家与常人的重要区别。

（二）外部分析的基本逻辑

外部分析，即战略外部环境分析，就是沿着宏观环境、产业环境、竞争环境，由大到小、由远到近、由宏观到微观层层分析，从而发现机会与威胁。就像拿着放大镜，先在宏观上寻找有哪些产业机会，然后再去看具体产业，最后再看具体的竞争群体。在千丝万缕的联系中，力求把大势看得清清楚楚。要注意的是，外部分析离不开商业本质，每一步都要以发现机会与威胁为目的。

换句话说，我们所处的外部环境看似关系错综复杂，但实际上是有层次的。战略管理理论将错综复杂的环境简化成了不同的层次，为进一步对环境进行理性分析奠定了基础。这是厘清各种战略分析工具逻辑关系最为基础的东西，也是学习战略管理理论的关键。

具体来说，战略外部环境分析的基本逻辑如下：

①战略环境由宏观环境、产业环境、竞争环境三个层次组成。

②这三个层次是由大到小的关系。宏观分析更粗一些，微观分析更细一些，产业分析介于其中。无论粗细，都有相应的战略分析工具。

③三个层次的环境变化会相互影响。宏观环境的变化，会先传递到产业环境再间接影响竞争格局，也可能会直接影响竞争格局。譬如，国家经济政策的变化会先促进一些产业发展同时抑制另一些产业发展，之后才会影响到具体产业内的企业间竞争。如国家“去产能、去库存、去杠杆”的策略，会直接影响煤炭产业的竞争格局。微观环境的变化也会影响宏观环境的变化。譬如，曾经的滴滴出行等网络约车公司的产生与发展，影响了出租车行业的竞争环境，也使“共享经济”成为国家制定经济政策必须考虑的内容。通过微观变化看宏观趋势，通过宏观变化看微观影响，两者结合，才能全面地看清环境变化的本质。

（三）外部分析的战略工具

战略管理理论中的外部分析主要通过一些战略工具进行。外部环境由宏观、产业、竞争等三个层次构成，每个层次的环境分析都要用到相对应的战略分析工具（见表 2–1）。需要注意的是，每个战略工具只适合针对某个层次的环境进行分析，不可将环境层次与其对应的工具匹配错误。

表2–1　　外部分析中主要用到的战略工具

环境层次	工具	工具原理及应用
宏观环境层次	PEST模型	宏观环境分析的框架模型。它从政治、经济、社会、技术四个方面分析宏观环境，目的是发现宏观环境变化带来的机会与威胁
产业环境层次	产业周期理论	产业环境分析的工具。它将产业分为导入、成长、成熟、衰退四个阶段，目的是通过认清产业生命周期变化来分析产业的前景
	波特五力模型	产业环境分析的工具。它将产业所受的环境压力分为五个力，目的是借助五个作用力来分析产业竞争强度。产业竞争强度越大，产业进入吸引力越小
	关键成功因素	行业环境分析的工具。目的是分析在行业内要经营成功必须具备的条件，即成功的必要条件

续表

环境层次	工具	工具原理及应用
竞争环境层次	战略组群分析	竞争环境分析的工具。它通过一定方法将产业中众多企业分为一个个战略组群，目的是通过对竞争群体结构的分析来找到战略组群之间的移动障碍及产业中存在的机会
	竞争对手分析	对竞争对手的情况进行分析

1. 宏观环境层次分析

宏观环境分析主要用到PEST模型，分析的是宏观大环境。宏观环境包括政治、法律环境，经济环境，社会、文化环境和技术环境四个方面（见图2–1）。在理论研究中，学者们又提炼出了每个环境的构成要素。

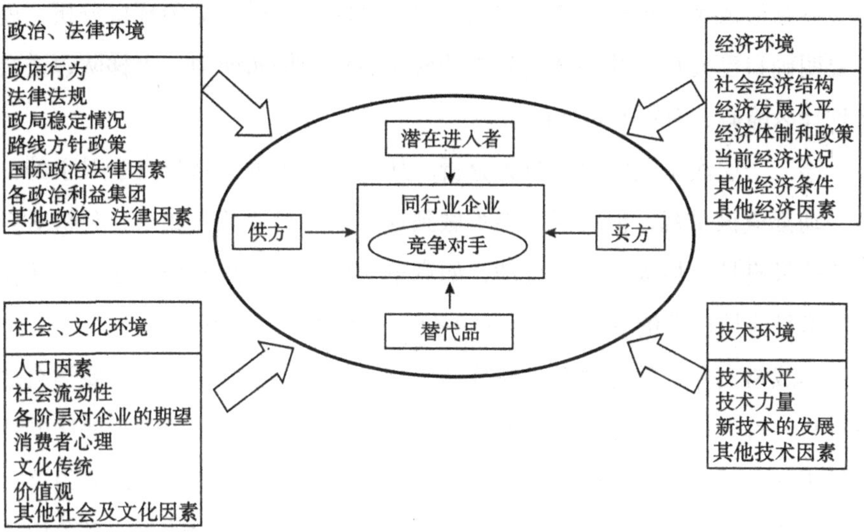

图2-1 外部分析的基本框架

2. 产业环境层次分析

产业环境分析主要用到产业生命周期理论、波特五力模型、关键成功因素等战略工具。

产业环境分析有三大目的。一是分析产业生命周期状况。如产业目前处于何种发展阶段，是发展期还是成熟期等，未来是继续快速成长还是要走向没落等。二是分析产业结构。波特认为，产业结构由供方、需方、行业内的竞争企业、替代品、潜在进入者五个参与者的相互作用力决定，对产业结构进行分析时用到的战略分析工具主要就是波特五力模型。三是分析产业的关键成功因素。

此外，还可根据需要用诸如产业容量、产业利润率等指标，来分析产业的整体状况。这就要用到产业经济学的相关知识，此处不再赘述。

3. 竞争环境层次分析

这部分分析得越准确，越利于企业准确把握环境中的机会与威胁。

一般来说，竞争环境分析分为两个层次。

第一个层次是竞争环境的结构分析，所用到的工具主要是战略组群分析。举个例子，在马拉松比赛中，成百上千的运动员参赛，但在跑的过程中会逐渐形成第一梯队、第二梯队、第三梯队等。进行竞争环境分析，就是要明确自己处在第几梯队，分析若要从后一个梯队向前一个梯队迈进会遇到什么障碍、有哪些可能的机会。

第二个层次是竞争对手行为分析。从理论上来说，凡是竞争对手的一举一动都应该重视，但实际上很难做到这一点，只能抓大放小，分析对自己威胁最直接、最大的一些行动，如竞争对手最新的战略等。这方面还没有成形且应用广泛的工具，竞争对手分析工具可以勉强算作一个。

学战略实际上就是要学这些战略工具。这里再次强调的是，要学会战略工具，首先应明确战略工具的定位，即明确战略工具是为哪个层次的环境分析服务的。其次要明确战略工具的应用原理及目的。譬如战略组群分析是竞争环境分析的工具，它的主要原理是通过将行业内的竞争者分成若干个组群，再寻找竞争群体间的移动障碍及产业机会。很多人学习战略多年却没有形成基本感觉，主要原因是没有搞清战略工具，接下来我们会逐个学习这些战略工具。

简而言之，战略分析包括外部分析与内部分析两大部分，外部分析用来寻找机会与威胁，包括宏观分析、产业分析与竞争分析。宏观分析主要用到 PEST 模型，产业分析主要用到产业生命周期理论、波特五力模型、行业关键成功因素等三个工具，竞争分析主要用到战略组群分析工具和竞争对手分析工具。

专栏 2-2

学了多年的战略，为什么只隐隐记得一个波特五力模型？

在十多年时间里，我们接触过很多学过战略、正在学战略或正在用战略的人，深深感到建立起战略工具逻辑关系的重要性。有很多毕业多年的MBA，说到战略学习的内容，除了隐隐记得波特五力模型外什么都记不起来了，反应快一点的可能会突然惊醒般地说："噢，还有PEST模型。"一些正在学战略的人，会以非常聪明的形式向你提问："你能不能用三言两语来解释，分析产业吸引力时，波特五力模型与战略组群之间存在何种关系？"你只能无可奈何地回答："呵呵！波特五力是分析产业的工具，战略组群是分析竞争对手的工具！"对于这样的回答，有些人会就此打住，而有些人会突然想到什么似的继续追问："竞争对手分析与产业分析有什么区别？"这时，你就很难回答了。

学了多年的战略，只能隐隐记得个波特五力模型的根本原因，仅就战略分析这部分而言，就是没有掌握战略环境的层次与相应战略工具之间的对应关系。这一点显示了中国人与西方人在学习思维上的差别。中国人学习一门学科的时候，都喜欢从一个公理或原理出发，或凭自己的经验、感觉，或按一定的逻辑总结出自己的结论。可以说，我们既喜欢有一定发挥空间或"留白"的学科，如《孙子兵法》《道德经》等，寥寥数语、意味深长，读起来让人顿感痛快，也欣赏那些逻辑非常严密或看似严密的学科，如数学、物理，也包括经济学，诸多数字精致巧妙，学起来让人大呼痛快。然而西方的战略管理理论，尤其是占当今主流地位的波特定位理论，既缺乏哲理般的"留白"，也缺乏数学般的"精致"，往往只是将从实践中总结出来的经验罗列，且逻辑似通非通，重点若隐若现。这种事无巨细的讲述，很容易让读者感觉味同嚼蜡，难以卒读。硬着头皮看完，放下书来，只隐约记得学了好多个模型，但这些模型是什么、适用于何种环境，早已被忘在书中了。

事实上，对大多数非专业研究战略的人来说，能够掌握战略环境的层次及相应的战略工具，就基本上可以应用了，至于应用技巧，可以随着应用水平的提升而加强。结合中国人喜欢思辨的特点，将概念厘清了、目的明确了，自然就会用自己的方式记住。譬如，学习分析宏观环境的PEST模型时，知道它包括政治、经济、文化、技术四个方面，目的是找到对自己企业的机会与威胁即可，不必在那些烦琐的要素细节上打转，因为凭借知识与经验积累也能得出相对实用的结论。事实上，没有人能够背下来西方经典著作中的琐碎细节。说到底，我们能借鉴的只是其思考问题的框架。

掌握了战略环境的层次及相应的战略工具，在大脑中形成清晰的框架，面对身边不断涌现的信息，会用战略分析框架进行分析就可以了。看似有用无用的框架，一旦养成随时应用的习惯，对自己的战略思维能力及战略视野拓宽却非常有意义。譬如，当看到电视中一些专家大谈钢铁厂家与国际三大铁矿石厂家的博弈时，我们从战略思维出发，可知道他们谈论的是产业环境层次的事情，具体谈的是波特五力模型中的钢铁厂与供应商的讨价还价压力问题。当专家们建议通过加大产业联合、提升产业的凝聚力来应对铁矿石供应商压力时，我们知道他们在建议走战略联盟的路径。能否有意识地进行类似的战略思维训练，是区分有没有真正受过战略学科训练的标志。

三、大企业家为什么喜欢看新闻联播

很多大企业家都喜欢看新闻联播。据说江苏华西村的前书记吴仁宝，就是那个带领一个小村庄成为中国第一村的企业家，只上过几天私塾却能够建立起庞大商业帝国且几十年不倒的“牛人”，透露他成功的秘诀之一就是天天看新闻联播。

（一）新闻联播蕴藏着大量的宏观环境层次的信息

在一般人看来，在商言商，企业家看商业新闻就行了，若要了解最新发生的事，看网络新闻也足够了，何必天天看新闻联播呢？企业家爱看新闻联播的原因其实很简单：要有战略视野，就必须关注宏观环境的变化。新闻联播代表了主流媒体的声音，是官方释放改革信号的主要渠道。要了解宏观环境变化，自然要看新闻联播，不仅要看，还要会看，能看懂、看透。中国正处于转型期，宏观环境的每项变化对企业来说都影响巨大。它可能带来重大的机遇，也可能产生重要威胁。看懂了、看透了，才有可能把握机会，规避威胁。

实际上，宏观环境的每次大的变化，都意味着一批企业的崛起和另一批企业的落幕。20 世纪 80 年代初，一批人率先富了起来；20 世纪 90 年代初，邓小平同志南方谈话后，一批企业成长起来；21 世纪初，国企改革掀起一浪高潮，一大批企业走向国际。回顾历史，每个人都会感叹，顺势而为，猪都会飞。那么，当大势来临的时候，你能看到吗？

党的十八届三中全会后，政府开始走简政放权的改革之路，把该还给市场的还给市场；允许民营企业进入国企，大力发展混合制经济；金融管理部门搞了证券发行的注册制改革，要建立多层次资本市场；央行要搞人民币国际化；农村开始土地确权，流转蓄势待发。每一件大事的背后都意味着一个巨大的机会，这些大事中哪些与你密切相关，哪些与你毫无关系？要找到所谓的“风口”，这些问题就必须认真思考。从根本上来说，这些都是宏观环境分析要研究的问题。

宏观环境分析的问题往往没有确定的答案，或者说确定的答案需要时间去验证。但正因为不确定性，充满了风险，所以才意味着可能有高收益。从战略学科来说，学习宏观环境分析理论也并不一定要得到一个答案，而是应学会一种分析方法。这种分析方法中最典型的工具就是 PEST 模型。

（二）PEST 模型用来分析宏观环境，目的是发现机会与威胁

PEST 模型告诉我们，尽管宏观环境错综复杂，但还是有规律可循的。宏观环境分析可从政治与法律、经济、社会、技术四个方面进行。

PEST 模型，从字面上比较好理解，每个字母代表一类宏观环境因素：P 代表政治与法律因素，E 代表经济因素，S 代表社会、文化环境，T 代表技术因素。每个因素下面又包含若干个子要素，具体如图 2-2 所示。

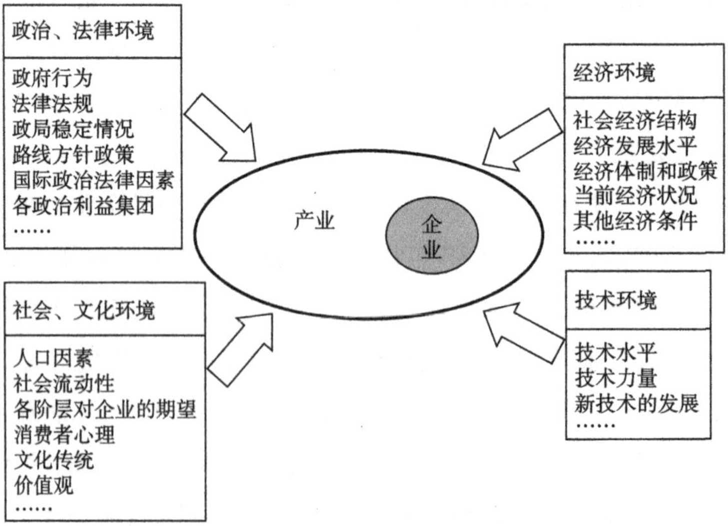

图2-2 主要宏观环境因素

知识小贴士

PEST模型各子要素分析

P：政治、法律环境

主要包括政局（企业所在国家的政局稳定状况）、政府（政府行为对企业的影响）、政策（路线、方针等）、政党（各政治利益集团对企业活动产生的影响）四类具体因素。法律环境主要包括法律（法律法规）、执法者（国家司法机关和执行机关）、被执法者（企业的法律意识）三个因素，对于国际投资还要考虑国际因素（国际法律环境及目标国的法律环境情况）。

E：经济环境

包括总量因素（经济发展水平）、结构因素（社会经济结构）、体制因素（经济体制）、政策因素（经济政策）、当前状况（当前经济状况）和其他条件（其他一般经济条件）。

S：社会、文化环境

主要分析的对象是社会，社会是由人组成的，因此分析的主要因素是人（人口）、人的流动（社会流动性）、人的消费心理（企业终究是为了从人的口袋中掏走钱的）。分析文化因素稍微复杂些，因为文化是一个很难讲清楚的东西。如果粗略而言，文化分析主要是分析人的理念（价值观，即我们认为什么是对的）、人的行为方式（生活方式，即有什么理念就有什么样的行为）、人的文化载体（文化传统，有什么样的行为，就反映了什么样的文化传统）。

T：技术环境

包括技术水平、技术力量和新技术发展状况。其中技术力量是指技术在整个环境中的作用力度。

PEST模型相对简单，看到字母就可以想到要分析的要素，但是真要具体展开，却可能并不容易，因为每一类因素的背后都对应着一类学科。

譬如E，经济环境因素的分析。真要通过分析看清楚经济形势，尤其是中国的经济形势，那需要具备顶尖经济学家的水平。所以，我们一般在分析的时候应尽可能找到与企业相关的宏观环境因素，略去不相关的因素。

看到这里，可能有读者会问，如果开展PEST模型分析，是不是每个项目包含的要素都要逐项分析才行？答案是否定的，不需要对每个要素进行逐项分析。这又回到了前面一再强调的中西方文化差异。在每个项目下，都有西方战略管理学者根据实践经验总结出来的若干个要素，这些要素之间有一定的逻辑性，但是对我们大多数人来说，这种逻辑性并不强，完全没有必要按图索骥。我们一方面记不住那些繁杂的要素，另一方面即便记住了也未必会用，何况每个公司面临的具体情况并不相同。运用PEST模型时，抓住主要因素，紧紧把握“发现机会与威胁”这一核心目的，捕获并处理宏观信息就可以了，不必过于拘泥于形式。除了一些呆板的考试需要理解这些要素，对于大部分人，若没有兴趣深入了解，完全可以简单浏览，只需知道运用PEST模型进行分析即可。

（三）案例：用PEST模型分析传统制造业

传统制造业是我国经济的重要组成部分，它的发展状况直接影响经济的发展。传统制造业面临的宏观环境比较复杂，既受到国际、国内经济环境的影响，也受到互联网等技术变革的影响，还受到消费者、就业人员等利益相关者形成的社会文化环境的影响。下面对该行业的PEST进行简要分析。

1. 政治和法律环境

国际上主要国家都开始关注实体经济的发展。美国自次贷危机后开始对“去工业化”进行反思，提出振兴实业的战略；德国将工业4.0作为振兴制造业的法宝；日本也将调整制造业作为重点。发达国家对制造业的重视，一方面有利于制造业整体的发展，另一方面也将给我国制造业带来压力（威胁1，简称T1，以下按类似方式编号）。我国对制造业的发展高度重视，从战略高度对其进行了规划，并推出一系列振兴政策，这无疑有利于制造业的发展（机会 1，简称 O1，以下按类似方式编号）。

2. 经济环境

我国经济增速减缓，转型压力较大，包括制造业在内的很多行业面临供过于求、产能过剩、技术水平低下等问题（T2）。金融机构对制造业支持力度还有待加强，尤其是中小制造企业普遍面临融资难等问题（T3）。这些问题制约着制造业的发展。然而我们也应看到，国家出台了以国内大循环为主体、国内国际双循环相互促进的新发展格局，各地也出台了许多扶持制造业创新的政策，这都将有力推动制造业的发展（O2）。国家开展供给侧结构性改革，“去产能、去库存、去杠杆”将给制造业发展带来机会，譬如推动制造业企业之间尤其是国企与国企、国企与民企间兼并重组力度加大，提升行业集中度，有利于行业健康发展（O3）。

3. 社会文化环境

这里仅简单分析消费者需求变化所带来的机会。

一是需求越来越个性化。在传统时代，人们往往遵从普遍适用的等级标准，譬如 20 世纪 80 年代买台电视机曾是成功的标志，但现在越来越多的人开始仅从商品本身角度来考虑自身需求问题，而越来越少被其他标准绑架。这种变化趋势越来越明显。这就要求制造业能更加个性化满足消费者需求。然而制造业本身长期以福特生产线组织为基础的方式，过于追求“规模化”与“标准化”，一时还很难满足这些个性化需求。面向满足个性化需求发展，意味着机会（O4）。

二是需求由温饱向更高层次转化，如追求幸福感、参与感、交流、尊重等。譬如消费者更愿意参与到研发与生产过程中，更乐意获得自己参与生产的产品。生产者与消费者、生产者与渠道商、消费者与渠道商等关联方之间，已由传统的商业博弈或买卖关系向深度合作关系转化。这种变化将直接挑战传统制造业的生产营销观念。如传统制造企业往往喜欢一手交钱、一手交货，销售完毕就算关系结束，而现在则是销售完毕关系可能刚刚开始。此外，消费者还有很多新特点，如喜欢简单直接、注重体验、感性与理性并存、碎片化消费等。这些消费者文化的变化需要制造企业转变观念，而谁先转变观念就意味着谁先获得转型新机遇（O5）。

4. 技术环境

制造业面临的技术环境已发生了很大变化。技术变化涉及的内容比较多，这里仅就互联网及相关智能技术简单分析。一是近些年互联网技术迅速发展，生产商与消费者之间沟通更加紧密，促使制造业企业向“个性定制”转型（O6）。二是智能制造技术、物联网、大数据、边缘计算、区块链及相关技术的实现，将对生产环节产生巨大影响，如生产智能化、产品智能化、机器人代替人工正在成为趋势，具有真正科技竞争力的企业将会脱颖而出（O7）。三是在5G时代，随着芯片、新能源等技术的突破，制造业的上下游、制造业中相关产业的界线会不断变化，制造业与商业的融合、线上与线下的融合、产业与金融的融合，将会为及时变化的企业提供巨大的机遇（O8）。

经过以上分析，我们可以看出制造业既有挑战（3个），也有机遇（8个）。需要注意的是，除了政治、经济两大块分析中的机会（O）与威胁（T）的性质相对比较明确，社会文化、技术两大块分析中的部分机会（O4 ~ O8）的性质都不好判断，既可以说是挑战也可以说是机遇，看法往往因人而异了。譬如“消费者需求个性化”，对有些人来说意味着巨大的机会，而对有些人来说则是巨大的挑战。积极的人看到的是机会，保守的人看到的是威胁。这是“理念体系”对战略影响的具体体现，也恰好是商业的魅力所在。总体来说，规模定制化以满足更为个性化的需求将是制造业未来发展的方向，利用智能技术对传统制造业的升级将是不可逆转的趋势。另外，如果仔细推演，或许也可得出必然会有互联网巨头企业整合新技术重塑制造业格局，使某些行业彻底转变为受巨头牵制的加工车间的推论，或者得出必然会有企业开展名为以大数据为基础的供应链金融实为变相放贷业务的推论，甚至得出更多离奇的推论。这些推论是否成立因人而异，是否被认同更是因人而异。PEST模型可以用来对行业所处的宏观环境进行分析，但最好落实到企业所处的宏观环境分析才更加务实。这里以行业为例，仅仅是为了便于大家理解。

（四）应用 PEST 模型分析时要防止的误区

1. PEST 模型分析应立足自身企业

要防止离开自身空谈机会与威胁，即“过虚”。关注宏观环境容易让人视野扩大，也容易使人忘记分析的目的，即找机会与威胁。譬如，长期关注宏观信息的人，会动不动站在“中国该向何处去”的高度发表意见。这种整体的、趋势性的分析，如果不能落实为对产业、企业的影响，就很容易沦为坐而论道。作为企业战略，能落实到企业才算务实。

2. PEST 模型分析对企业的影响是跨层次的

宏观层次的变化未必能对微观层次产生直接、显著的影响，要防止简单拿来主义的错误，即要防止“过大”。宏观变化对微观个体有影响，但是因为影响微观个体的因素不止宏观变化一种，故在具体应用 PEST 模型时，要防止扩大宏观因素的作用。以大学生就业政策变化为例。国家出台新的政策鼓励大学生就业，这个政策无疑有利于所有大学生就业，但是这一宏观政策对某个微观个体——譬如小王能否成功应聘到某个心仪的会计师事务所的影响，就可能微乎其微。决定小王是否能进那个会计师事务所的，很可能就是某次面试的结果，而不是宏观就业政策的变化。经过宏观政策分析，得出小王所处的“就业大环境会更好”的结论还算客观，但不能得出小王可以进某个会计师事务所的结论。不过如果这是关于落户的政策，而小王恰好有这样的需求，那就算是直接相关。同样的道理，国家宏观经济形势向好，某个企业得出自己所处的发展环境更好的结论符合逻辑，但不能得出企业当年销售收入会增长多大比例的结论。遗憾的是，经常看到很多中小企业负责人，从国际谈到国内、从政治谈到经济，最后得出宏观经济向好、自己将会大发展的结论，这就有些可笑了。

3. PEST 模型分析应该有个大致的时间范围界定，防止时间跨度太长

譬如，我们分析出了国家未来 30 年的变化趋势，并做了相应的预测，而自己企业可能非常小，如只是街边一个小饭店，租房合同 5 年一签，那

30 年预测对自己就可能过于遥远了，预测 5 到 10 年可能更务实一些。若企业是一个靠赌未来、主要依赖风险投资支持的企业，则进行宏观分析时可以让时间适当长些。

正因为宏观环境分析是整体的、趋势性的、长周期的，对企业的影响往往是间接的、弱相关的，所以宏观环境分析才是真正的战略分析。它发现的是战略性机遇与战略性威胁，而未必就一定是眼下具体的机遇与挑战。“涨潮的时候，牛都会飞”，发现大势才是宏观环境分析的真正目的。

四、产业也有生老病死

大约 2008 年春节前后，一个老板想将全部财力投入 MP4（多功能播放器）的生产中去。他当时的判断是，这一产业有着很好的前景，他也有相关的资源。他向朋友们征询意见。当时，苹果的 iPad 已经问世，智能手机的“风口”正在形成，MP4 行业正在走向消亡。虽然生产 MP4 在当时还是有利润的，但朋友们都力劝他不要进入该行业。当时大家劝他的理由就是，产业也有生老病死，这个产业的生命周期已经到了后期，快“死”了。他最终还是一意孤行，杀进了这片红海，后来果然步履维艰。

站在现在时点谈过去，谁人都是诸葛，但站在现在时点谈未来，就有很大难度。一个小老板做餐饮非常成功，2015 年冬天，他顺势杀入超市领域。在小小的三线城市，他筹到大笔资金新建了当地最大的购物中心，并顺势收购改造了一些小超市，建立了新型连锁超市。他的朋友劝诫：大城市的商场已经被互联网冲击，线下购物中心将面临巨大的变革，传统商业的生命周期甚至会走到后期，未来必然是线上与线下结合，甚至线下商店成为体验店，智能化商业才是主流。但那个小老板的观点是，未来再怎么发展，人们总需要购物的场所，这个行业不可能走到尽头。双方就产业发展趋势进行了争论。这个争论持续好多年仍然没有结论，因为在那个三线城市，小老板开的购物中心似乎没有衰败的迹象，而且还与时俱进，趁势引入了电影院、餐饮、儿童乐园甚至机器人服务、线上线下结合的电商等业务。从学科角度，他们争论的问题实际上就是“产业的生老病死”，只是双方对线下购物产业所处阶段的看法不同。

（一）生命周期理论就是要预测产业的“生老病死”

在战略管理理论中，对产业“生老病死”的分析，主要用到生命周期理论[①]。生命周期理论分析属于外部分析中的产业分析的工具，目的也是找到机会与威胁。

在生命周期理论中，每个产业都要经过导入期、成长期、成熟期和衰退期。在导入期，产业刚刚出现，规模小，产品质量与稳定性都不高。如果判断某个产业确实处于导入期，且以后有非常大的发展潜力，那么该产业就是“风口”。企业进入导入期的行业，往往风险较高，能不能发展到成长期还是未知数。人们常说的战略性新兴产业，基本处于导入期。正是因为这个阶段的风险较大，因此我国政府才通过各种方式对其中的行业和企业给予政策补贴，如各种各样的扶持基金、产业引导基金等，都是为了帮助企业降低产业风险、引导企业成长的。在成长期，产品销量节节攀升，行业快速发展，企业的主要战略目标是争夺市场份额。这一阶段，企业的经营风险相对降低。在成熟期，产业内的企业数量几乎达到饱和，价格战成为常事。譬如在家电行业，尽管各个企业都号称自己的产品有创新，但实际上价格还是人们选择的主要依据，这个行业就属于成熟的行业。衰退期的主要特点就是产能严重过剩、利润太少，只有巨头能够活得较好，一般企业将生存艰难甚至被迫出局。

---

① 需要说明一点，生命周期理论最初叫产品生命周期理论，其针对的是产品，而不是产业。关于生命周期是只适用于个别产品还是适用于整个产业，一直存在争议。一般都笼统地称之为生命周期理论或产业生命周期理论。事实上，由于产业中可能存在多个产品，多个产品的生命周期相叠加，可能总体表现出来的未必是一个周期的概念了。这里与波特在《竞争战略》一书中的处理方式相同，即不严格区分产业生命周期和产品生命周期，而是将两者通用。

（二）通过产业变迁过程来发现机会与威胁

要预测产业的生老病死并不是一件容易的事，涉及各种因素，其中需要考虑的主要因素是增长的长期趋势。譬如钢铁行业目前产能过剩，业内生存压力巨大，可你能简单判断它就是行将没落的行业吗？如果有人说是，必然会遭到诸多反对，因为要预测必然会涉及很多因素，很难穷尽，如有人就会说再过一百年也还是需要钢铁，钢铁是工业发展的基础。这里大家争论的焦点就是增长的长期趋势。又譬如银行卡，有了它存取款的确要比过去在银行排长队方便，可是随着手机支付越来越发达，银行卡还会有多少人用，却是个未知数。

战略大师波特认为预测生命周期存在着很大的不确定性，科学的态度应该是研究产业变迁过程。所谓产业变迁过程，就是产业原来有个结构，后来变为另外一个结构，这种变迁必然是在某些力量的诱变下产生的。这些压力必然来自环境，环境发生变化尤其是发生剧烈变化时，将会迫使产业发生变化。这些变化往往会通过产业规模、投资规模、市场需求、产品结构、企业数量等指标变化呈现出来。

多关注产业变迁过程，少预测产业生命周期，理论上可以，实践上也更有意义。打个比方说，人有生老病死，预测“生老病死”就相当于算命，前提假设是相信命由天定。准确与否另说，就是预测准确也难有太大的实质意义。研究“变迁过程”则不同，它是研究衰老的规律，相信衰老总有规律，找到规律便可形成对策，所以，相比较而言，后者更实用且科学。在一定意义上，产业生死并不重要，而产业变迁过程中出现的机会与威胁才是最值得关注的。如前所述，预测小小的三线城市的大型购物中心生死的意义并不大，而如果能准确预测到该产业变迁的过程，更好地把握机会、规避威胁，才具有现实意义。

知识小贴士

生命周期理论受到的质疑

让我们用学习数学的方式来看看产品生命周期理论为什么不适用。从产品生命周期的图形（见图 2-3）可以看出，横轴表示时间，包括四个阶段；纵轴表示销售额，是一个近似 S 形的图形。

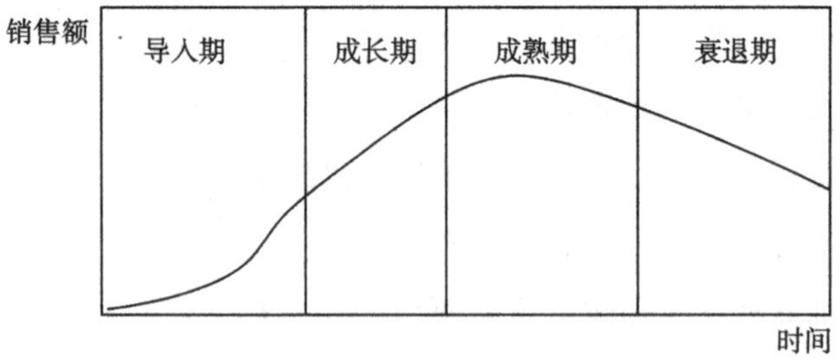

图2-3　产品生命周期

对该理论的主要质疑有四点：

一是对横轴的质疑。将产业划分为导入期、成长期、成熟期、衰退期四个阶段，但是这四个阶段能按确切的时间点划分吗？显然不能。如果不能，那么该理论的实用性就会大打折扣，因为用它很难说清企业当下处于何种阶段。

二是对 S 形的质疑，即为什么一定是“S”形呢？有些产业生命周期可能是折线，譬如20世纪90年代的传呼机行业，突然上升、突然死亡；有些产业生命周期可能是连续的 S 线，上升后下降再上升，如摩托车、自行车行业，历时多年起起伏伏。

三是对企业不能改变 S 形形状的质疑，即为什么不能通过人为努力改变 S 形？譬如，行业内的企业可以通过创新及重新定位等方式，让成熟期加长，让衰退期缩短或消失。

四是对不同产业一定遵守 S 形的发展规律表示质疑，即不同产业的情况不同，理论也应具体问题具体对待。作为理论，需要给出不同阶段的产业特征及市场竞争特征，如导入期一般产业集中度低，后来业务慢慢集中于几个大公司等，然而现实中有些产业一开始集中度就比较高，而且还一直保持这种状况。对于存在多种产业的复杂情况，该理论不太好解释。

（三）产业变迁是来自环境的压力作用于产业结构的结果

产业变迁是指产业从一个状态转向另外一个状态，就像人的生命一样，产业也必然会最终达到一个稳定的状态，即潜在的状态（或潜在的结构）。然而，没有人知道这个最终状态是什么，我们只知道产业变迁必然向这个方向发展。譬如，任何一个产业的暴利只能在特定阶段发生，不可能永远持续，最终市场必然由不均衡状态走向均衡状态等。其中的道理类似于中国人常讲的“月满则亏、水满则溢”。

不论最终状态是什么，这种产业变迁都是以自身的经济技术特征为基础，在环境的压力下产生的。用辩证唯物主义的话说，就是“内因是关键，外因是条件”，内因是产业的经济技术特征变化的必然规律，外因是环境变化所形成的压力。如果用人的生命作类比，那就是生老病死是人类生理过程的必然规律，而外因如生存压力与自我调适等在这一过程中只是对某些因素起到加快或延缓的作用罢了。

具体来说，产业变迁的外力主要来自宏观环境、产业环境以及竞争环境的变化。这些变化共同作用于产业结构，促进产业结构（产业集中度、产业五力构成等）、产业边界（产业范围扩张或减少、清晰或模糊等）以及产业与其他产业关系（跨界、替代等）等发生变化，引发产业变迁。

（四）两个移动互联网时代的产业变迁例子

1. 宏观技术环境变化打破原有商业结构

近些年随着互联网及移动互联网的迅速发展，传统商业以层层批发为主要特征的产业组织形式受到挑战，以阿里、京东等为代表的电商企业，通过技术手段缩短了传统商业从制造厂商到客户手中的流通过程，即所谓的“去中介化”，极大地便利了消费者。这种由于技术环境变化引发的“去中介化”，打破了原有商业产业结构的平衡，从而引发了产业的变迁。这是宏观技术环境变化作用于原有产业结构引发产业变迁的案例。

2. 通过技术手段跨越垄断壁垒

自20世纪90年代以来，电信行业迅速发展，中国移动、中国联通、中国电信等几家巨头垄断着整个市场。有关部门一直通过各种手段企图打破这种垄断，如兼并重组等，取得了一定的效果，但是垄断问题没有从根本上得到解决。到了移动互联网时代，以微信为代表的社交工具突然来袭，在很短时间内夺取了移动市场大量的用户，垄断局面逐步被打破。这就是通过技术手段巧妙跨越垄断企业所形成的进入壁垒，改变了产业内的竞争格局，从而引发产业变迁的例子。

五、外行看热闹，内行看门道

移动互联网时代到来后，社会上掀起了一阵阵创业浪潮，草根逆袭的故事比比皆是。每个成功造富的故事，听起来都那么跌宕起伏、引人入胜，如马云的阿里、李彦宏的百度、马化腾的腾讯、王兴的美团、雷军的小米、黄峥的拼多多等。更有那些 90 后的创业故事，许多都让大家耳熟能详。

好多传统企业的老板经常疑惑：那些创意的项目看似都不难啊！尤其是一些与传统行业相关的，似乎就是搞个网站、开发个 App 就火起来了，我们也做了网站，也开发了 App，怎么就做不起来呢？

外行看热闹，内行看门道。

（一）内行能看到关键成功因素

每个行业都有其成功的关键因素，这个关键因素并不是每个人都能够看透的。尤其是与网络科技相关的行业近些年才兴起，习惯了传统生意的人想看透更是难上加难。也正因为人们看不懂，那些做网络科技起家的大佬们，一时间替代了传统商学院的老师，成为整个国民的“导师”，互联网以及“互联网 +”等一些云里雾里的真书、伪书也一时间遍地都是。从表面上看，互联网创业企业的确是仅做了一些简单的 App 之类的东西，但他们成功的原因绝不止于此。他们之所以成功，更多是因为把握住了客户网络消费行为、产品体验、流量导入等与自己行业相关的关键点，而把握这些关键点所依赖的是他们的新视角。

每个行业都有其成功的关键因素，战略对其分析所用到的工具叫关键成功因素（KSF）。关键成功因素分析，顾名思义，就是要找到公司在特定市场或特定行业要成功必须拥有的技能、资产等因素。这些关键成功因素，是行业中每个企业要获得成功时必须具备的。有了这些条件，不一定会成功；但没有这些条件，肯定不会成功。

要从看热闹变成看门道，就要学会找到成功的关键因素，即要认真考虑三个问题：

一是顾客为什么会选择这个品牌而不选择别的品牌？譬如做智能手机，人们为什么会选择苹果而不选择别的不知名的手机品牌，即使那些品牌手机的价格低得离谱？

二是厂商要成功需要什么样的资源和竞争能力？譬如在果汁行业，厂商要成功，机器设备往往不是问题，有钱就可以买到，但是优质的果园却是稀缺资源，而要想成功就需要有稳定的果园供应原料。

三是要长久成功需要什么措施？譬如在互联网企业，由于风险大，要想长期成功，就必须采取更为人性化的管理措施，以便留住人才并使其保持长久的创造性。这也是为什么互联网企业更愿意实施股权激励，甚至全员持股的原因。

（二）分析行业关键成功因素的方法

1. 寻找共识

任何行业取得成功都有共性的因素。“太阳底下没有新鲜事。”在全国甚至全球范围内，总可以找到你要从事的行业，找到与你有同样想法的企业。没有找到，很大可能是你的思维模式有局限。京东商城问世不久，其网络销售给人们带来了巨大便利，也在当时给人们带来很大的疑惑。人们不知这个新鲜事物的运作机制，更不知其能存活多久，更有人非常热闹地讨论电商将如何取代传统商业巨头。然而，与社会上的热闹相反，创始人刘强东在拿到高瓴资本数额较大的一笔风险投资后，在投资人安排下，带领高管团队首先去美国考察的却是传统商业巨头沃尔玛。对行业内的典型成功企业进行案例研究，用解剖麻雀的方式，逐项分析与技术、制造、营销等有关的成功因素，最终将之提炼总结出来，就是关键成功因素分析常用的寻找共识方法。当然，一些在行业里摸爬滚打多年的人也可以凭经验准确找到关键成功因素。那是因为人家是内行，内行看门道。

2. 质疑

在互联网或移动互联网时代，更多新企业主要通过对传统行业关键成功因素的质疑，在质疑中重新找到新的关键成功因素。一些行业运行时间长了，会有一些约定俗成的东西，而约定俗成的东西未必是正确的，尤其是技术变革的时代，商业逻辑也必须随之改变。譬如，插线板行业是工业时代逐步兴起的标准品行业，其产品符合工业时代的笨粗大等审美情趣。由于标准化，遍地丛生的小作坊企业使这个行业成为典型的分散市场。小米生态企业瞄准这个行业，重新审视工业时代的美学观念，更准确地认识到新时代下该行业的关键成功因素，做出了成本更低、更漂亮、更实用的产品，用一套更高效率的运作方式，很快占领了很大一部分市场。传统的人们在运作战略工具时，总是本能地依赖过往的经验、历史事实，而新新人类则喜欢问几个为什么，质疑你的结论，质疑你的假设，质疑你的逻辑。质疑是科学发现的前提，在战略学科中同样适用。

（三）在质疑传统行业中成长的科技公司

下面基于两家互联网公司的案例，来看看这些企业是如何通过质疑传统行业的关键成功因素来发现机会的。当然这些案例本身可以从多个方面解读，这里仅从关键成功因素角度进行分析。

1. 第一个例子：网约车

网约车行业的基本做法是：当人们需要打车时，用手机发送请求，然后身边的运营车辆通过平台来到指定地点接送乘客。基于地图的模式，应用中可显示顾客与司机的位置，实现车与人的对接。这类应用产生之后，加上补贴政策，很快改变了人们的出行习惯，用软件叫车逐步为大众接受。

网约车公司的发展，突破了很多传统的束缚，这里仅举两点。

一是它解决了传统出行时存在的信息不对称问题，从根本上动摇了传统行业的经济学基础。在这之前，人们要打车只能到大街上去招手拦车。

这种打车方式遇到的一个突出问题就是信息不对称。除非你恰好遇到了空载的出租车，否则就无法预知何时能打到车。即使顾客与空载出租车只隔一条街、一堵墙，也会存在出租车找不到乘客、乘客找不到出租车的现象。打车软件有效地或在一定程度上解决了这种信息不对称问题。

二是它巧妙破解了资产所有权与使有权之间的关系难题，是一种共享经济模式，适应了社会发展的趋势。在传统时代，车是你买的，所有权归你，使用权也是你的。在你不用车或车坐不满时，只能让它闲置或部分闲置，哪怕我正好有坐车需求，也无法与你形成供需匹配。而网约车等类似公司用技术与经济手段，很好地解决了这些难题。

发现这种战略机会需要新的战略眼光。人们过去分析行业的关键成功因素时，本能的反应是基于行业现状进行分析，也就是基于行业内现有的成功企业的做法进行总结与提炼。譬如，我们分析出租车行业的关键成功因素，很多人本能地会说，就是获得政府颁发的牌照，因为如果没有牌照，就根本不能合法运营，更别谈怎么盈利了。甚至有些人会直言不讳地说："关系是关键成功因素。"对于类似的观点，我们常常深信不疑，可是打车软件的创业者们却对此质疑：这个行业的关键成功因素为什么一定是牌照？它应该是"让人快速打到车"或者"让人更舒服地打到车"，因为车就是为出行服务的工具，便捷应是这个行业存在的价值。这种与传统视角不一样的观点，引发了他们对传统行业存在的经济学基础的重新审视，从而在看似没有机会的产业中发现了新机会。

如果再进一步分析，网约车公司就是用互联网及相关科技手段对传统行业的改造，核心资源就是海量数据。从这个角度，它就与传统出租车公司完全区分开来了，而与腾讯、百度、阿里甚至微博、抖音等相关联，更与美团等直接形成竞争关系。

2. 第二个例子：网络订餐送餐公司

订餐送餐公司早已有之，但网络送餐公司出现在人们视野中是近些年的事。美团、饿了么等是典型。

网络送餐公司的基本做法是：你想吃什么，就通过手机平台去订购，然后有人给你送到家。这是一种新型的餐饮企业运营方式，主要采取的是平台战略，即它自己是一个平台，上面有若干家餐饮企业，顾客可以在上面点餐。

餐饮行业的传统发展战略大致是品牌化、连锁化、差异化，即以某种特色菜品如全聚德烤鸭，或湘菜、湖北菜、川菜等地域特色，先在某地做个旗舰店形成品牌，然后在区域或者全国开连锁店。那时候，分析这个行业的时候，首先会想到“地段很重要”，拿到好地段才能吸引更多的人气，从而更好地盈利。可是在互联网时代，新新人类却不这样看。他们以怀疑的眼光来审视这一切。他们认为，人们享受餐饮主要是享受菜品与服务，门店只是导入流量的工具，既然要导入流量，为什么非要在繁华地段高成本导流呢？线上同样可以。基于这种思考，一些订餐公司应运而生。从战略角度来说，新新人类重新审视了人们约定俗成的商业规则尤其是关键成功因素，从而重新认识了这个行业，并发现了更多的机会。

如果进一步分析，网络送餐公司也是用互联网及相关科技手段对传统行业的改造，核心资源也是海量数据。基于这个角度，它就与传统的餐饮公司完全不同，而与大部分基于大数据的公司发展目标相一致，沿着丰富大数据的方向，向共享单车、无人驾驶、电商、社区服务、游戏、金融等相关领域发展都具备可能性。至于竞争对手给不给机会，那就看时机了。

六、波特五力模型有点牛

回顾支付宝进入金融领域最初那段历史，会更为准确地理解一些战略常识。早在 2013 年下半年，支付宝推出的余额宝曾掀起互联网金融的热潮。利率号称比银行高，不用去银行取号、排队，也不用找自动取款机，打开手机、动动大拇指就可以轻松操作，余额宝一时成为网络上的热门议题。到了 2014 年春节后，各类互联网金融“宝宝”们蜂拥而至，好不热闹。好景不长，叫停余额宝的声音开始出现，而且越来越大。到了 2014 年 3 月，工农建中四大商业银行突然付诸行动，开始调低第三方支付限额、控制人口等，来势汹汹。斗争的结果是，很多互联网金融公司纷纷出现。这些互联网金融公司当然鱼龙混杂，有确实想做好金融服务的，也有类似于 P2P 非法集资平台的。不论怎样，原来堪称“铜墙铁壁”的金融行业开始有了一些“外行”的进入。

天下的事莫不过于如此。热闹之后，总会归于平静，平静后才会水落石出。不同的是，有人事后恍然大悟，感叹小小蚂蚁原来是这样庞然大物；有人在暗中欣喜，欣喜跟随支付宝之后悄悄拿到了金融牌照，由此可将大数据变现为巨额利润。但看热闹的人还会继续投入下一场热闹中。商业事件必须用商业的眼光来看待，否则就不可能看到本质。

当年那些看起来热闹的互联网“宝宝”们进入金融行业的事件，如果用波特五力模型来分析，会看得更透。你会冷静地发现，这不过就是互联网企业作为潜在进入者（或新进者）巧妙跨过进入障碍，也不过是金融行业的现有企业（或守成者）对潜在进入者的防御而已。如果持续跟踪，你还会发现新进者与守成者之间不会简单地握手言和，变着法儿的斗争将长期存在，而且新进者未必一定就“新”，守成者未必全都是“老”。

这种现象在任何一个行业都有，只是金融行业双方力量对比更具戏剧性而已。

（一）波特五力模型及其分析目的

1. 初步认识波特五力模型

波特五力模型分析的是产业竞争强度。在该理论看来，有些产业内部竞争非常激烈，而有些产业内部竞争并不激烈，这不能归结为谁的运气好谁的运气不好，只是产业竞争强度的客观表现不同罢了。产业竞争强度由产业结构决定，而产业结构又是由产业所受的五个力，即波特五力决定（见图 2–4）。

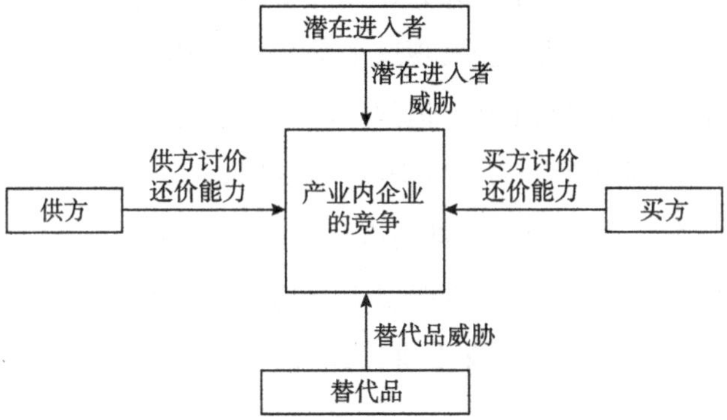

图2-4 波特五力模型

产业，是由一些生产相似产品（或者可称为相似替代品）的竞争厂商组成的。譬如你生产彩色电视机，我生产黑白电视机，我们生产的商品类似，顾客可买我的商品也可买你的商品，我们就处于同一个产业之中。同一个产业中的企业，必然要为争夺顾客而进行竞争。产业内的竞争强度不仅要看你我之间的竞争是否激烈，更要看企业所处的产业结构如何。

所谓产业结构，从字面的意思来看，是指产业内部彼此竞争的企业形成的结构，不关别人的事。但是在波特看来，产业的竞争不仅是同行业内企业间的竞争，还包括与一些相邻产业的竞争，它们共同决定了产业的竞争强度。在这个意义上，产业结构不仅是内部的结构，还包括与相邻产业所形成的边界。打个比方，一个城堡的内部拥挤程度，不仅由内部人与人的拥挤程度决定，还受四面八方涌来的人群数量影响。

波特五种作用力，包括潜在进入者的进入威胁、替代品的替代威胁、供应商的讨价还价能力、客户的讨价还价能力和产业内现有企业的竞争。

2. 波特五力模型分析的目的

通过分析产业的竞争强度，可以达到三个目的。

一是有利于评价产业的吸引力高低。产业竞争强度越低，行业的吸引力越高。譬如，石油化工行业就是一个竞争强度低、吸引力高的行业。但这个行业潜在进入者想进却很难，因为进入门槛较高。石油开采与冶炼一体化，没有来自供应商的讨价还价压力；全行业在全国基本上就两家企业——“两桶油”，而需求者无数；替代品如电能、风能等一时半会儿还替代不了石油。于是，我们会发现这个垄断行业中的企业几乎没有什么竞争压力，国际油价涨它们跟涨，但国际油价跌它们却不一定跟跌。造成这些情况的根本原因就在于它们特殊的产业结构。这种结构下，行业吸引力当然强了，所以每年两会上都会有代表呼吁破除垄断，根本原因就在于有些人也想进这个行业。产业吸引力及其变化，会引发竞争强度变化，带来机会与威胁。从这个意义上讲，评价产业吸引力高低也就是寻找机会与威胁。

二是有利于制定出合适的业务竞争战略。由于波特五力决定了行业的吸引力，那么我们可否通过努力来改善这五个力，从而增加企业的竞争力呢？通过分析这五个力来形成业务竞争战略，就是波特五力模型的第二个目的。这一目的也可看作是企业个体如何利用行业分析中找到的机会与威胁。这个将在第四讲中详细介绍。

三是有利于分析出行业的机会与威胁。分析出机会与威胁是进行外部分析的直接目的。通过分析波特五个力的变化，就有可能分析出机会与威胁。譬如，当国家政策发生变化，降低了石化领域的进入门槛，允许民营企业进入了，那么就意味着机会来临。当互联网技术的发展使得企业所处的行业有了替代品或替代品迅速发展时，企业就有了威胁。

此外，对于普通大众来说，波特五力模型可以用来理解商业社会的博弈本质，甚至可以用来分析自己的职业与人生。

（二）对五个作用力的逐一分析

下面我们来逐个分析波特五力模型中的五个作用力，可参考图 2–5 进行学习。

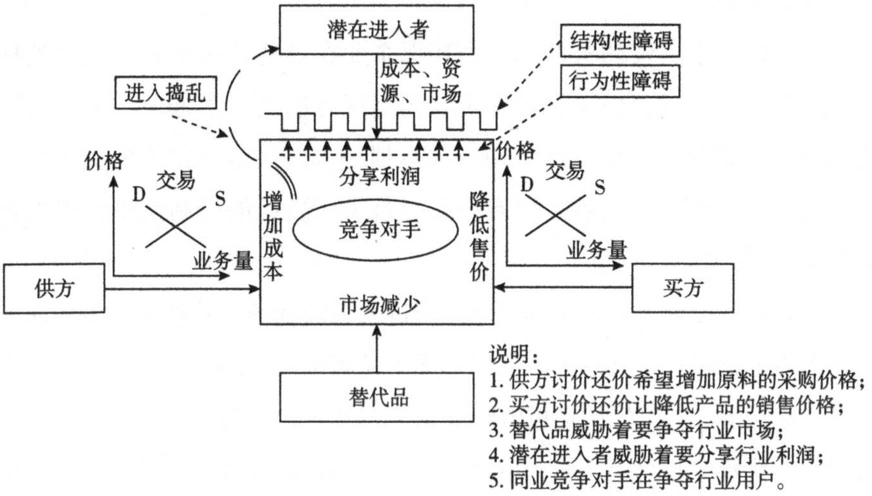

图2-5　波特五力模型详解图示

1. 第一个作用力：潜在进入者的进入威胁

潜在进入者是想进入该行业的所有竞争者。我们常说，不怕贼偷就怕贼惦记，被惦记了就有压力。一个产业如果利润高了，别的企业看着眼红，就想伺机而入，就会给现有企业带来威胁。那么，怎么“防贼”呢？一是把大门弄得严严实实，门槛弄得高高的，彻底打消“贼”的想法。这个大门或门槛就是所谓的结构性障碍。如果“贼”真进来了，那就打，赶出去。这种对新进入者实施的报复性措施，就是所谓的行为性障碍。通俗地理解，结构性障碍就是排外，行为性障碍就是封杀。

（1）结构性障碍。排外不是想排就能排的，需要产业真能设置起高的进入门槛。这些门槛一般有三种。

首先是规模经济。规模越大，成本会越低。如果新进者达不到一定规模，它的成本就会很高，难以生存。譬如要进入汽车行业，就需要形成比较大的规模，这对新进入者就是一个很大的障碍。

其次是对关键资源的控制。每个产业都有自己的关键资源，譬如生产矿泉水需要掌握水源地，生产果汁需要掌握果园，生产计算机芯片需要掌握核心专利技术，销售牛奶需要掌握销售渠道。掌握了关键资源，别人想进来就很难了。

有这样一个真实的笑话。一个环保企业在外地建了个新型污水处理厂，结果建成之后，由于各种原因，当地现有的老污水处理厂牢牢把握着市政污水资源，新型污水处理厂得不到污水，最后不得不把新建厂房卖给老污水处理厂。这就是原有企业通过关键资源的控制来排挤进入者的例子。

最后就是现有企业的市场优势。新进入者的登场，就意味着要从现有企业手中争夺客户，现有企业如果形成了品牌优势，那新进入者想与之争夺就并非易事了。苹果的平板电脑 iPad 开启了一个新时代，曾经很长一段时间，在消费者心目中，平板电脑就等于 iPad，iPad 就等于平板电脑。这种市场优势就有力地震慑了试图新进入者。

另外，现有企业往往在政策上具有优势。譬如，四大银行就有这方面的优势。

（2）行为性障碍。排外不成，就要封杀。虽然筑起了高高的进入门槛，但是潜在进入者仍可能会进来。对于已经进来的，就要封杀。

封杀的最常见方式就是打价格战，通过降低价格让新进入者没有还手之力。另外一种方式就是进入对方领域。譬如两家连锁的饭店，本来各有各的地盘，突然有一家在对方的地盘开了一家分店，直接和对方抢顾客。另一家不甘示弱，马上杀向对方的“老家”，在对方地盘上也开了一家分店。四大银行封杀互联网“宝宝”们时，除了封锁第三方支付的接口外，也及时推出了自己的银行“宝宝”，算是一种杀向对方领域的表现。

我们考察一个行业的潜在进入者威胁的大小，主要就是看它的结构性障碍和行为性障碍的大小。结构性障碍和行为性障碍越大，潜在进入者的威胁就会越小，行业利润就越可能得到保持。回过头来说银行与互联网“宝宝”们的事。最初银行用规模、牌照等壁垒打消别人进入的念头，没有牌照就属于非法运营，这种结构性障碍的排外性真是太强了。而互联网“宝宝”们采取创新的方式，悄悄绕开这些门槛，或者说踩在法律的边缘冲进了金融领域。它们进入后，四大银行对其进行的各种封杀，就是在构建行为性障碍。

知识小贴士

潜在进入者

潜在进入者包括供应商行业、客户行业、替代品行业、相关行业与不相关行业等所有行业中有可能进入本行业的企业。

供应商与客户等跟你按照商业规则正常交易，给你的是讨价与还价的压力。替代品与你井水不犯河水时，比如你经营航空行业他经营汽车行业，则他给你的只是替代品的替代压力。如果这些行业中的企业企图进入你所在的行业，那他们就是潜在进入者了。是潜在进入者，要进入这个行业，就得跨越结构性障碍和行为性障碍。

2. 第二个作用力：替代品的威胁

我们出去旅行，可以坐汽车、火车，也可以坐飞机、轮船。公路客运行业、铁路客运行业、航空客运行业与轮船客运行业都能为我们提供“运输”服务，这些服务之间就是相互替代关系，这些行业之间也是相互替代关系。又如，外卖行业出现后，方便面的销售量大大降低，那么对方便面行业来说，外卖行业就是其替代品。说到这里，必须强调一下，波特五力模型中的替代品是指替代品行业，而不是替代产品。我们一般所言的替代品，如 iPhone 新一代对老一代的替代产品，只是产品替代，不是波特五力模型中所说的替代品。

替代品行业的存在会限制别的行业定价，进而影响别的行业的利润空间。假定我们属航空客运业，机票的价格如果定得过高，人们就可能不坐飞机而改坐火车了。所以航空客运业的定价和利润空间也受到其他交通工具的影响。在高铁建成以前，对一些商务人士来说，由于火车太慢而自己对时间的要求又高，所以只能选择飞机作为唯一交通工具。这时，航空业受到的替代品行业的威胁就非常小，所以机票价格就高。后来有了高铁，在一千千米左右的旅途中，越来越多的人选择坐高铁而不是飞机，高铁行业对航空客运业产生了实实在在的替代威胁。这种替代的结果是，曾经高高在上的航空业不得不放下架子，通过各种促销来争夺客户。

一般来说，替代品行业可能会与相关的行业长期共存、互相牵制。简单地说，替代品行业也在与我们争夺着客户，或者更准确地说，在争夺着客户的钱包。两者在为客户提供产品或服务的性价比方面进行着有形或无形的较量。性价比等于性能除以价格，它是理解市场竞争的关键，也是理解波特五力模型及相关战略的关键。譬如，火车与飞机之间的替代性，就要看它们之间性价比的较量。

互联网技术的快速发展，会给传统行业产业带来非常多的替代品行业，而且这种威胁可能还是致命的。譬如，那家“挖掘机技术最强”的蓝翔技校，以培养蓝领技术工人为目标。在传统思维中，它的替代品行业主要是高职学校，而在智能时代，它最大的替代品威胁则来自人工智能机器人。人工智能机器人这个行业目前处于起步阶段，但一旦发展起来，对人工的替代将是很难逆转的，而在过去，这个行业离蓝翔技校却很远。

3. 第三种、第四种作用力：供应商、客户讨价还价的能力

第三种作用力是供应商的讨价还价能力，第四种作用力是客户的讨价还价能力。这两种威胁有很大的相似性，因为供应商与客户是相对的，某企业的角色此时是客户彼时可能就是供应商。任何产业一般都既有上游的供应商产业也有下游的客户行业。

商业本质上是一种博弈。谁的讨价还价能力强，谁就将在博弈中占有

更大的优势。市场就是江湖，江湖上有买方和卖方。弱肉强食的竞争中，讨价还价的能力最终由实力决定。这一点无论是对自然界还是人类都是适用的。那么实力具体又指什么呢?

决定讨价还价能力的实力，主要指以下四个因素。

（1）业务量大小或集中度大小。

①业务量的影响。买方市场条件下，业务量越大，越有利于增强买方的谈判实力，而对卖方实力的增加作用不明显。假定你是买方（客户），购买的量非常大，自然有权要求卖方降价，甚至降到跳楼价。宜家家居、沃尔玛、苏宁、国美等都是大买家，它们对供应商而言处于强势地位。它们的许多供应商企业老板对这些大买家都既敬畏又抱怨。

②集中度的影响。假定你是买方，市场上买家少、卖家多。极端一些，如果很幸运地市场上只有你一家来买，无数家在卖，那么你就可以坐地砍价了。这是集中度在起作用。集中度，就是指行业资源集中的程度，集中到越少的厂家手上，集中度越高。市场上只有一家，集中度最高；市场上有无数家，集中度最低。这种情况多发生在一些渠道专营时，譬如曾经的民爆行业，专营炸药、雷管等销售，按照政策，所有的生产厂家都必须将产品卖给有牌照的民爆公司，由民爆公司统一销售与服务。在这种情况下，民爆公司就是唯一的买家，谈判能力自然强。同样的道理，假定你是卖家（供应商），集中度越高，你的谈判实力越强。钢铁行业与铁矿石行业之间就面临着卖家少、买家多的状况。对于钢厂来说，铁矿石是一项重要的原材料。目前全球的铁矿石资源主要集中在淡水河谷、必和必拓、力拓三家巨头手中，他们对铁矿石定价具有绝对的发言权。这些年，我国几乎每家钢厂都需要从他们手上购买铁矿石，谈判过程异常艰辛，甚至很多时候它们根本不给我们讨价还价的机会。

（2）产品差异化程度和资产专用性程度。

①产品差异化程度。差异化程度越小，越接近标准品。标准品就是我们常说的大路货。产品差异化程度越高，卖方的谈判能力越强。我国汽车行业这些年发展得非常迅速，可核心的发动机技术还得靠国外引进，这样

国外的技术供应商自然就因为产品有技术含量而具有较强的谈判能力。简单地说，就是我的产品非常厉害（差异化），离开我就不行，所以我的谈判能力必然就强。

②资产专用性。举一个极端例子，譬如我的生产设备就是根据你的需求定制的，生产的产品只能供应你一家，那我的命运就几乎握在你的手上了。在珠三角地区，很多加工企业常年为外商做加工业务，长时间下来，很多设备慢慢更新、改造后，几乎成为外商产品的专用生产设备了，这时候对外商的谈判能力自然就弱了。

（3）纵向一体化程度。如果买家嫌价格高，不买了，自己直接生产，卖家自然就不得不做出让步了。如果卖家嫌价格低，不卖了，自己拿回去用，买家也就不得不让步。一体化程度能够决定双方的讨价还价能力，在现实中很常见。当某企业已经纵向一体化或者存在一体化可能时，其谈判能力就会更强。

（4）信息掌握程度。在买卖交易过程中，谁掌握的信息多，谁就能占据谈判的主动地位。曾经我国一些加工企业在与外商的合作中，所有环节都被外商掌握得清清楚楚。多少直接材料成本、多少人工成本、固定资产投资了多少甚至工人每天加几个小时班、招工行情如何等，外商都了如指掌。这样，在交易谈判中外商自然占了优势。

4. 第五种作用力：现有竞争对手间竞争的激烈程度

决定现有竞争者竞争激烈程度的因素主要有以下四个。

（1）产业内竞争对手数量的多少与竞争力量的悬殊。产业内竞争对手越多，竞争越激烈；越少，竞争越不激烈。产业内竞争对手的力量越均衡，竞争越激烈；力量越悬殊，竞争越不激烈。餐饮行业属于典型的零散性行业，行业内企业非常多，又没有特别大的企业，注定竞争强度最大。

（2）产业增长速度的快慢。产业增长速度快，企业只要做好自己即可，会有大片空白市场等着开发，相应的竞争强度就低；产业增长缓慢，为了获得市场份额，业内企业就会激烈竞争。通俗一点说，如果产业的蛋糕在快速由小变大，大家只要获取增量就可以活得很好，不需要进行太激烈的竞争。而如果产业蛋糕大小不变，企业为了生存，就必然会相互抢夺了。

（3）产能、库存、杠杆等供给端的成本属性。

①形成产能所需的固定资产越大，专用性越强，竞争就越激烈。譬如，电解铝行业需要投入大量的资金才能形成产能，这样投入资金后只有努力在市场中进行竞争才能消化前期投入的成本，竞争强度必然要大。尤其是在产能过剩时，这种压力更大。

②需要投入的原料采购及相关库存成本越大，竞争越激烈。譬如钢铁行业所需的铁矿石，需要按批采购，耗费大量资金。资金压力越大，竞争强度就会越大。

③需要通过杠杆进行的融资越多，竞争越激烈。譬如房地产行业需要大量资金，企业往往要通过银行贷款等方式融资，还本付息的压力促使企业加大竞争力度。

④原料周转或销售周转有时间条件约束时，也会加大竞争强度。譬如，月饼主要在中秋节前几天销售，这时不能囤货的压力会使得企业加大竞争。蔬菜不易贮存等特点，使得蔬菜批发商必须加大销售。此外，很多行业还有由本身供给成本属性所决定的因素，使得竞争程度加剧。

（4）进入障碍与退出障碍。进入和退出障碍均分为高低两种状况，共有四种组合（见图 2–6）。退出障碍主要由资产专用性、退出固定成本、感情障碍及政府社会约束等决定。譬如，大量专用资产一旦投入很难退出，因为无法用到别的地方，企业只能硬着头皮待在原产业了。相当多的企业转型难题就源于这里。进入障碍在前面已经讲过。一个行业如果进入障碍很低而退出障碍很高，那么这个行业必然是竞争强度最高的，因为大量的进入者轻松进来后，却难以退出，俗称“上了贼船下不来了”。一个行业如果进入障碍高而退出障碍低，那么想进来的人不能进来，想退出的人可以自由退出，这样的竞争强度是最低的。

进入障碍 \ 退出障碍	低	高
低	回报低、稳定	回报低且有风险
高	回报高、稳定	回报高且有风险

图2-6　障碍与盈利性

（三）波特五力模型学习小结

（1）波特五力模型是分析产业竞争强度的。产业竞争强度由产业结构决定，而产业结构由波特五力模型中的五个力构成。

（2）波特五种作用力，包括潜在进入者的进入威胁、替代品的替代威胁、供应商的讨价还价能力、客户的讨价还价能力和产业内现有企业的竞争。

（3）波特五力模型通过分析产业竞争强度可以用来判断产业是否有吸引力，可以为业务单位制定竞争战略，可以发现行业的机会与威胁。在外部分析中，主要用它来分析行业中的机会与威胁。

波特五力模型是进行产业分析的重要工具，自从被推出以后，很快被人们接受和传播。这个模型非常简洁地勾画出了商业世界的逻辑。换句话说，波特五力模型让我们看问题更透彻。世界纷纷扰扰，不外乎是为了争夺利益而进行的博弈而已。有什么样的产业结构，就会有什么样的产业竞争表现。

七、竞争对手是有级别的

行业内的企业围绕争夺顾客进行着激烈的竞争。谁夺走了地盘和客户，谁就是赢家，反之就是输家。谁都想成为赢家，而要想赢，企业在竞争战场上就既需要具备狭路相逢勇者胜的亮剑精神，又要眼观六路、耳听八方，防止螳螂捕蝉、黄雀在后。这就要对竞争环境进行分析。

竞争环境分析让你看得更清，防止逞匹夫之勇，一味蛮干。要注意，竞争对手是有级别的，不是行业内所有企业都是你的竞争对手。一个中关村的十人IT企业，所要盯住的可能也就是同样十多人的小企业，微软、联想等虽然也是IT企业，但实际上与自己没有多大关系，因为根本不在同一个级别上。要想稳操胜券，就要分清战场上的企业级别，并知道自己处于什么序列。在相似级别上找到真正的对手，方为正道。

可能有人会说，企业都是平等的，为什么要划分级别、自我设限呢？那是因为客户眼中的你与你自己眼里的你不一样，而想要从客户口袋掏钱，你就只能听客户的。在客户眼中，企业是有级别的，微软公司与中关村一家创业公司就不在同一级别。需要高水平IT服务的客户会盯着微软，而不会盯着一家创业公司，除非该创业公司有足够的理由让客户相信，而信与不信也是由客户判断的。市场就是这么残酷。

竞争环境分析用的战略工具是战略组群分析。

（一）战略组群就是将业内企业分组

战略组群也叫战略集团，是市场中一批有着相似战略地位或相似战略的群体。这里要重复一点，战略组群分析是外部环境分析中竞争环境分析的工具，在外部环境分析中，它的目的是找到市场中的机会与威胁。当然，它还有别的作用，以后再讲。

在马拉松长跑比赛中，往往有第一梯队、第二梯队等之说。那些冲名次的三五个运动员一前一后地跑在一起，是第一梯队；那些冲成绩的十个八个运动员跑在第二梯队；然后是第三、第四、第五梯队；直到最后一大群人组成以重在参与为目标的梯队。梯队与梯队之间往往会拉开一段距离，但是梯队内部的运动员又多混在一起，你追我赶。

梯队与梯队之间总有一段距离，那叫移动障碍。假定你处在第二梯队，第二梯队与第一梯队间只相差一千米。这时，你突然萌生念头，想从冲名次变为冲奖牌。于是你开始加速。你加速后，与你处于同一梯队的运动员也开始加速，于是第二梯队整体开始加速。当第一梯队发现你们加速时，也会集体加速，累得你只好放弃冲进第一梯队的念头。在均衡状态下，第二梯队与第一梯队之间的差距可能是保持稳定的，如总差那么一千米，两个梯队的移动速度也差不多。从表面上看，两个梯队只差一千米，但从本质上看，却是耐力等身体素质方面的差别。这个“一千米”就是移动障碍。认清了移动障碍，才有可能跨越这个障碍。

企业的竞争也一样。竞争的过程中也会慢慢形成不同的梯队，即战略组群。不同的是，企业的竞争要比体育比赛复杂一些，战略组群之间往往没有名次之分，而且不同人对梯队的理解也可能不同。

战略组群划分就是这样，应理性地看待自己所处的竞争环境，认清移动障碍并分析、跨越它。当移动障碍跨越不了或没必要跨越时，就老老实实待着。

（二）战略组群划分就是找一个或几个特征将竞争对手分组

战略组群划分的思路也很简单，就是找到一个或几个可使竞争对手区别开来的关键战略特征，将行业内的竞争者划分成若干个小组，每个小组内包含若干个战略特征相同的竞争者。

最简单的方法，就是找到一个关键特征来进行划分。譬如我们谈到房地产行业，往往会把招（招商地产）、保（保利地产）、万（万科）、金（金地集团）说成第一梯队，把一些区域性或专业性的地产商说成第二梯队，把地方上的小地产商说成第三梯队等。这可能是将开发面积等因素综合成一个关键特征来区分的。找到了能够区分竞争对手的战略变量，就可以绘制出战略组群分析图来。

将选择的两个战略变量分别设为纵横轴，画出一张战略空间图，就可以把竞争对手区分开来。从图 2–7 中，能够清晰地看到本企业所处的位置，以及来自前后左右的战略组群对自己有哪些压力。

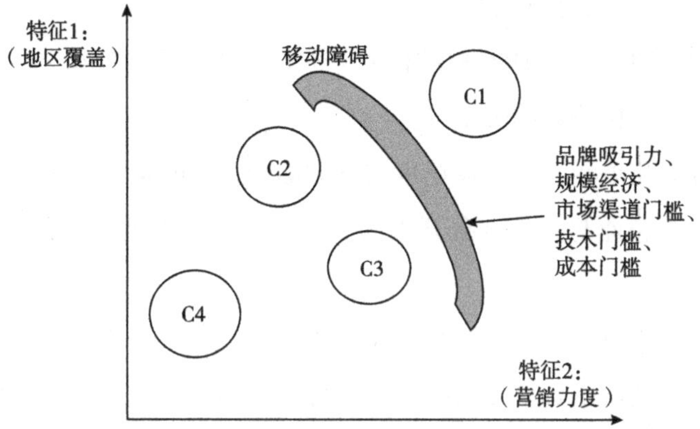

图2-7　战略组群示意图

（三）你的视野决定了你能找到的战略组群关键特征

战略组群划分思路很简单，但操作起来却有着明显的难度。譬如有些行业能够区分竞争对手的战略变量可能只有一个，也可能会有无数个，而有些行业则根本就难以找到关键变量。比如我国石油行业，就那么几家企业，且企业的战略十分相似，很难区别开来，或者区别开来也没有实际意义。再比如，2014 年有代表在全国两会期间提出“全国只有一所大学，就是教育部大学”，他的意思是说全国这么多大学的战略特征实际是一样的。对这些大学，若一定要划分出战略组群是没有意义的。相反，如果行业的战略变量太多，那一个企业就可成为一个小组，一个行业有无数个小组，行业高度分散，故划分难度会很大。

1. 关键特征

那么，按照什么样的关键特征划分战略组群呢？这就需要仔细分析行业中竞争的关键点，或者说找到能把同行业企业区分开来的关键点。这些关键点因行业的具体情况而异，其备选战略特征包括以下三类。

（1）产品类。包括产品数量（多样化程度）、细分市场数量、分销渠道、品牌数量、营销力度、产品质量等。

（2）运营类。包括纵向一体化程度、技术领先程度、研发、成本定位、产能利用率、生产装备水平等。

（3）公司类。包括所有权结构（母子公司还是独立公司）、公司规模、与政府和银行等相关者的关系等。

这些特征几乎涵盖了企业竞争的方方面面，也就是说任何一方面不同，都可能成为将企业与企业区分开来的关键变量。企业要做的，就是从中找出 2 ~ 3 项特征。

2. 一个实务中的例子：手机行业

手机行业的竞争强度相对较大，2020 年在中国市场上主要有苹果、三星、华为、小米、OPPO、vivo 等，稍早几年，市场上还有联想、HTC，甚至再早些还有 360 奇虎、锤子等品牌。随着竞争形势的变化，品牌集中度也在不断变化。下面对其进行战略组群划分。

（1）第一种分组方式：按品牌强度和纵向整合水平分类。假定经过分析，我们认为手机行业围绕争夺用户在进行竞争，即围绕纵向整合水平与品牌这两个关键特征在竞争，其中纵向整合水平是指手机品牌商所能控制代工厂以及与其他方面供应链的协同程度，它代表了能够按时、按质、低成本出货的能力。按这两个特征分类，早年只有苹果可能处于 A 集团，其他手机品牌可能处于 B1、B2 等战略组群，近年来华为逐步进入 A 集团。这里不便随意评说各手机品牌，读者们可根据自己的认知进行归类（见图 2–8）。

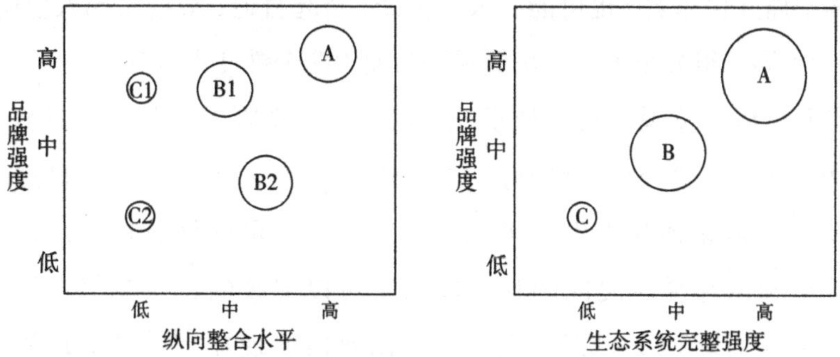

图2-8　手机行业的战略组群示意图

（2）第二种分组方式：按照品牌强度与生态系统完整程度进行分组。如果将手机看作一个流量入口平台，则生态系统越完整，对流量的控制力会越强。华为拆分出荣耀之后，只保留了高端品牌，对华为与荣耀来说都有可能降低品牌与生态系统完整度，而小米向高端品牌迈进过程要接受的挑战也不会少。这样苹果仍在A战略群组中，小米、华为基本上也可以算是进入A战略组群中。

讲到这里，可能有读者会问：战略组群的关键战略特征能这样随意寻找、划分吗？有没有固定的答案？

很遗憾，没有明确的答案，而且也不可能有明确的答案。找到关键特征依靠的是你的视野，而且不同人找到的关键特征可能不一样。接下来再举一个生活中的例子来说明这一点。

3. 一个生活中的例子：人生发展

假定我们是“草根”，没钱没背景。然而人生还要发展，所以我们要客观评估一下身边的竞争对手，最后给自己准确定位，以便继续前行。

（1）第一组分组方式：按照财富与地位两个维度进行分类。

这是大部分人会选择的分组方式。有人痛苦地发现，自己处于社会底层，而且人生发展似乎已到了天花板。往上移动的主要障碍是难以克服的，如资本、关系等。再看看某些富二代、官二代，显然位于第一梯队。于是一部分人可能感叹人生下来就是有差别的，直接认命了，在自己的小群体中痛并快乐着。也可能有人不信命，奋起直追，最后实现人生逆袭。

（2）第二组分组方式：按照视野与能力两个维度进行分类。

有人分析后发现，自己处于社会底层。要视野没视野，出身普通；要能力没能力，整天庸庸碌碌。再看看默多克、布莱尔等，显然在第一梯队。于是又感叹人生下来就是有差别的。可仔细分析之后，我们发现这个梯队与梯队之间的移动障碍是可以突破的，只要努力扩大视野、提升能力就行了。视野大，能跳出窠臼看现在，容易发现机会；能力强，可将不可能转化为可能，将机会变为现实。想扩大视野，就要主动去寻找机会，见更多的人、经历更多的事。比如有人坐飞机时一定要坐头等舱，哪怕下了飞机后要省吃俭用三个月，就是为了能与更有财富的人接触。提高能力就更好办了，努力学习、工作就行（见图 2–9）。

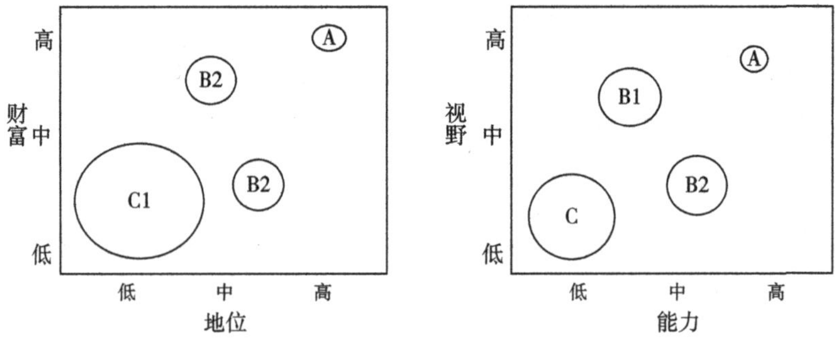

图2-9　戏说人生规划时的战略组群示意

4. 有什么样的视野就有什么样的战略组群

讲到这里，相信大家已经明白了为什么说战略组群划分没有标准答案了。然而，有些人可能觉得答案不会这么简单。

2005 年前后，当时的奶茶店等小饮品店主要注重快捷便利，多开在人流多的地段，而且以个体经营为主。如果将这些小店主要按地段好坏、连锁与否进行分类，则第一梯队就是在好地段的连锁店，如开在汽车站、火车站等处的店；第二梯队包括两个战略组群，一个是地段好但连锁数量中等的战略组群，另一个是地段一般但连锁店多的战略组群；剩下的就是第三梯队，里面包含大量地段、连锁程度均缺乏优势的大小饮品店。一位从事奶茶饮品行业研究的人发现，这种看待竞争格局的眼光是短浅的，未能看到宏观环境中社会文化环境的变化趋势，更没有看到这种趋势对消费者的影响。此类饮品店的分类方式应按照时尚与否、连锁与否来分类，只有这样才能看清行业发展的本质。这种分类很大胆，因为按照这种标准，几乎所有的业内对手都会归入不时尚之列。可事实上，10年以后，我们到各个购物中心，都会发现有那么一批装修精美、注重时尚、体验完美的小小水果饮品店。一群又一群时髦的小姑娘愿意花几十甚至上百元钱去买一杯奶茶。那位研究人士的观点被证明是正确的。这就是对行业趋势的洞察。

不同的视野下，行业变化趋势不同，所找到的关键战略特征也不同。所以说，检验战略组群划分是否正确的唯一标准是市场规律，而看清市场规律需要洞察力，可用 PEST 模型来观察外部宏观环境变化，用生命周期理论（及产业演进）、波特五力模型、行业关键成功因素等工具来洞察产业环境变化，然后再仔细观察这些环境的变化趋势，即可分析出这些环境变化如何影响产业内战略集群的变化。

（四）战略组群能够让我们把市场竞争格局看得更清

1. 能够看清梯队与梯队竞争的全局，也就是战略组群间的竞争全局

通过分析，市场中的竞争者被划分为一个个组群，着重分析这些组群的特点，能够更好地把握竞争的全局。翻看财经媒体，我们会发现谈到产业内企业的竞争时，大多数人谈的内容无非就是用战略组群这一理论工具进行严谨或不严谨的竞争分析而已。譬如早年谈到电商时，有人把电商分成以百度为代表的广告盈利模式类、以腾讯为代表的虚拟产品盈利模式类、以淘宝为代表的实物产品盈利类，然后再分析各类电商的竞争特点。随后有人反对，认为这种分类方式是对电商的误读等。这些争论本质上都是用战略组群分析来谈竞争全局的，争议的焦点仅仅在于找到的战略特征变量不一样而已。

2. 能够看清楚梯队之间的差距，也就是战略组群之间的移动障碍

假定我们现在处于房地产商中的第二梯队，要向第一梯队迈进。通过分析，我们知道表面上我们与万达等第一梯队之间差的是销售量与资产的规模，但实际上品牌、研发、规模等才是真正阻碍我们的移动障碍。要迈进第一梯队，就要克服这些障碍。克服障碍并不容易，因为第一梯队的企业会阻止后来者进入。

3. 能够帮我们看清自己所处的梯队及所在战略组群中大家竞争的主要着眼点

每个战略组群都有自己竞争的主要着眼点。乞丐们竞争的可能是谁讨来的东西多，富家公子们竞争的可能是谁会作诗。两个群体都是人，但各自的竞争着眼点是不同的。要想从乞丐行列移动到富家公子行列，自然存在移动障碍。在一个梯队中成功，未必会在另一个梯队中成功。

一些在北上广漂着的年轻人回到老家后，本以为经过了残酷竞争环境的洗礼，在老家可以游刃有余，结果发现根本不是那么回事。这是因为在北上广时，他们所在的竞争战略组群中，大家竞争的着眼点是能力，而在老家，竞争的着眼点可能是关系。

了解清楚自己所处的战略组群后，最好的选择可能就是立足现实了。处在第二梯队的某些房地产商，可能会冷静或遗憾地发现，自己所在的群体最核心的优势就是本土的地缘优势，故最好的竞争战略就是深耕所在地的客户市场、银行关系与政府关系等本土化的东西，闷声发财，根本不必在全国性品牌塑造上投入精力。而第一梯队的大地产商却不能只拘于一隅，更要到处“作秀”，刷存在感、做广告。譬如房地产行业兴盛的那些年，很多大地产商特别愿意到处谈人生、秀恩爱，没读过几天书的人也会到高校就学术问题发表见解，就是因为其所在的战略群体需要做品牌，选择这种软广告的宣传方式性价比更高。房地产行业发展逐步让位于科技行业后，在公众场合就鲜见大地产商高谈阔论了，主要是这种宣传方式性价比已经变低。无论是抛头露面还是销声匿迹，都与发展战略相关，而与社会责任感没有太大关系。同样，人们会发现科技大佬开始到处谈人生、秀恩爱了，

这些形象都是由所处的战略组群决定的。

4. 能够预测市场变化，发现战略机会

通过战略组群分析，将螳螂、黄雀、蝉所在的位置看得清清楚楚，将其各自的意图也弄得明明白白，就可以找准市场变化趋势并把握它，从而有可能发现新的战略机会了。所谓新的机会，一是指发现了市场空白点或市场薄弱环节，从而可建立新的战略组群。海底捞火锅店之所以能在一片红海的餐饮行业中杀出一条成功之路，用战略组群理论进行分析，可知它是找到了市场中“服务体验”欠缺这个空白点，从而打破了传统餐饮业围绕菜品做文章的老观念，拓宽了行业边界。二是指转移到处境更好的战略组群中。在海底捞的生意日益兴隆时，国内很多火锅店发现海底捞所在的战略组群处境很好，有人气、利润丰厚、社会地位也高，于是也想移动到该战略组群。于是，一些火锅店也开始搞免费剪指甲、免费擦皮鞋之类的活动，但顾客就是不买账。这些火锅店老板没有弄清一件事，就是要移动战略组群就得面临移动障碍。海底捞所筑起的移动障碍肯定不只是提供一点免费服务那么简单。那么移动障碍到底是什么呢？这可能就涉及海底捞的商业机密了。

还是那句老话，外行看热闹，内行看门道。战略组群武器要应用好，真正比拼的是分析者的战略功底。

八、盯住竞争对手

盯住竞争对手，不是为了将其往死里打。事实上，在同一个战略组群的企业，都是同一个级别的，不那么容易被“打死”。在很多时候，竞争对手之间都相互盯着，抢客户时互有胜负。企业盯住竞争对手，主要目的是要时时分析竞争对手的目标、思路、策略与能力。

（一）分析竞争对手时，分析什么

1. 分析竞争对手未来要做什么，即什么驱使着竞争对手发展，主要包括竞争对手的发展目标和思路

竞争对手的发展目标可以从其公开的财务目标中看到，也可以通过一些公开资料来分析。而竞争对手的思路，也就是竞争对手对自身和产业的假设，分析起来并不容易。拿下象棋作例子。高手下棋可下一步看三步，对方刚提子，马上就能判断其思路。在你能看懂对方意图而对方却全然不知时，可能你设个套，对方就会高高兴兴地往里钻。相反，若对方的意图已经被对方看透，那己方的下场一定比较惨。

如果有一方对产业或自身的假设失误了，而且不巧的是，这个假设还很重要，那么问题就会很严重。松下公司就曾犯下在产业发展假设方面的严重错误，从而让竞争对手占据了上风。

2015 年年初，一则关于松下退出中国市场的新闻爆出，令不少人感叹不已。改革开放初期，松下来华发展。以松下品牌为代表的日本家电产品及消费类电子产品曾一度风靡华夏。但后来，松下却近乎销声匿迹了。松下风光不再的原因当然是多方面的，但据行业内人士分析，松下在华业务萎缩的直接原因是它对电视行业发展趋势及对竞争对手的判断出现了严重

误差。比如在2004年前后，松下、东芝、索尼都判断等离子电视将是发展趋势，选择花大力气做等离子电视，但是这一判断出现了失误，因等离子电视的产业链过于封闭，有着技术与产品更新过慢的天然缺陷，市场并不买账。韩国以及中国台湾等企业主导发展了LED电视。结果在LED与等离子的竞争中，等离子惨败，松下等日本企业的市场占有率迅速下降，直至式微。这就是因“假设”出错而导致的严重后果。当然，我们也可以思考，在互联网尤其是移动互联网发展的今天，主导LED电视的企业会不会也存在假设错误？如果是，那对其竞争对手来说，将是另一个机会了。

2. 除了要分析竞争对手的未来，更要分析其现在，即竞争对手的现行战略与能力

如果对竞争对手的现在分析错误，那必然会遭到直接的打击。在武侠小说中常见到这样的桥段。一个貌似弱不禁风的小女子同一个武林高手过招。武林高手根本看不起小女子，小女子一掌袭来，武林高手漫不经心，结果被打到几丈开外。这就是因认识错误而导致失败的例子。

现实生活中类似的例子比比皆是，如微信支付与支付宝在移动支付领域的“红包”大战，让微信支付迅速占据半壁江山。2013年前，在手机支付领域，支付宝独占鳌头，尤其是2013年支付宝与天弘基金合作后推出的创新产品余额宝，更是成了支付宝大杀四方利器。腾讯在支付方面处于弱势地位，一直在寻找杀入的机会。2014年春节，微信突然“红包”满天飞。按中国人的传统，在过年时会发红包，有亲人之间的压岁钱红包，也有领导给下属的利是红包等。之前以当面给为主，见不了面就不给了。但微信上线后，在线就相当于见面。腾讯创新性地将娱乐性、在线性加入红包发放中。娱乐性避免了发红包者与拿红包者的礼节尴尬，一个人发完红包，大家会疯抢；在线性则避免了“见面给，不见面就不给”的可能，至少在当时让很多长者都觉得有义务给幼者发放红包，而且可能比线下见面给的金额大。随后，抢红包成为家庭群、同事群、同学群中的游戏。全民在参与抢红包的热闹过程中，悄无声息地绑定了银行卡，不知不觉习惯了微信支付。微信红包“偷袭”成

功，一举完成在移动支付领域的逆袭，颇有点日本偷袭珍珠港的感觉，等支付宝发现时为时已晚。微信红包的突然出击，据说急得支付宝高管连夜召集人员商讨对策。

（二）透视市场信号背后的含义

获取竞争对手的资料并不是一件容易的事，人们常常只能通过一些外在的信息来捕捉背后的含义。2014 年 11 月，万科副总裁肖莉跳槽到互联网企业房多多，引起业界的广泛关注。这在一定程度上可以看作房地产行业野蛮生长结束的一个前置性信号。在这之前，房地产对整个社会的人才有很大的虹吸效应，很多优秀人才被吸引到房地产行业。以至于后来有人说，在那个年代，不进入房地产等几个行业就算入错行了。这话虽然有夸张成分，但足以说明当时那个行业的吸引力。作为创业元老级别的人物，肖莉 1994 年加入万科，一路升到高级副总裁的位置。那些年万科一直是房地产界的标杆企业，它的一举一动都牵扯着房地产界乃至社会大众的神经。房多多当时才成立两年，致力于房地产服务。一个大公司的副总裁为什么要跳槽到一家小公司？是个人的明珠暗投，还是透射出什么必然信号，譬如这是房地产行业发展转变的必然吗？该事件一时间成了房地产行业的热门话题。这种讨论实际上是想从中得到行业竞争态势变化的信息。从后来的情况看，虽然房价还存在疯涨，甚至还有一些企业“弯道超车”，但房地产行业的确在逐步结束野蛮生长的阶段。当然，通过信号事件捕捉背后的含义，只是人在有限理性的情况下选择，目的还是发现其中的机会与威胁，不能简单地用“因果”逻辑去推断。

每家企业都有各自的核心竞争力，也自然有一套应对竞争对手的方法。不管怎么说，竞争对手分析就是要从看似无关的杂乱信息中找到对你有用的信息，然后透过这些信息发现其中的大势，看懂对方。谁能在准确判断大势的基础上透彻地看懂对方却不让对方看懂，谁就先赢一步。

专栏 2-3

外部分析中如何用数据说话?

外部分析与内部分析是战略学科中非常重要的内容，我们对外部分析像剥洋葱一样较为系统地阐述了一遍。在“剥洋葱”过程中，是不是感觉除了绕来绕去的烧脑之外，还有一点点不过瘾？原因就在于缺乏“数据”。一个学科不能算账，就很容易陷入研究者自嗨、学习者死记硬背、应用者占星算命的泥潭中。会算账才能更务实，但又会增加难度。这里仅提几个有关算账的思考题，供有兴趣的朋友探索。

（1）波特五力模型如何用数据说话？

提示：五力模型中的五个力相互作用构成了产业结构变迁的动力源。如果一个产业的客户讨价还价压力大，意味着这个产业的应收账款会较多，回款周期会较长；供应商讨价还价压力大，就很难占用自己的资金，经营性应付账款就会少，原材料库存可能就会大。潜在进入者进入障碍高，自然会有相对垄断利润，行业的销售毛利率会较高。替代品压力大，行业的销售收入增长速度就会受限制。行业内竞争压力大，利润率就会低。可试着将五力模型与财务报表结合起来分析。

（2）产业生命周期如何用数据说话？

提示：产业生命周期是指产业的生老病死，必然会反映到行业的总营收、利润率、企业数量、固定资产投资额等跨年度趋势分析或结构分析的数据上。另外，一般来说，处于朝阳阶段的企业估值会更高，市盈率也高些；处于夕阳行业的企业估值会更低，市盈率也低些。

（3）关键成功因素如何用数据说话？

提示：关键成功因素是产业成功的必要条件。换句话说，它是产业中已经成功的企业应具备的基本因素。在提炼关键成功因素时，可选用诸如回归分析、相关分析、因子分析等大数据分析工具。这些工具在一些互联网公司已被广泛应用于客户行为分析，但用到战略中的不多。

（4）战略群组分析如何用数据说话？

提示：移动障碍是战略群组分析的一个重要方面，也可采用大数据分析工具进行，譬如进行聚类分析、进行群组的划分。

（5）宏观经济分析如何用数据说话？

提示：宏观经济分析能够用到几乎所有的经济学知识，但是战略学科的聚焦点是为了找到机会与威胁，应选择性使用。宏观经济分析可选用不同的数据，如国内生产总值、工业增加值等产值类指标，社会消费品零售总额、人均可支配收入等居民类指标，固定资产投资等投资类指标，消费者物价指数 CPI、生产者物价指数 PPI、采购经理指数 PMI 等价格类指标，货币供应量 M1、M2 以及利率等金融指标，以及进出口贸易额、外汇储备等众多数据。对这些数据，关注重心应放在结合行业的实际情况形成数据分析的逻辑体系上，如电商类行业可能更关注居民类指标，房地产行业则少不了关注固定资产投资额、货币供应量等相关指标。

（6）政策研究如何用数据说话？

提示：政策研究多进行定性研究，很难直接用数据说话，但是可以通过提炼政策要点将其转化为趋势研究。譬如，对国企改革四十余年来的政策进行梳理，会发现从早期的政企分开、经济责任制等一直到“管资产向管资本转变”，推进国企市场化的进程方向从来没有改变。在研究过程中，如果再辅以国企数量、效益等指标，这种脉络会更为清晰，对未来的战略制定的支持作用会更强。

第三讲

内部分析就是找优势与劣势

一、企业是一台赚钱的机器

如果仔细琢磨，会发现企业真是个不可思议的东西。一群人聚集在某个写字楼或工厂里，加上一堆电脑、办公桌、网络等办公设施，或加上一组或大或小的制造设备，就建立了一个企业。再然后，一群又一群的人就赚钱了，就安居乐业了。你说神奇不?

（一）企业是一台机器

企业就像是一台赚钱的机器。机器由许多部件组成，部件与部件间相互啮合，共同驱动了机器的转动。每个部件又由很多零件组成，零件与零件间相互啮合，共同完成部件的功能。企业也是由一个个叫作部门的“部件”组成的，部门在英文中叫 Department，直译就是部件的意思。每个部门又由若干个岗位组成，岗位就相当于零件，虽然英语说法不与之直接对应，但我们常常听到鼓励员工“要做一颗螺丝钉”的口号，这也是将岗位看成了零件。所以，企业就是一台由一个个部门组成，而部门又由一个个岗位组成的机器。

1. 企业的体制就相当于机器的部件构成方式

机器要运作，光有部件不行，还得让部件按一定的方式组合起来。譬如发动机产生动力后，要与驱动系统联系才能让车跑起来。发动机与驱动系统的联系方式多种多样，每个联系方式都有其精妙之处。以柴油为动力的发动机系统，与以电力为动力、汽油为动力的发动机系统，自然就不一样。这种基于不同思路进行部件组合所形成的方式，就导致了车与车之间的很大不同。

2. 不同的部件构成思路，就形成了所谓的不同“体制”

按计划经济的思路形成了计划体制，按市场经济的思路形成了市场体制。就我国企业而言，也有两种“部件”的组成方式。一种是按照《企业法》[①]的基本思路进行组合的，即党委领导下的经理负责制，或者叫“老三会”制度；另一种是按《中华人民共和国公司法》（以下简称《公司法》）的基本思路进行组合的，即产权清晰基础上的董事会负责制，或者叫“新三会”制度。《公司法》中又划分了有限责任公司、股份有限公司等类型。现在人们常说的改制，有的是指将“老三会”的体制改为“新三会”的体制，如国企改制；有的是指将有限责任公司的体制改为股份有限公司的体制，如企业上新三板前一项重要的工作就是“股改”。

3. 企业的机制与汽车的动力机制等也是相类似的

汽车每个部件又是由若干个零件组成的，部件与部件的连接最终也会落实为一些零件与另一些零件的连接。这样若干个零件就需要按一定的方式组合。譬如发动机要完成将汽油变成动力的目的，就需借助活塞运动的方式；为了最大限度地使油转化为动力，有人就设计了诸如涡轮增压等方式。这些零件与零件的巧妙组合方式，就是机制。在企业中，每个部门必然由不同岗位组成，部门与部门的连接最终也会落实为岗位与岗位的连接。为了使每个岗位都能够起到应有的作用，且岗位之间又能很好地配合，就需要设计一些机制，如考核机制、股权激励机制以及不相容机制等。构建管理机制往往需要智慧，智慧不同则效果不同，就像汽车设计一样，有的设计巧妙，省油又动力强，有的设计笨拙，费油还动力不足，皆因设计者智慧有差异。

4. 企业体制与机制最终要体现为规章、制度等构成的管理体系

有了部件、零件，且都按一定的方式组合在一起了，也不能保证车就一定可以跑起来，还需要有人指挥。这个指挥的人在车上就是司机，在企业里就是最高管理层。这个指挥若想传递下去，就需要有个命令系统；若

---

① 这里的《企业法》主要是指1988年4月13日出台的《中华人民共和国全民所有制工业企业法》及同时期相关法律法规。

想让它快慢随心，就需要有个动力管理系统；若想让它想停就停，就需要有个刹车系统。凡此种种系统，都需要建设。在企业中，这些命令系统（责权体系）、动力系统（激励体系）、刹车系统（管理控制体系）等就属于管理系统。这些管理体系若落实为规章、制度等规则，且一切按规则运行，那企业就可在制度轨道上发展；若落实不够，那企业就仍在人治轨道上行进。

（二）内部分析就是要看清自己

由人组成的企业要比由零配件组成的汽车复杂得多。人本身是复杂的，企业形式又多种多样，所以在很长一段时间内，企业就像是黑匣子，人们不知其中的运作机制。很多经济学家从不同方式对其进行诠释，形成了若干理论，但到现在还没真正厘清。就在人们对“企业是什么”乐此不疲地探索时，战略大师波特从管理学角度提出了自己的观点。尽管这个观点在经济学家眼里有点过于浅白，但因其与现实高度吻合又直观易懂，故得到了人们的认同，这就是波特的内部价值链理论。这个理论用图示的方法将企业是赚钱的机器以及如何赚钱说得清清楚楚，为人们认识企业提供了指南。该理论一经出现，就被广泛接受。

前面一直强调，外部分析是为了寻找机会与威胁，内部分析是为了寻找优势与劣势，那么从战略管理角度，为什么要了解“企业是赚钱机器”这一点呢？因为只有理解了这一点，再仔细透视企业，才有可能做好内部分析。一个好的汽车修理师，要找到汽车故障，必须对汽车的构造了如指掌；他可以不会制造汽车，但起码应知道汽车的基本构成及运作原理。一个好的战略分析师，要分析出企业的优劣势，也应该对企业的“构造”了如指掌；他可以不去创造企业，但起码应该知道企业的基本构成及运作原理。

（三）内部分析的基本思路与主要工作

内部分析就是要分析自己的优势与劣势，再直白点，就是摸清家底。正所谓“知己知彼”，如果不知己，连自己有多少斤两都不知道，那何谈发展？

这里面涉及三个基本问题：分析哪方面的优劣势？怎么找优劣势？怎么分析优劣势？内部分析基本是按解决这些问题的顺序进行的。下面逐一解答。

1. 第一个问题，分析哪方面的优劣势

分析的是自己资源与能力方面的优劣势。资源是你所拥有的各种人、财、物等要素，能力是你运用这些要素的能力。用打扑克来类比，资源就是你手上有几张牌，牌的好坏是客观的；能力就是你打牌的水平，打得好坏要看你自己。我们常说富二代是含着金汤匙出生的，在上学时有钱买各种参考书、有机会参加各种活动、能请到最优秀的家教，就是说富二代拥有别人无法比拟的资源优势，即手上有一手好牌。但是，他拥有这么多的资源，如果不爱学习，成绩总是上不去，那就是运用这些资源的能力不行了，即打牌水平不行。资源是客观条件，能力是主观能动性强弱。分析自己资源与能力方面的优劣势，就是要摸清自己手上到底有几张牌，并掂一掂自己的打牌水平。

2. 第二个问题，怎么找优劣势

优势与劣势，只是相对的，是与某把“尺子”进行比较后得出的。“尺子”可以是自己，也可以是别人；可以是理论上的，也可以是实践中的。没有比较，就谈不上优势与劣势。找“尺子”来比较，就是对标分析，英文叫 Benchmark，也有人翻译成基准分析。

3. 第三个问题，怎么分析优劣势

需要说明的是，内部分析的分析工具不如外部分析那么成熟，有很多只是理论观点。大致说来，内部分析主要涉及五个方面的工具或理论：一是波特价值链模型及价值链系统，主要给我们讲清企业运作的机理，为分析提供基础；二是波士顿（BCG）矩阵和通用（GE）矩阵，主要分析多业务的情况；三是对标分析，如上所述；四是资源能力分析，主要分析资源能力状态，工具性不太强；五是核心竞争力理论，理论性强，但操作起来有一定的难度。内部分析的主要工具和理论见表 3-1。

总之，内部分析的基本逻辑就是针对已有的资源与能力，用对标的方法来找出自己的优劣势。

表3–1　　内部分析中主要的战略工具或理论

工具	工具的原理及应用
波特价值链及价值链系统	价值链模型将企业各种活动分为主价值链与辅助价值链，目的是展示企业的基本活动及运作机制，为内部分析找到优势与劣势提供基础； 价值链系统将企业与上下游的连接关系清晰地展示出来，有利于找到企业与上下游的链条中存在的问题。该系统也可以用在外部分析中，找到价值链系统中的机会与威胁
BCG矩阵及GE矩阵	BCG矩阵是多元化业务的分析工具。它运用相对市场占有率与销售增长率两个维度、高低两个等级，形成四个象限组成的矩阵，将企业的多个业务分成明星、问题、现金牛、瘦狗等四类，以便针对不同类业务制定不同的战略目标； GE矩阵与BCG矩阵类似，但它是运用竞争地位与产业吸引力两个维度，按照三个等级（高、中、低）形成的九个象限组成的矩阵
对标分析	对标分析确切地说是一种思想或方法。它的目的是通过找到标杆来与企业进行对比，以便发现企业的优劣势。其中涉及对标对象的选择以及具体对标的方法等内容
资源能力分析	资源能力分析确切地说是一种思想或方法。它的目的是对企业的资源与能力进行分析，以便找到差距。资源分为有形资源、无形资源和人力资源。能力分为研发、生产、营销、财务、组织管理能力等。实际应用中，人们只用其思想，所分析的资源与能力会结合企业实际进行确定
核心竞争力	核心竞争力理论的许多概念在实践中还存在难以界定或无法界定的状况。它主要强调企业应该辨识核心竞争力，并给出了思路，但该理论在实践应用中更多需要“悟”，工具性不强

二、企业是如何赚钱的

企业是一台赚钱的机器，这一点与汽车是会跑的工具本质上没有什么区别。汽车要想跑，得先往油箱里加满油，然后每个部件发挥自己的功能，同时部件与部件相互配合，最后才可驱动车轮前行。为了控制汽车按照一定的意志去跑，就需要有司机，以及一定的配套系统。企业也是同样的道理，波特的价值链模型对此进行了描述。

（一）波特价值链描述企业赚钱的过程

在波特看来，企业是由主价值链和辅助价值链构成的。这个系统的目的是价值增值，通俗一点说叫赚钱。每个价值链又由多个环节构成，具体内容见图 3–1。主价值链主要涉及进货、生产与销售相关部门，包括内部后勤（也称为进货物流）、生产经营、外部后勤（也称为出货物流）、市场销售、服务等五个环节，其作用大致相当于汽车将汽油转化为动力，驱动车往前跑。辅助价值链包括采购、技术开发、人力资源管理以及公司基础设施管理等各个环节，其作用大致相当于汽车的点火装置、仪器仪表等。辅助价值链是通过主价值链发挥作用的，自己本身不直接产生利润。

主价值链上的活动大致是这样的：原材料与零配件采购后被运输到仓库，之后是装卸、入库、盘存，再之后原材料与零配件被陆续运到生产车间，在车间里进行加工，然后是组装与包装，其次是产成品入库，按照订单组织出库、发货等事宜，最后是安装、培训、维修等售后事宜。在这个过程中，市场与销售工作同时进行。主价值链表示了从原材料入库、生产成产品、销售给客户的利润产生的过程（见图 3–2）。

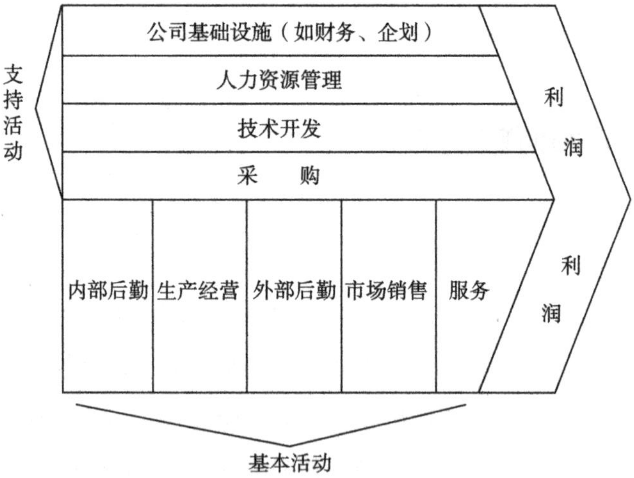

图3-1　波特价值链

辅助价值链上的每项活动也都有自己的流程，但活动与活动之间的流程特性不强。譬如研发与采购、人力资源与财务等都是相对独立的活动。

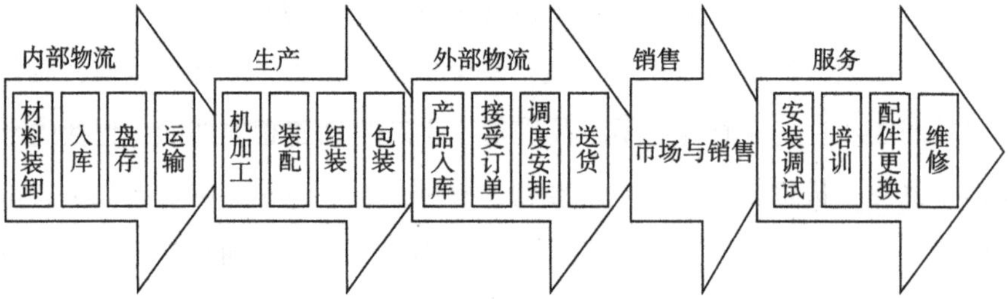

图3-2　波特价值链的主价值链活动

主价值链与辅助价值链的说法，源于西方管理学理论。实际上，在西方管理学未进入之前，我国企业也有类似的说法，如“经营与管理”，经营实际上指的就是进货、生产、分销与售后形成的主价值链上的工作（见图 3–2），管理主要指从事人、财、物及意识形态等相关辅助价值链上的工作。大体来说，经营与波特的主价值链相对应，管理与波特的辅助价值链相对应。鉴于市场的重要性，有人把与市场和销售相关的工作叫经营，把进货物流、生产与出货物流等相关工作叫生产，这样企业工作就分为生产、经营、管理三块。当然不同企业的情况也不一样，有些企业出货物流的相关工作与市场联系紧密，也被称作经营。

另外，还有前台与后台、基层与机关的说法。前台往往是指从事具体生产经营活动的人员，即从事主价值链上工作的人。这些人员因多做具体工作，所以在计划经济时代被称作前台、基层人员。相对应地，那些从事辅助价值链的岗位人员，往往被称作后台、机关人员。到了现在，很多老国企人还是习惯基层、机关的叫法。

专栏 3-1

用波特价值链来透视企业的一个小故事

用波特价值链来透视企业，会把企业看得清清楚楚。当然，每个企业的价值链都是不同的，要想看清楚，得先把企业的价值链画出来。这就得先逐项分析企业中的各项活动。价值链确实是理解企业的好工具。

一家有着几十年历史的制造业老国企，里面的人事关系涉及几代人，内耗特别严重。这家企业的董事长很着急，就向咨询顾问团队寻求解决之道。通过与企业高、中、基层多个有代表性的岗位人员谈话，再加上相关研究，咨询顾问得出结论：“贵企业看似矛盾重重，但很多都是正常现象，不正常的是，企业人员的整体职业化水平较低，总是将正常的业务矛盾上升到人事矛盾高度，使问题复杂化。”

咨询顾问随后给出了他们这么说的理由。

这家企业的价值链相对清晰，与一般制造企业类似，先原料入库、加工、装配，再之后销售。辅助价值链上主要是一些职能部门（见图 3-3）。

这个企业当时的矛盾主要集中在两个方面。

一个是销售与生产之间的矛盾。销售方说生产方给出的产品不符合市场需求，产品质量差，废品率太高，影响客户满意度。生产方说销售方反映客户的要求没有规律，总是给客户空口承诺，经常接一些工期非常紧甚至不可能完成的订单。另外，销售方与生产方之间的沟通总是不及时，一些合同签订后在销售部门压很久才转到生产部门，而且一转到生产部门就催要结果。

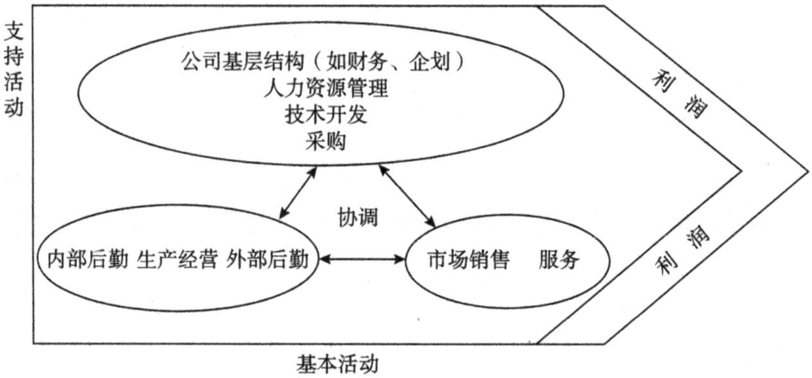

图3-3 某企业价值链分析示例

另一个是管理部门与生产经营部门之间的矛盾，即机关与基层之间的矛盾。管理部门抱怨基层部门不认真执行公司的规章制度，基层部门抱怨管理部门瞎出政策、朝令夕改，根本不了解基层的实际情况①。

这两个方面的矛盾，经过若干人用不同方式表达出来，就组成了企业管理的基本运行图。让人能够理解但觉得好玩的是，这些正常的矛盾在这些被访谈者的口中都会用人事斗争的故事演绎出来，让听者不由得感叹问题的复杂，但实际上它们只是正常的矛盾而已。

咨询顾问之所以能得出这样的结论，用的主要还是波特的价值链理论。

（二）用波特价值链能清楚透视企业

按照波特价值链，容易看清企业各个环节之间的关系。价值链各个环节之间存在合作，有合作就必然有冲突。就像机器一样，齿轮之间只要有啮合就存在啮合不严密的情形，产生“咔嚓、咔嚓”的声音。用皮带来传动，就很可能出现皮带太松打滑、太紧易断的情况。企业是由不同部门或环节组合而成的，偶尔产生咔嚓声，打滑、断带的情况，也属正常。理解了这点，也就会理解企业中的很多现象，如生产方抱怨销售方不给力，

① 其实机关与基层之间矛盾的根源主要源于公司的薪酬制度不合理，机关人员的工资明显高于基层人员。所以人们都想挤到机关去工作，结果导致机关出现臃肿、超编、人多活少等现象。

销售方抱怨产品不给力，人事专员总想提高别人的积极性，别人总觉得他们是没事找事等。但是如果这种合作中的冲突超过了某种度，“咔嚓”声音太大了，那就肯定出了问题。企业管理者要透视企业，目的就是发现这些异常现象并加以纠偏，该加机油加机油，该大修就大修。因此有些人说，管理工作主要就是协调，虽未必全面，但也有一定道理。专栏 3–1 中那个企业就是因为冲突过度而协调不力，才导致企业这台机器运转不力、效率低下。

（三）波特价值链分析的基本方法

用波特价值链进行分析，主要应做到以下三点。

首先要确认哪些是关键性活动，即找出能够给企业带来竞争优势，或者比别的企业强的方面。企业中每个部门、每个岗位、每个人都很重要，没有贵贱高低之分。这是从人人平等的角度来说的。但是从市场竞争角度，每个企业都有非常关键的活动，把握了这些关键性活动，企业才能成功。

其次要明确价值链各种活动之间的联系。专栏 3–1 中所说的制造企业，价值链基本活动之间有冲突，如生产与销售之间、基本活动与辅助活动之间等。找到这些联系后，才能准确认识到问题的关键所在。

2020 年直播网红罗永浩声称要“卖艺还债”，他的债主要是做锤子手机时欠下的。罗永浩曾经被手机的产能搞得焦头烂额，这是导致手机业务做不下去的原因之一，具体来说就是价值链之间的联系出现了严重问题。罗永浩最初的思路是靠个人影响力及品牌活动开展互联网营销，先让粉丝们预订手机，生产出来后再让大家抢购，走的大致是苹果的套路。应该说这个套路本身问题不大，小米走的也是这个套路。可问题却出在了营销系统与生产系统的对接上。他对外宣传了手机上市的日期，并开始接受预订，可是工厂的产能上不去，生产系统频频出问题。到了承诺的上市日期，手机却上不了线，上市日期一拖再拖，以致打乱了原来的计划，最终整个手机业务以失败告终。

最后是明确价值链系统内各项活动之间的联系。一个公司有一套价值链，上游供应商、下游销售渠道也各有自己的价值链。上中下游的价值链就形成了一个价值链系统。价值链系统的共同协作关系会影响提供给顾客的最终产品。譬如，美菱冰箱厂是一个工厂，它有自己的进货、生产、出货、销售、服务流程。它背后有若干个配套供应工厂，离开它们美菱就无法生产出合格的产品。然而这些配套供应工厂也有自己的价值链，包含进货、生产、出货、销售、服务流程等。这些公司的销售与服务就与美菱公司的采购与进货物流对接上了。同样，美菱通过销售系统进行销售，销售公司如国美、苏宁以及各种专卖店，也有自己的价值链，美菱的销售与服务就与这些专卖店的采购与进货物流对接上了。这样冰箱生产就成了一个价值链系统。价值链系统上的厂家是既相互合作又互有供求、互有影响的关系。譬如某一天，美菱想搞个创新，但是配套厂商的研发生产水平太低，无法提供合格的配件，那么这个创新可能就无法实现。又譬如，面对竞争对手的价格战，美菱想压缩成本来应对，可是配套厂商、销售渠道不配合，价格战也就无法实施。所以说，价值链系统上的各种活动是相互联系、相互依存的关系。

但是价值链上也有处于主导地位的企业，而且随时代变化处于主导地位的企业还会发生改变。譬如，20 世纪后期，在家电价值链上处于主导地位的是美菱、海尔、格力等家电品牌企业。相对而言那些配套供应商尤其是一些小配件的供应商往往处于弱势地位，会采取主动跟随战略，你走到哪里我跟到哪里。这也是为什么当一个家电品牌企业落户某产业园后，相关配套厂商都会积极跟着落户的原因。在 21 世纪初，国美、苏宁等一批家电大卖场崛起，这些大卖场开始处于产业链上的主导地位。到了互联网时代，京东、天猫等开始崛起，产业链上占主导地位的开始变为这些互联网企业。这种主导地位的企业的转变，本质上都是着眼于优化价值链系统，通过优化使整个价值链系统增值，譬如家电品牌企业处于主导地位，一些小配件供应商采取跟随战略，形成产业集群，能够产生交易费用更低、效率更高、更利于创新等效果。家电大卖场的出现，直接替代传统的层层批发的销售系统，加快了商品流通、降低了交易成本，进一步倒逼生产商进行创新。电商平台的兴起，又进一步替代了大卖场，并以此形成更多方式的创新。一系列变化之后，原先处于主导地位的家电品牌商如果跟不上时代的变化，就有可能变成利润很低的加工车间。

（四）价值链分析的实务案例

下面以某运动鞋类品牌商为例，进行价值链分析。该案例旨在说明，价值链理论比较简单，但是在实际应用时不能拘泥于理论，应灵活运用。比如，该企业在进行价值链系统分析时，采取找行业关键成功因素与关键环节相结合的方式，抓住了关键，省略了无关信息。

该鞋类品牌商主要生产针对年轻、时尚人群的运动鞋。它通过市场调研、大数据分析等一系列工作来研发、设计出新的鞋样，再采购面料、辅料交由 OEM 工厂来做，自己不从事生产，只负责品牌、市场与销售（见图 3–4）。这是比较典型的运动鞋类品牌商的运作模式。

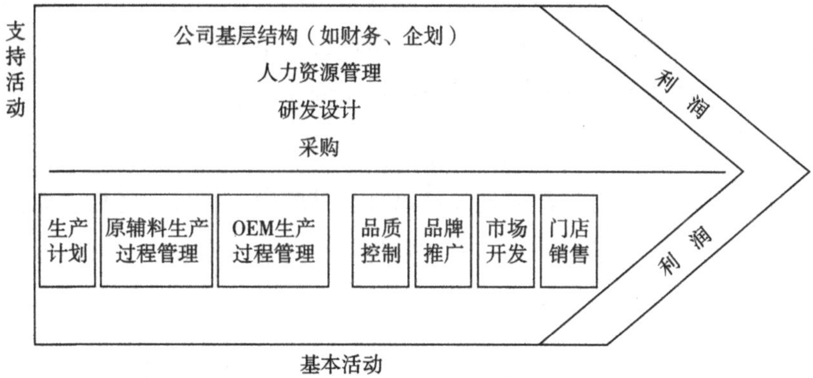

图3-4　某运动品牌价值链分析

结合行业知识，以及对该鞋类品牌商的情况进行的分析，可以有如下三点发现。

（1）公司价值链的关键环节有研发设计、生产过程管理与品牌运作等。公司实际上主要做高附加值工作，而将低附加值工作交由供应商与代工厂完成。由于低附加值工作不亲自参与，故如何控制就变得非常重要。公司需要对生产计划与过程管理给予足够的重视。

（2）价值链系统的各个活动联系中，前期工作与后期工作的配合、生产与销售的配合比较关键。研发、设计要能够敏锐反映市场趋势，需要销售、品牌等与市场接触紧密的部门及时反馈信息。由于快速、小批量生产的趋势越来越明显，故生产过程中管理与销售环节需要配合得非常紧密。

（3）结合行业实际及价值链系统本身的情况，可知整个价值链系统上的关键环节共有 7 个，包括研发设计、面辅料生产一直到市场推广等。鞋类品牌商都不同程度试图对一个或多个环节进行参与并控制（见图 3-5）。以产成品加工为例，“参与”主要指拥有自有工厂或部分自有工厂，“控制”是对工厂有一定的把控。该行业中，A 公司对整个产业链系统控制力最强，B 公司的主要战略焦点在销售网络与市场推广等高附加值活动上，C 公司和该鞋类品牌商都主要控制生产与销售环节，都通过自建或股权控制等手段控制工厂。该鞋类品牌商希望获取高附加值，但在产生高附加值的环节上并没有占据优势，而参与工厂环节却没有实现对工厂的最强控制。没有最强控制的原因可能如上面所分析，是生产过程中管理环节与销售环节衔接不畅，也可能是管理环节与生产之间出了问题，整个生产系统没有达到柔性管理状态。

通过以上分析，可以简要地总结该鞋类品牌商的优势与劣势。如在销售网络、产成品加工等环节存在着相对优势，但在研发设计、市场推广等环节存在着劣势（见图 3-5）。

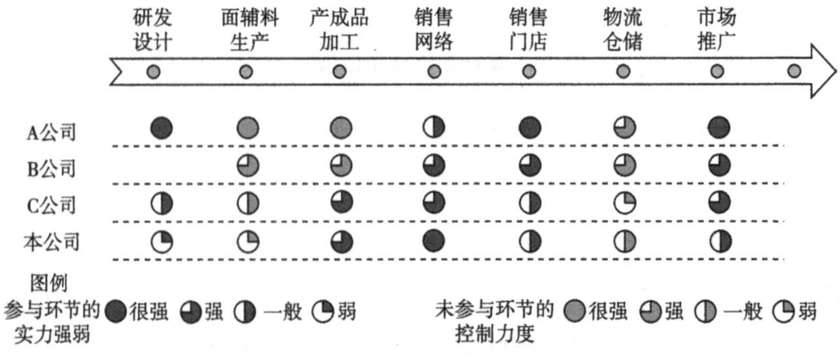

图3-5　价值链系统分析

三、资源是手上的牌，能力是打牌的水平

每个企业都有自己的资源和能力。如前所述，资源就是你手上有什么牌，这是客观条件。能力就是你打牌的水平，这是主观能动性。牌好了，赢的概率当然会高一些，但未必一定会赢；牌差了，输的概率会大一些，但也未必一定会输。不过，牌的好坏还是起关键作用的。牌要是太好了，智力障碍者都会赢；太差了，神来也没用。譬如，前些年的山西，如果某人一不小心在村后挖出煤，那就一下子发了。又譬如陕西神木，前些年贫穷落后得没有办法，后来突然发现油田、煤田了，各种企业一下子就出现了。这就是资源的作用。

（一）手上都有哪些牌

一般企业手上都有哪些牌呢？按常识理解，企业手上的资源包括人、财、物、技术。财和物归为一类，即为有形资源，具体表现为土地、厂房、生产设备、原材料等物质资源，以及现金、应收账款、有价证券等财务资源。技术之类的东西归为无形资源，通常包括品牌、商誉、技术、专利、商标、企业文化及组织经验等。人归为一类，即人力资源。人力资源说的不是“人力”，而是人的“才能”。人的“才能”才是企业所需要的“资源”。人如果没有企业需要的“才能”了，就不是资源了。这种理性的残酷，也算是西方理论与中国传统理论的差别。前些年国企改革时，原来管工人的人事部与管干部的组织部合并成为“人力资源部”，曾一度遭到工人与干部的强烈反对，工人反对的原因是不愿做“资源”，干部反对的原因是不愿与工人放在一起。实际上“人力资源”主要说的还是人的“才能”。

资源当然有好有坏了。那么，何谓好的资源，何谓坏的资源呢？关键

还是比较，尤其是与竞争对手相比。假设我们两家企业都要通过铁路运输产品。你本身就是铁路系统的，有相关的关系资源，那么你就比我有优势。这个优势在咱俩竞争时就表现为竞争优势。因此，判断资源好坏的标准就是能否让企业产生相对于竞争对手的优势，这些优势主要包括资源的稀缺性、不可模仿性、不可替代性、持久性。曾经有学者这样总结，物以稀为贵，我有的别人都没有，这就是稀缺性；别人想学学不了，这就是不可模仿性；别人学不了，想找东西替代还替代不了，这就是不可替代性；我还会长久拥有这些资源，这就是持久性。

企业资源好坏的标准比较容易理解，但有些资源在实际应用中却不容易辨识。这里简单地把资源不可模仿性的形式解释一下。国家规定电信企业要拥有运营牌照，牌照这种资源之所以具有不可模仿性，源于它的物理特征，即其自然属性。海尔的售后服务体系是长年积累的，别人想模仿至少也得花若干年时间去搭建，具有一定的路径依赖性难度。有些企业的文化有利于企业的发展，员工一走进公司就像打了鸡血一样充满激情，但是要问这种文化是怎么形成又如何促进企业发展的，很难找出因果关系，属于因果含糊的资源。据说阿里刚开始创业的时候，每天晚上都灯火通明，员工加班加点地工作。许多老板非常不解为什么员工会这样卖命。这种企业文化别人学不来，也不知道原因。还有一种是具有经济制约性的资源，譬如一个小国家，建一个电厂已经足够了，别的电厂再进来已经没有市场容量了，这就属于具有经济制约性的资源。

再回到主题。资源就是你手中拥有的牌，资源分析就是看看与竞争对手相比，你手中的牌是否能够支撑你获得优势。如果你手中的牌非常好，你有别人没有，而且别人学不了又替换不了，并且你还可以长期拥有，那么就可以说你拥有一副好牌。

最后需要说明的是，无形资源往往比有形资源更重要。有形资源没有了还可以通过一定的方式重置，但无形资源失去了往往很难再挽回。

专栏 3-2

小思辨：地段好是无形资产还是有形资产？

假定你经营一家餐馆，餐馆所处的位置非常好，那么你这个好位置是有形资源还是无形资源？很多人的第一反应是无形资源，但实际上属于有形资源。这是因为好位置与房子是连接在一起的，不可能单独存在，二者不能分离。这种资源属于房子的位置属性，因此说“好位置”时等同于说“好位置的房子”。而房子因为位置好才稀缺，所以属于有形资源。技术、专利、商标等无形资源则是可以分离出、单独存在的，甚至可以脱离固定资产单独出售、转让。这一点与房子不同。同样的道理，宾馆中的海景房，因为具有海景的属性，故而属于稀缺的有形资源，可以卖个好价钱。

（二）打牌要哪些水平

手中有牌了，接下来就看你的打牌水平。高手能把差牌打好，低手能把好牌打坏。企业能力包含的内容仍然是多种多样的，有时甚至很难完全厘清这些能力的来源、内容与逻辑。事实上，学术界对能力包括的类型及作用机理一直在研究、探讨，至今也没有什么定论。笼统地说，企业能力就是企业的有形资源、无形资源和组织资源进行有机整合的结果。至于怎样有机整合，我们可以理解为都是能力的体现，就像打牌一样，怎么整牌、调牌、出牌，都是打牌能力的表现。

企业能力包含的内容，如果与波特价值链联系起来，可能就比较容易理解了。波特价值链将企业的活动分为两大类若干个小类，每个活动都需要相对应的能力。将所有的活动相对应的能力进行归类，就是企业能力所包含的内容。

波特价值链基本活动包括进货物流、生产经营、出货物流、市场销售和服务等五种，辅助活动包括采购管理、技术开发、人力资源管理、公司基础设施等四种，将所需能力进行归类后可知，企业能力主要包括以下 5 种。

①研发能力。它与辅助活动中的技术开发相对应。研发就是开发出新产品。研发活动按照 PDCA 的管理基本循环，又可分为研发计划、研发组织、研发过程和研发效果四个部分。

②生产管理能力。它与价值链中的采购管理、进货物流、生产、出货物流几个方面相对应。

③营销能力。它与价值链中的销售、服务环节相对应。

④财务能力。它与企业基础设施建设中的财务环节相对应。

⑤组织管理能力。它与人力资源管理以及企业基础设施建设中的除财务部分的其他内容相对应。其实对一个企业来说，战略管理能力和利益相关者管理能力同样重要，这些能力在一定程度上可以归为组织管理能力。但是由于能力的概念相对抽象，所以实际上也没有必要细究。

（三）核心能力是个人的，关键成功因素是行业的

核心能力或核心竞争力是近些年非常流行的词。它是由普拉哈拉德和哈默尔主导的资源学派提出的，打破了管理者以往将企业看作是业务组合的思维方式，主张将企业看作是能力的组合。企业应该在公司范围内去寻找最能支持、最能适应变化的能力。

核心能力是一个非常好玩的概念，也很容易引起人们的思辨。它类似于中国人常说的“有同行，没同利”的道理。有些行业看起来赚钱，但是有人去经营却并不赚钱。有些行业看起来亏钱，但是有些人去经营却能赚钱。同是一个行业，利润却不同，其原因就在于人与人的能力不一样。这个将人与人相区别开来的能力，就是核心能力。这种东西需要自己仔细去辨认，并小心呵护。

核心能力虽说是自己的能力，但是不是核心却不由自己说了算，它得由客户、对手和旁观者来检验。站在客户角度，你所谓的核心能力得给客户带来价值才算。站在对手角度，你所谓的核心能力要给你带来竞争优势才算。站在旁观者角度，你所谓的核心能力要让别人不能复制、不能模仿

才算。从对客户是否有价值，是否能带来相对于竞争对手的优势，是否可被复制模仿考虑开来，我们最终可能找到已有的核心能力或应培养的核心能力。

核心能力与关键成功因素不是一个概念。举个例子来说明两者的差别。假定别人问你如何才能通过难度极大的注册会计师考试，你仔细想了想后，总结出了三点。一是必须能吃苦，就是说要有吃苦的能力。二是要有时间吃苦，就是你能腾出学习的时间，如果单位加班多，上有老下有小，时间就是个难题。三是家里人要支持你吃苦，说这是一项需要历时三到五年甚至更长时间才能完成的事业，没有家人的支持根本不可能成功。那么"能吃苦、有时间吃苦、家人支持你吃苦"就是考试成功的关键因素。有了这些未必能成功，但没这些根本不可能成功。再具体到个人，你是如何成功的呢？有人思辨能力强，理解了就不会忘；有人对数字敏感，遇到数字类的考试科目能很快学好；有人记忆力好，可以很快背下来考试的知识点。那么"思辨能力强""对数字敏感""记忆力好"就是个人成功的关键秘诀，也就是核心能力。具体来说，核心能力与关键成功因素的区别，主要就在于核心能力是个体的，关键成功因素是行业的。关键成功因素是行业成功的必要而不是充分条件。但通过核心能力与关键成功因素都可以预测企业盈利的可能性。

专栏 3-3

战略管理中的能力学派

战略管理中的能力学派，以普拉哈拉德和哈默尔为代表，以 1990 年发表在哈佛商业评论上的《企业核心能力》为产生标志，主要讲的是核心竞争力等内容。这一派强调要发现自己的核心竞争能力，其基本观点是"有同行，没同利"，即赚钱行业中也有不赚钱的企业，不赚钱的行业中也有赚钱的企业。简单地说，找到"风口"企业也未必就能飞起来；能飞起来的，必定具有核心能力。

能力学派的出现源于传统竞争战略理论的局限性。传统竞争战略理论以波特为代表，主要从产业组织视角进行战略研究，也称为产业组织（I/O）模式，主要讲内部分析、外部分析、战略选择等内容。这一派强调要发现产业的机会，战略重心在于“定位”，因此也常被人们称为定位学派，其基本观点是“找到风口，猪都会飞”，即定位“风口”更关键。

能力学派认为，20世纪90年代以前，企业所面临的外部环境相对平稳，企业在进行竞争时，关键在于争夺位置的定位竞争。这时，传统战略管理理论是适用的。但是20世纪90年代以后，企业所面临的外部环境相对动荡，竞争成功与否，关键已经不在于产品和市场定位，而在于对顾客需求变化的快速反应能力。这时，传统战略管理理论就显示出了一定的局限性。他们认为，在新的环境下，战略的重点应该是识别与开发出竞争对手难以模仿的组织能力，即核心竞争力。

四、找个标杆看差距

江山代有才人出，每个时代都有自己的标杆。当李彦宏在北大旁边创业到处找学生兼职时，当马化腾怀揣50万元人民币思考该买个房子还是继续创业时，当马云到处兜售自己的互联网思想被看作骗子时，那个时代也有如日中天的企业家，如现在的年轻人未必知道的海尔的张瑞敏、蒙牛的牛根生、四通的段永基等，或可能隐隐知道的如联想的柳传志、搜狐的张朝阳、新浪的王志东等，或可能耳熟能详的如曾经的小霸王电脑，现在vivo与OPPO的段永平，曾经做巨人汉卡3年成为亿万富翁之后瞬间倒下、又靠脑白金重新起家再进入网络游戏的史玉柱等。各领风骚三五年，他们都曾经引领过企业界的发展，是那时人们学习的榜样。人们用他们作为镜子，比对自己的长处与不足，就像当下人们喜欢拿字节跳动、拼多多来与企业比对一样。

其实，找个学习的榜样，比照别人来寻找自己的不足，不仅是中华民族的传统美德，也是管理学实践中的重要手段或工具，即基准分析。

（一）找个“雷锋”做榜样

基准分析的英文是Benchmarking，翻译成中文除了基准分析之外，还有对标分析、标杆学习、标的分析等意思。简单地说，就是找个标杆和自己对一下，看一下自己好在哪儿、差在哪儿。我们小的时候经常唱一首歌叫《学习雷锋好榜样》，实际就是拿雷锋当作标杆，然后从思想、行动、学习等各个方面与雷锋进行对照，以发现自己的不足，激发上进的勇气。再往古代说，唐太宗的“以铜为镜，可以正衣冠；以人为镜，可以明得失”，其实也是找个标杆来比较，从中发现自己的优缺点，从而有则改之、无则加勉。

（二）标杆不能随便找

企业找标杆，也是为了寻找差距，找到不足，学习经验，提升自我，但跟着谁学却是有讲究的。从理论上说，所学习的对象可以是同行业的，也可以是不同行业的，只要对企业发展有利即可。但是如果找的标杆不合理，或者其行为有特定的条件，一般企业没法跟着学，那这种寻找就缺乏现实意义了。

韦尔奇退休的时候，他领导的GE公司曾一度成为全球企业学习的榜样。韦尔奇的“末位淘汰制”曾经让中国人为之一振。末位淘汰，就是把最差的那拨人直接干掉，具体来说，就是把员工的业绩按钟形曲线排列，优秀的提拔，末位的淘汰。这种方法能够促进员工之间的竞争。2000年前后，很多人急于将国企弊端彻底革除。于是，GE的经验出来后，一时间很多人如获至宝，“末位淘汰”“钟形曲线”成了很多人的口头禅。然而，美国文化与中国文化存在很大的差别，并不是所有中国人都认同末位淘汰制。而且你把人都淘汰完了，谁来干活啊？想马上补齐可不容易。后来人们发现，GE在美国也只有一个，并不是所有的美国企业都这样。它一直处于全球领先的位置，薪水高、发展机会好，自然想要什么样的人才就能得到什么样的人才，谁不合适可以立马让他离开，但对大多数中国企业不行。那些拿美国GE做标杆、以末位淘汰制为基准的中国企业，发现改革后越改越糟，重要原因就是标杆找错了。

找标杆最好满足以下两个条件：一是标杆要契合公司发展目标，太高或太低都不合适；二是标杆要契合企业实际。除了契合生产经营的实际情况，关键是要契合企业的文化。

（三）用不同的方式找标杆

找标杆，当然要找一流的企业，至少在某些方面是一流的企业；而且根据目的不同，可以找不同的对象做标杆。

①在集团内部找标杆，即内部基准。一些大型企业集团尤其是一些大

型国有企业集团，经常召开内部经验交流会，选择某一个地市公司作为典型，召集全国同行来学习，这就是寻找内部标杆。

②把竞争对手当作标杆，即竞争基准。向竞争对手学习是一件让很多中国人接受不了的事情，感觉多少有点“长别人志气灭自己威风”。即便谦虚地说“一定要向对手学习”，也多是一种表现心胸开阔的姿态。不过在实践中，很多企业还是自觉不自觉地以对手为标杆，在相互学习中共同进步。但他们大多不承认这是在进行标杆分析，而说成是竞争分析。事实上，这种学习式竞争往往是成功的动力。

③找业内最牛但不一定构成竞争关系的企业当作标杆，即一般基准。竞争对手往往是一个级别的，与你直接争夺市场份额和客户，而行业中的大牛，有些可能与你没有直接的竞争关系。拿它们来当标杆，既有面子又有里子，是中国企业常见的做法。譬如小米手机刚创业的时候，就拿苹果作为榜样，那时甚至到现在，小米都谈不上是苹果的直接竞争对手。事实上，几乎智能手机全行业的企业都在拿苹果作为学习榜样。

④就某一个功能或某一个具体活动找企业做标杆，即过程或活动基准。这个企业与本企业不一定在一个行业中，但在某方面做得突出，也可以向它看齐。譬如，海底捞的服务特别好，颠覆了人们对传统餐饮业的认识，雷军的小米在服务方面就拿海底捞做标杆。小米虽然与海底捞不在同一行业，但是有共同的服务工作，当然可以拿它当作学习的榜样。

五、多元化业务的分析

有些企业生产有多个产品（或业务），哪些产品应该优先发展，哪些又该被淘汰呢？对多元化公司来说，这些业务组合是需要统筹考虑的。进行业务组合分析的工具主要有波士顿矩阵（BCG 矩阵）和通用矩阵（GE 矩阵）。这两个工具都是内部分析工具，主要用于多元化分析。从道理上来说，它们的目的也应该是找到公司的优势与劣势。但实际上，它们主要用来直接寻找业务发展战略。下面先简单讲述其中的理论含义，随后用一个实务案例来说明如何应用这些工具。

（一）BCG 矩阵和 GE 矩阵的理论解释

BCG 矩阵是美国波士顿咨询公司开发的一个管理工具。它的基本思路是，所谓最优组合，就是既能够满足市场需要又能增加公司实力的组合。在资源有限的情况下，就需要优先选择那些既有市场前景又能够增强公司实力的产品。这样，该产品的市场前景与该产品的竞争地位就成了两个关键要素，即市场吸引力与竞争地位。市场吸引力（或该产品的市场吸引力）可以用市场增长率、市场容量等指标表示，公司实力（或该产品的竞争地位）可以用市场占有率及技术、设备等指标表示。

BCG 矩阵选用市场增长率来代表市场吸引力，用市场占有率来代表竞争地位，分别按照高低两个等级形成了一个四象限的矩阵（见图 3–6），四个象限分别表示明星、现金牛、问题、瘦狗。这就是 BCG 矩阵。

横轴是相对市场占有率，表示该产品的市场占有率与市场上最大竞争对手的市场占有率之比，高与低的分界线是 1.0。假定某个产品你的企业的市场占有率为 30%，排名第一，最大竞争对手的市场占有率为 20%，那么你这个产品的横坐标值就是 1.5。纵轴是市场增长率，高与低的分界线是 10%。之所以选 10%，是因为在模型创立时代，若有产品的市场增长率能达到 10% 就算不错的了。

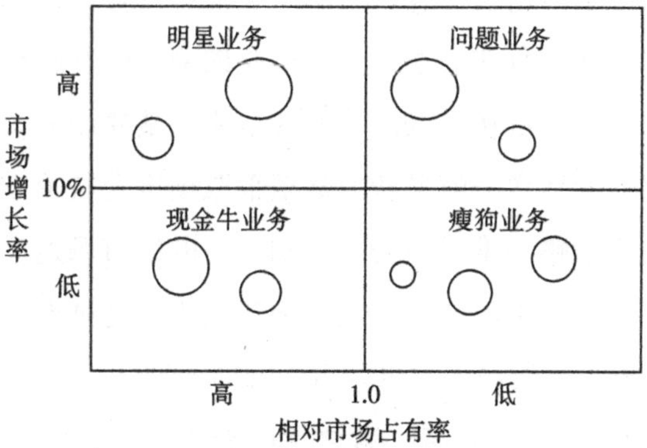

图3-6 波士顿矩阵

企业可按照相对市场占有率与市场增长率两个关键指标对现有的产品进行测量，对号入座，确定该产品到底属于四种类型的哪一种，然后确定具体的战略安排、组织安排和人才安排。

BCG 模型的应用（见表 3-2）体现了典型的西方文化，理性而残酷。在这个模型中，市场增长率与需要追加的投资是联系在一起的，其逻辑是，市场若在快速增长，则企业要跟上市场的增长，必然需要扩大规模、增加投资（现金流出）。市场占有率与现金流入结合在一起，市场占有率高，销售量就大，现金流入就多。考虑现金流出与流入的不同情况，该模型为不同的业务确定了不同的战略。

（1）明星业务。市场增长率高、市场占有率也高，意味着该产品能给公司带来现金流，但投资也大。不过其未来有机会增长，应该加速发展。未来要做的主要是不断复制、扩张，公司给予放权。该类业务可采取事业部制组织结构形式，由全才型人才全权负责。

（2）问题业务。市场增长率高、市场占有率低，意味着未来前景好；但眼下现金流不足，属于风险投资业务，需有选择地投资。这里最好的方式是选择有创业魄力的人担任负责人，从各部门、各单位抽调若干人形成项目小组去进行内部创业。目前大多数企业搞内部业务培育时都采用这种方式。

（3）现金牛业务。市场增长率低、市场占有率高。这种业务属于相对成熟的业务。市场不增长，意味着不需要继续投资；市场占有率高，意味着现金流充沛，到了收获的季节。这里应该采取的是收获策略，如榨油式策略，大量铺货，尽量从市场多获取现金流。某移动公司面对互联网的冲击，仍然不愿降低话费与流量费，甚至采取预售套餐等方式回笼资金，就是在采取榨油式策略。难道该公司不知道，电信市场迟早要放开吗？他们当然知道，但当下最重要的是加大现金流回收。这种业务的产品等各方面已经成熟，需要的是营销人才带领事业部向前推进。

（4）瘦狗业务。这种业务，食之无味弃之可惜，既没有产生多少现金流也没有多大的前景，最好的方式是采取放弃策略。

表3-2　　BCG矩阵的应用

四个区域	明星业务	问题业务	现金牛业务	瘦狗业务
特征	高增长—强竞争地位	高增长—低竞争地位	低增长—强竞争地位	低增长—弱竞争地位
现金流状况	现金流会越来越大	通常处于最差的现金流量状态	现金流大	现金流小
需要投资	需要大量的投资	所在产业的市场增长率高，企业需要大量的投资支持其生产经营活动	本身不需要投资	尽量不要投资
战略	加速发展，提高市场占有率	风险投资战略，提升占有率	收获战略，投资压缩，榨干市场，尽力延缓市场下降速度	撤退战略
组织结构	事业部	项目组织等形式	事业部	与其他事业部合并
管理者特征	对生产技术和销售都懂	创业型人才	营销型人物	—

GE 矩阵与此类似，只是将两个坐标轴分成了三个等级，而产业吸引力与竞争地位采取多个指标来评价（见图 3-7）。图中常常用圆圈表示不同业务，圆圈相对大（或小）表示销售收入规模相对大（或小），圆圈中

的阴影所占比例表示该业务的市场占有率。

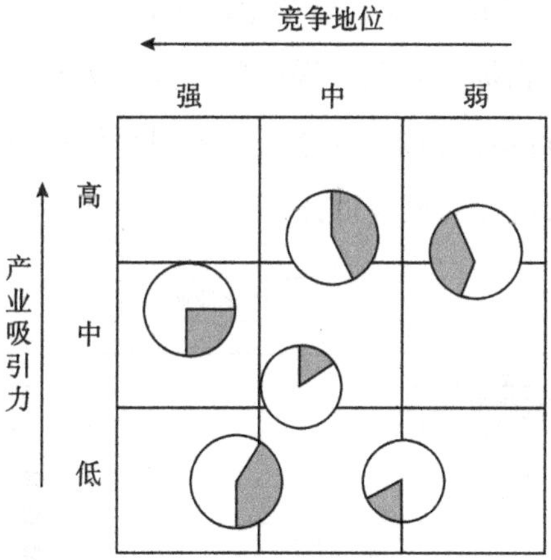

图3-7　GE矩阵

（二）一个 GE 矩阵的实务案例

下面举的这个例子是相对严谨又实用的 GE 矩阵实务案例。

某机械公司为对现有业务进行分析并提出适合的业务单元战略，选取 GE 矩阵作为分析工具。

1. 选取 GE 矩阵作为工具

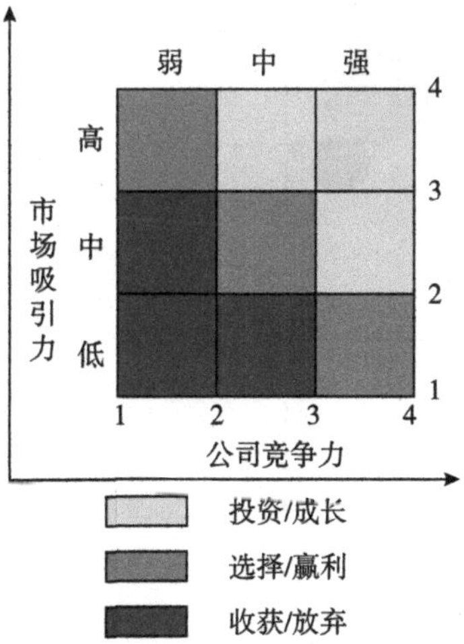

有选择地发展 ■集中有限力量 ■努力克服缺点 ■如无明显增长就放弃	投资建立 ■向市场领先者挑战 ■有选择地加强力量 ■加强薄弱环节	保持优势 ■快速稳健地投资发展 ■集中精力保持力量
有限发展或收缩 ■寻找风险小的发展办法，或者尽量减少投资，合理经营	选择或设法保持现有收入 ■保护现有计划 ■在获利能力强、风险相对低的部门集中投资	选择发展 ■在最有吸引力部分重点投资 ■加强竞争力 ■提高生产力加强获利能力 ■合理经营
放弃 ■在赚钱机会最小时出售 ■降低固定成本同时避免投资	设法保持现有收入 ■在大部分获利部门保持优势 ■给产品线升级 ■尽量降低投资	固守或调整 ■设法保持现有收入 ■集中力量于有吸引力的部门 ■保存防御力量

图3-8　选取GE矩阵

2. 明确指标优化原则

其中市场吸引力从市场需求与竞争环境两个方面选取指标，具体如图 3-9 所示。各评价指标的权重，采取层次分析法由公司领导层组成小组打分后确定。各指标的评分按 1 ～ 4 级由公司领导给予等级分，将等级分加权汇总，最后形成指标的最终得分。

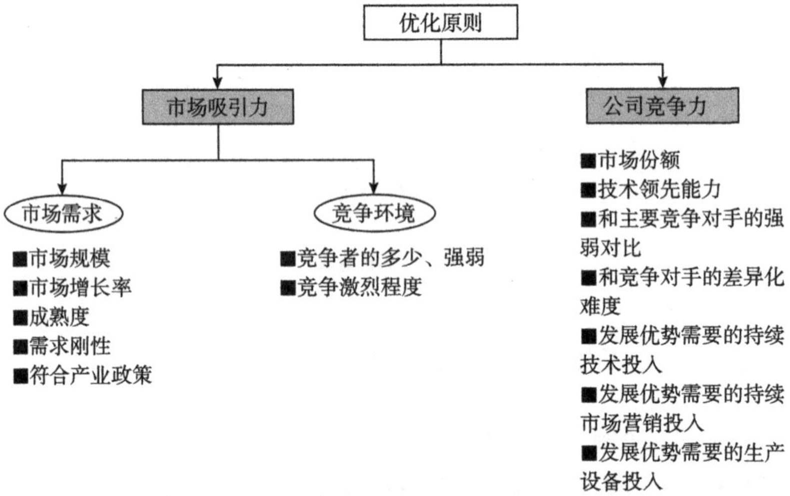

图3-9　明确优化原则

3. 对各业务进行评分，根据评分结果确定在 GE 图中的位置（见图 3-10）

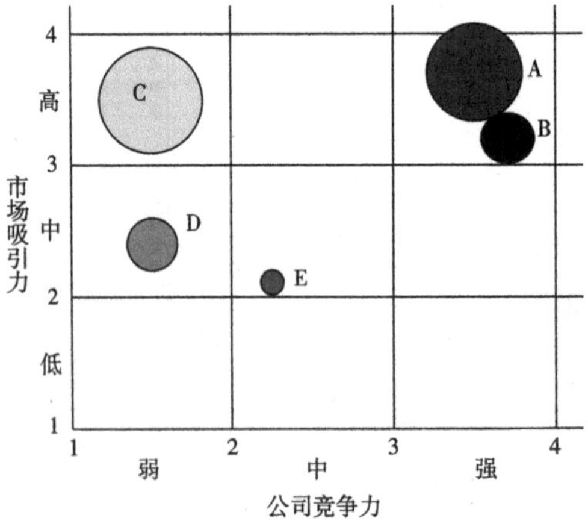

图3-10　对各个业务进行评分

4. 根据各业务在 GE 矩阵的象限位置，初步提出发展策略

如 A、B 是公司重点发展的业务，公司资源要向这两项业务倾斜，确保这两项业务快速增长，在市场上建立强大优势。C 产品有待观察，公司如果能够找到影响该项业务市场竞争的关键成功因素，提高其竞争力，则可将其作为主导业务继续大力发展。该项业务如果能和公司核心业务形成协同优势，且市场上没有其他合适的协同者，则可以保留；否则，就放弃。

5. 结合实际情况对初步提出的发展策略进行分析与验证、调整，对其中有待观察的业务结合产业分析进一步研究

从理论上来说，BCG 矩阵与 GE 矩阵在应用时都有一些要求。如 BCG 矩阵中横轴的相对市场占有率高低分界线是 1.0，纵轴是 10%。GE 矩阵需要选取多个指标，而且计分规则明确。但在实践中，几乎没有人这样拘泥于形式，而更重其实质，因为如果真按相对市场占有率 1.0 来分类，有些公司所有的产品都是问题或瘦狗类型了。真按 GE 矩阵要求的那样选指标、定权重、再打分，可能权重没有确定出来，就已经因计算太复杂而被领导们叫停了。故而，领会其“神”比遵守规范更重要。

六、SWOT 分析之后怎么就得出战略了

曾经有人问：我们发现了外部环境中的机会与威胁，也找到了优势与劣势。从逻辑上来说，我们要紧紧把握机遇，充分发挥优势，弥补不足，规避环境中的风险。那么，找到了优势（S）、劣势（W）、机会（O）、威胁（T），怎么就得到战略了呢？

其实，理解了这个问题，整个战略学科就通了。以后面对各种或厚或薄的战略管理类书籍时，就不会感到枯燥，反而会有一种轻松的快乐。这个问题若解决了，则战略管理学科的“眼”就找到了。

（一）用一个通俗例子初步认识战略学科的“眼”

假定你是个女士，正与家人商量你的未来该怎么办。你们分析了现在面临的机会与威胁，也分析了优势与劣势。你既可以发挥优势抓住机会，也可以发挥优势规避威胁，也可以抓住机会弥补劣势，还可以正视威胁与劣势。那么这四类选择，你该怎么选呢？

1. 匹配

假定发现目前你有 3 个机会与 2 个威胁，有 3 个优势与 2 个劣势。譬如，你其中一个优势是“有钱”，三个机会分别是“去美国读哈佛的条件宽松了，你有去名校的机会”“国内创业机会多，你可创业当老板”“国家三孩生育政策放开，你可以再生孩子了”。将你的优势与机会相匹配，就可能有三种选择：一是发挥有钱的优势，到美国读哈佛；二是发挥有钱的优势，在国内创业；三是发挥有钱的优势，在家生三孩。对于第三条匹配你可能很生气，但暂且保留，后面再分析你生气的原因。

接着，你有一个劣势是“看书根本看不进去，不爱看书”，同样你有

上面的三个机会："去美国读哈佛""在国内创业"或"在家生三孩"。这样你又有三种选择：一是抓住去美国读哈佛的机会，改变不爱看书的习惯；二是抓住在国内创业的机会，回避不爱看书的短板；三是抓住生三孩的机会，回避不爱看书的短板。对于第二条匹配你也很生气，这里也暂且保留。

再接着，你把所有优势与劣势、机会与威胁都组合了一下，产生了若干个组合，这就是战略匹配。

2. 评估

这样下来，你有了六种选择。你突然发现有些选择从逻辑上是不通的。譬如你认为，有钱与生三孩就没有逻辑关系，这种选择是对女性的不尊重。可是你家里人的态度与你不一样，他们坚定地认为，这两者是有逻辑关系的。这是价值观的差异。经过一番争论之后，你将在价值观方面完全接受不了的选择去除，这就是初步评估。

最后得到了两个备选方案：一是发挥有钱的优势，改变不爱看书的短板，到美国去读哈佛。你可能认为这个备选方案比杀了你还痛苦，但你妥协了。二是发挥有钱的优势，回避不爱看书的短板，在国内创业。这里所谓的备选方案，在理论上就是战略主题，中国台湾将其叫作战略提案，国企中将其叫作战略议案、战略议题等。

3. 选择

你得在两个方案中挑选一个或两个。你发现这显然是人生中两个不同的方向。你开始痛苦思考，以后要走学术的路子、从政的路子还是经商的路子？之所以选择比努力更重要，就是因为一旦选定道路后就很难逆转。譬如，选择了在国内创业，那就从大概率上意味着放弃了当教授的路子。一旦选择了去哈佛读书，那大概率上意味着放弃了在国内从政的路子。战略管理这门学科给出了多种实务经验总结出来的发展方向，供你结合自己的情况判断。这在战略管理学科中叫战略类型判断。

你知道每种方向意味着什么之后，接着就会思考：什么样的人适合到哈佛读书？到哈佛读书有什么好处？有什么风险？同样地，什么样的人适合创业？创业有什么好处？有什么风险？在考虑这些问题时，你可能会与家里人不断争吵、妥协，最后决定放弃去哈佛读书的机会，开始在国内创业。这就是战略选择或战略详细评估，表现在经典教科书中，就是针对每种战略方向给出适应条件、优势、风险等。战略选择的内容将在下一讲中着重介绍。

（二）回到理论：SWOT 模型是连接战略分析与战略选择的桥梁

我们先对上述通俗例子进行一下总结：战略分析发现机会与威胁、优势与劣势，然后匹配形成若干个备选战略方向，再判断战略方向的类型，最后结合不同类型的适应条件、优势与风险做出选择。这条线实际上就是战略学科的主线，其中 SWOT 模型是连接战略分析与战略选择的桥梁，这个桥梁也可看作是战略学科的“眼”。

SWOT 模型是哈佛大学安德鲁斯等几位教授在其著作《经营政策：内容与案例》中提出的。这本典型的哈佛案例风格教材于 1962 年出版，多次再版，到 1982 年第五版时，我们前面一直提的著名战略大师波特才作为五位合著者的第五位参与了该书的写作。

用经典教科书的话说就是：SWOT 模型主张通过内外部环境要素与内部资源能力要素相匹配，为公司的战略找到出路。

SWOT 模型通过匹配形成了四种战略类型（见图 3–11）。

（1）SO 战略。企业具有很好的内部优势以及众多的外部机会，应当采取增长型战略，努力发展。

（2）WO 战略。企业面临着巨大的外部机会，却受到内部劣势的限制，应采用扭转型战略，充分利用环境带来的机会，设法清除劣势。

（3）WT 战略。企业内部存在劣势，外部面临强大威胁，应采用防御型战略进行业务调整，设法避开威胁和消除劣势。

（4）ST 战略。企业具有一定的内部优势，但外部环境存在威胁，应采取多元化战略，利用自己的优势，规避威胁。

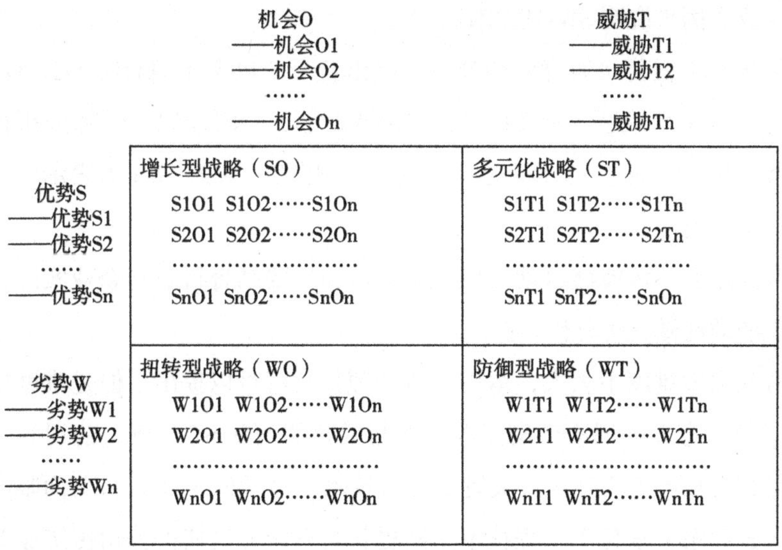

图3-11　SWOT模型匹配

我们注意到，在上述SWOT连接战略分析与选择过程中，价值观这一因素一直起着作用。价值观即你认为的对错标准。价值观本身没有对错，只有一致与不一致。你认为“抓住机会在家生三胎，是对女性的不尊重”，而你家人可能认为这是理所当然的。这就是价值观的不一致。在企业决策中，由于参与人数多，这种冲突就更为明显。有人保守、有人激进，有人公允、有人计较等，使得战略匹配与选择充满了争论。如果去看企业的团队讨论，不论是高层、中层还是基层的讨论，很多时候实际上都是价值观方面的争论。在争论中容易以偏概全、以强凌弱，真理往往掌握在强势的一方手上。这一点团队领导要密切注意。另外，还需要注意的是，理性分析出来的战略往往假定公司是一台理性的赚钱机器，而事实上公司还肩负着一定的社会责任。只有将公司置于社会环境下，才可能提出可行的备选方案。

（三）SWOT连接：一个实务的例子

实务中的战略匹配提出备选方向，要比上面的例子复杂得多，其中主要是需要利用战略分析人员的经验、能力甚至智慧来设计。下面以一个具体的企业实例来说明 SWOT 的作用。

某化工工程公司通过外部分析，得出若干个机会（用 O1、O2、O3 等表示），若干个威胁（用 T1、T2、T3 等表示）。同样地，内部分析得出了优势（用 S1、S2、S3 等表示）、劣势（用W1、W2、W3 等表示），随后进行了匹配。

匹配之后不可能就自动形成了提案，还需要结合行业与企业实际，发挥主观能动性做一番分析。

有些提案难度不太大，运用一般管理技巧就可以提出，但是难度再小也要避免无意义的词语堆砌。以优势与威胁的匹配 ST 为例。公司有一个优势是拥有核心工程技术及关键设计与技术诀窍（如 S2），目前面临的威胁是国家政策要求化工工程技术不断更新与升级，这使得公司传统业务的增长受到威胁（T1）。这时最浅层的提案是"充分发挥公司技术优势，规避技术更新与升级的威胁"。应该说，这类提案是没有任何意义的，只是词语的堆砌而已。如图 3-12 所示，运用一般管理技能分析后，具体的提案是"维持公司传统优势产品，并适度适时进行技术升级"。这个提案包括"产品维持策略"与"产品放弃策略"两个主要策略。对于何为"维持""传统优势产品"、何为"适度""适时"，还需要具体撰写一个报告进行详细说明，这样才能形成完整的提案。一般来说，这类提案受过正规管理训练的人都可以提出。

有些提案难度较大，需要充分发挥主观能动性才能提出。譬如，公司的优势之一是拥有一个市场化的运作平台，这相对于行业内的大部分还未公司化的竞争对手来说是个优势。但是公司也面临着威胁，相对于竞争对手，公司在关键成功因素各个方面还存在差距①，这一差距影响了公司投标报价等市场活动。这时提出了两个提案：一是针对组织变革的，包括按战略事业单元进行组织结构调整、引入平衡计分卡、实行产品经理制等；

---

① 关键成功因素分析的结果，有时可以理解为优势与劣势，有时可以理解成机会与威胁，主要根据分析目的进行判断。本例中主要根据对投标报价效率不高的原因进行分析，发现这是一个威胁。

二是针对管理改善的，如引入六西格玛管理等。这些具体的管理提案，就需要充分发挥主观能动性才能形成。

SWOT	优势S	劣势W
机会O	SO战略	WO战略
威胁T	ST战略	WT战略

	优势S
	S1：拥有具备“精诚团结、锐意进取、创新务实”企业精神的管理团队、专业化设计人才和职业化商务人才； S2：拥有******等核心工程技术，以及关键设备设计和开车技术诀窍； S3：拥有******EPC、PMC核心技能，以及优秀的成功工程业绩； S4：拥有高性价比产品和服务竞争能力； S5：拥有市场化的企业运营能力和平台； S6：拥有良好资信； S7：拥有市政污水处理工程运营能力
威胁T T1：国家能源和环保政策的不断加强，对化工工程技术的更新和升级提出了更高的要求； T2：进入WTO，加大了化工工程行业的市场、技术、人才等各方面竞争； T3：中央企业改革步伐加快，公司存在*****； T4：公司核心竞争力不突出，相对于竞争企业，公司在行业成功关键因素的各方面还存在相当的差距	ST优势 — 威胁战略提案 ST1：维持公司传统优势产品，并适度适时进行技术升级（产品维持策略+产品放弃策略）（T1+S2）； ST2：系统性建设知本运作（人才框架+知识管理+期股激励+整合IT等）（T2+S5）； ST3：多元化股权结构、实现相对控股、打造有力的董事会，以实现公司独立存续（T3+S5）； ST4：实行“事业部BU制”“产品经理”“导入平衡计分卡BSC”，积极稳健地进行组织变革（T4+S5）； ST5：渐进导入“管理项目”“6SIGMA”，持续改善经营业绩，实现管理和企业文化的不断创新，提高执行力（T4+S5）

图3-12　SWOT匹配示例

注：*****为示例企业不便展示的保密内容。

专栏 3-4

内部分析是中医还是西医？如何用数据说话？

内部分析主要是对企业这台机器进行全面诊断。诊断有中医、西医之说，中医是望、闻、问、切。西医是用数据说话，拍片、化验等一样都不能少。学战略，该学“中医”，还是“西医”？不好说。但对我们中国人来说，在较长一段历史时期内，一直缺乏用数据说话的传统。战略学习者如果能够形成一套自己的量化分析体系，会算账，对战略能力的提升作用将是巨大的。这里提几个有关算账的思考题，供有兴趣的朋友深入研究。

1. 对标分析或基准分析

提示：这本身可理解为其就是一个方法论，无所谓“中医”或“西医”。要说量化，最主要的是回答标杆选择的量化逻辑。譬如，公司应该以拼多多为标杆还是以京东、天猫、苏宁为标杆？以亚马逊、易趣等巨头为标杆还是以美国鞋业电商巨头美捷步、印度电商巨头Flipkart等为标杆？都需要有相关数据如营业收入、收入结构等作为参照，为决策提供支撑。目前相关分析主要还是以定性为主。

2. 波特价值链

提示：波特价值链属于比较典型的“西医”，类似于X射线、CT、核磁等。西医假设人是由不同的标准化构件组成的，构成及其结构有一定的标准，人在这个标准范围内就正常，否则就是异常。标准一般会量化给出。波特价值链也是类似的假设。如同把企业放在透视镜下，可以清楚地看到企业的构成，然后诊断出哪有问题，最后对症下药，给出管理解决方案。

波特价值链要用数据说话，可以与财务报表分析结合起来，譬如运用杜邦分析法层层分解下去，与行业平均、目标或其他对象相比较，可以看出自己的优势劣势，甚至经层层落实，最终会落到企业高层、中层或基层不同的层面，或具体的系统或部门，以判断何种层面或哪个构成存在优势与短板。偿债能力、营运能力、盈利能力等也一样可以用来分析优劣势。

3. 核心竞争力分析

提示：核心竞争力基本属于“中医”。中医讲究全面、辩证、发展地看问题，所谓的“气”等东西，博大精深，可意会不可言传。量化起来就很难。核心竞争力的重要性也不言而喻，没有核心竞争力的企业难以持续发展，一般需要依赖管理者的直觉判断，但要量化也确有困难。

第四讲

战略制定就是确定要去哪里

一、战略类型是有层次的

从概念角度，战略分为总体战略、竞争战略与职能战略，每个战略又有若干种分类（见图 4–1），分别对应着不同的层次。

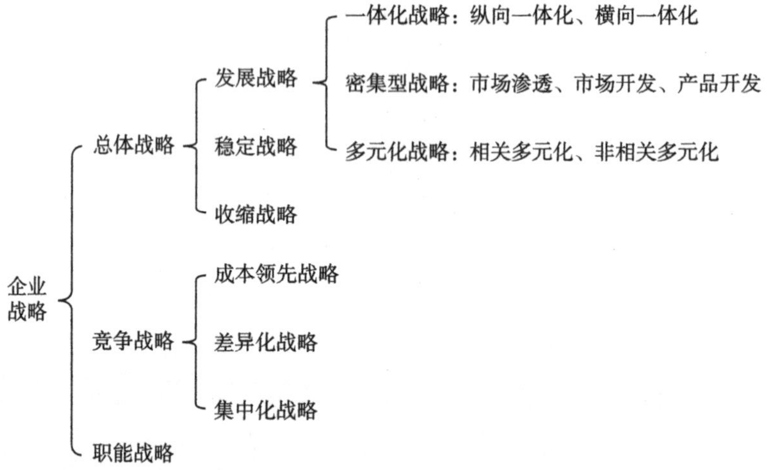

图4-1　企业的三个层次战略

（一）战略的三个层次

1. 总体战略

总体战略是公司层面的战略，是整体的发展方向。它是各个具体业务竞争战略的基础。譬如，你经过对所处环境的分析之后，需要确定大的发展方向，是继续发展还是保持稳定，或是得过且过？如果是发展，那么是在国内发展还是往国外发展？等等。这些基本问题确定之后，才能谈具体的发展方式。这些基本问题确定了，总体战略就定好了。

对一个公司来说，总体战略大致分为发展战略、稳定战略和收缩战略三大类。

（1）发展战略。假定公司是个钢铁厂，现在需要确定的大方向是：①是要延伸到产业链上游进入矿山开采领域，还是要延伸到下游去建钢铁电商平台，或是趁机收购国内外同行的钢铁厂？这就是一体化战略。向上游延伸是后向一体化，向下游延伸是前向一体化，并购同行是横向一体化。②是否要在本行业稳扎稳打？即确定是否采用密集型战略。③若要跨向别的行业，是跨向与钢铁相关还是不相关的行业？即确定是否采用多元化战略。相应地可分为相关多元化战略与非相关多元化战略。如果公司现在已经有多个业务，那么优先发展哪些业务，淘汰哪些业务？这就涉及业务组合问题，具体可用上一讲的 BCG 矩阵和 GE 矩阵知识来解决。

（2）稳定战略。一般来说，自来水公司、燃气公司等由政府控股的公共服务类公司，其存在的理由就是为民服务，其使命与目标就是为老百姓提供水、燃气等服务，采取的大都是稳定战略。为什么说是“一般来说”，而不是非常绝对？原因有二：①这类公司的客户用量大致是平稳的，价格也大致是平衡的，要变化也是在小范围内波动，即受限于外部环境及内部条件，经营目标基本不变。②随着改革进展，譬如这类行业允许一些民营企业进入，或允许兼购并购，那么必然会有公司抛弃一贯的稳定战略而采取大幅扩张的战略，如华润燃气等。

稳定战略适合经营环境预测不会变化而前期经营比较成功的企业。前期如果不成功，没有基础，那想稳定都不可能。我们常说：“人生最关键的就那几步，那几步走好了，以后就好走了。”关键那几步就是发展战略，等发展后有了一定的基础，就可以安稳地过日子。很多人毕业以后，或者考取某个证书获得较好的职位薪资之后，一时会感到空虚，难以适应那种按部就班、四平八稳的生活，即因习惯了发展战略的节奏，暂时难以适应稳定战略的节奏。企业也如此，前期经营成功是后面稳定的前提。

（3）收缩战略。譬如一个企业原来有一万名员工，由于公司的发展战略变了，决定裁员五千人，经营规模缩小。再譬如一个公司原来网络游戏、电商平台、社交网络都做，现在决定砍掉网络游戏、社交网络，将经营范围缩小。收缩就是将生意“做小”。“做小”主要指两个缩小：经营规模的缩小，以及经营范围的缩小。

与扩张是为利润最大化相对应，收缩主要是想办法让损失最小化。要达到损失最小化，就不能“兵败如山倒”，那样会被对手赶尽杀绝；也不能如一些年轻人谈恋爱失败后坚信“感情都没有，还谈钱财有何意义”，那样就让冲着钱财的对方轻易得逞。商业较量，很多时候就是等着对手自暴自弃的非理性。我们要收缩最好也是理性收缩，虽然很多时候人们还是会非理性收缩。以下都是理性收缩的常见方式。

①紧缩与集中：将规模紧缩，将业务范围集中。这是一种柔和的收缩。

②转向：主要是改变经营业务方向。这是一种相对柔和的收缩，也是大多数中国企业喜欢采取的方式。如一家过去做 ATM（自动取款机）的企业，在新的环境下，大家已经很少用 ATM 取款了，这时公司开始转向数字货币方向，原有的人员愿意转的跟着转，不愿转的就离开。这时原来的 ATM 取款机业务就慢慢萎缩了。

③放弃：彻底不干了。这是激进的收缩。最激烈的不干，就是将公司破产清算。做生意的人往往不会这么极端，就算放弃也会争取利益最大化。

——将经营权给别人，即特许经营。譬如，经营快餐的甲公司是有 300 家连锁店的品牌商，自己干着太累，决定将其中 200 家转让给乙公司经营，经营期 5 年，即甲公司将经营规模缩小，乙公司支付给甲公司一笔品牌使用费获得甲公司的开店授权。甲公司采取的就是特许经营的放弃方式。

这里需要注意的是，收缩中的特许经营是将自己的经营规模缩小，与中国商界流行的以品牌加盟为发展战略的方式不同。譬如前些年，一些餐饮从业者在国外注册个洋品牌，在全国各地找加盟商，给予加盟商一整套经营方案和业务指导服务，收取一定加盟费。从理论上来说，这属于轻资产运营模式的发展战略，不属于放弃战略，因为自己手上原来就没有连锁店，谈不上放弃。

——将一部分业务承包给别人，即分包。国企改革过程中，曾经一度推行过“承包制”。譬如玩具厂下面有物流车队，现在公司将物流车队分包给车队队长，车队队长每年给公司交一定金额的承包费，这个车队还给公司做物流，被允许或适当允许做点私活，盈亏由车队队长自负。

——卖断，就是把公司卖掉。在中美贸易摩擦中，华为备受美国的不公平打压，断供芯片让华为处于非常困难的境地。为了生存与发展，华为卖掉荣耀品牌，不再持有其股份。按任正非的说法，“离婚之后就别藕断丝连”。卖断荣耀之后，华为手机业务的经营规模与经营范围无疑缩小了，换句话说，这是华为的一种放弃战略。

——将公司卖给内部管理层（MBO），即管理层收购。卖给内部管理层其实也可以理解为卖断的一种，只是这种卖断往往会“藕断丝连”，如买者常常会延迟付款，卖者拿不到全部的钱款，在股份上也不会马上脱手。2000年前后，在国企改制的过程中曾出现一个著名的“冰棍理论”，说的是某些国有资产就像冰棍，拿在手上就会慢慢融化，不如私有化，即卖给国企的员工，主要是卖给管理层。管理层没有钱买怎么办？就按类似于买房按揭贷款的方式，银行提供贷款给管理层来收购国企。这种方式曾风靡一时，但因执行过程中的不规范造成了国有资产流失，一度被紧急叫停。

——将公司拆解，即拆产为股（分拆）。譬如公司原来由张三100%控股，注册资本3000万元，现在张三引入战略投资者，战略投资者投资2000万元，公司注册资本变为5000万元，张三的股权比例为80%，仍占控制权，但等于让出了20%。从理论上来说，似乎战略投资者占40%的股权才对，结果其只占到了20%，这是张三股权溢价转让的缘故。这种做法在高科技公司中很常见。

——资产互换与战略贸易。这种方式不常见。举例来看。张三的公司有资产A、B，李四的公司有资产C、D，张三公司的资产A与李四公司的资产C互换，最后张三公司的资产是C、B，李四公司的资产是A、D。

2. 竞争战略

竞争战略是业务层面的战略，是在整体发展方向下具体业务的发展策略。譬如，大方向确定后，如确定要在国内发展，那如何发展？是靠关系还是能力？是拼颜值还是拼才华？等等。这个“如何发展”的问题就是发展策略。对具体业务来说，竞争战略大致分为成本领先战略、差异化战略和集中化战略。

3. 职能战略

职能战略是职能工作层面的战略，是在整体发展方向下具体职能工作的发展规划。理论上来说，有多少职能就有多少战略规划，如人力资源战略规划、财务战略规划、采购战略规划、营销战略规划、品牌战略规划等。不过，从实务层面来看，这部分由于具体操作性太强，其规划工作并没有受到人们的重视。

（二）学会识别战略方向的类型是战略选择的基础

这里用人生发展方向做类比，来理解识别战略方向的重要性。

我们前面说过，人生之所以选择比努力更重要，是因为不同的选择意味着不同的放弃，意味着不同的人生结果。你选择离开公职到江湖上闯荡，就意味着从此放弃了稳定的生活，将经受市场的洗礼；而如果你选择了公职的稳定，那么就不能再奢望像创业成功人士那样享受财务自由。同样，你选择考注册会计师，就意味着你将经过5年左右的煎熬，然后走向专业人士的道路，一生要不停地学习、写报告、熬夜、加班，但有朝一日很可能成为业内精英；反之，你也可以选择一生平凡下去。摇摆是人生的大忌，“既然选择了远方，便只顾风雨兼程”。而选择远方，就先要知道你的选择意味着什么。

企业实际上也是一样的，不同的选择也意味着不同的放弃与不同的经营环境。如果仅仅因为眼前的利益去贸然选择，必然有一天会后悔、转向。譬如一家建筑企业经营者，看到房地产开发行业暴利，就一头扎进去，却并不知晓自己要走一条什么样的路，那就意味着他再也不能过安心做好工程、辛苦赚钱的生活了，而是必须整天周旋于政府、银行等各种关系之间，与离开公职下海的、带着巨额资本的海归甚至各个道上出来的房地产公司展开竞争，公司所需要的能力也可能更多地转向营销策划、资源腾挪等方面。如果他没有想清楚这些，只是盯上了暴利就扑进来，则很可能陷于沼泽之中。同样地，企业选择发展，首先要知道所选择的方向意味着什么。这在战略管理学科中，叫作战略类型判断。

随后，我们将逐个讲述战略方向及如何判断，什么情况下适合选择什么方向，它的优势是什么，它的风险又在哪里等四个问题，以使企业在进行战略选择时，能够更加慎重。

二、一体化战略就是沿产业链往前或往后

一体化战略中的“一体化”包括前向一体化、后向一体化和横向一体化。

（一）一体化战略就是往前走、往后走或并购同行

（1）前向一体化，就是沿着产业链向前延伸。产业链上有上游的供应商、中游的同行企业和下游的客户。譬如一个果汁厂，其上游是果园，中游是一群果汁厂，下游是销售商。如果果汁厂向前延伸，进入销售系统，譬如自己开始做零售店了，就是实施了前向一体化战略。

（2）后向一体化，就是沿着产业链向后延伸。譬如上面所说的果汁厂，如果往后延伸，开始做果园方面的经营了，就是实施了后向一体化战略。

（3）横向一体化，就是与同行合并或合作了。如滴滴打车与快的打车合并，就是实施了横向一体化战略。

判断实施了什么样的一体化战略，就是找到企业业务所在行业的上游与下游，确认其拟发展的方向是向上游走还是向下游走。若向下游走就是前向一体化，向上游走就是后向一体化，并购同行就是横向一体化。

（二）用一体化战略实现创新的实例

一体化概念在理论上比较好理解，然而在实践中却不易判断。很多企业对外号称盈利模式创新，但实际上大部分只是实施了一体化战略或对内部价值链、价值链系统进行了重塑而已。下面举一个常见的一体化例子。

家装即家庭装修，是一个非常复杂的行业。按老百姓的话说，就是这个行业“水特别深”。买同样的材料进行装修，有人只花了数千元，有人可能需数万元。装修过程中的可操作空间更大，墙砖可以抹两层灰也可以

抹一层灰，质量、价格等都难以透明。而且，装修过程的烦琐让所有经历过的人都感到头大。

可是互联网来了，有些创业者就开始颠覆这些陋习陈规。他们认为完全可以用互联网的思路来做装修，让这个行业的水“浅”起来，让行业规范起来。如“爱空间”（俗称小米家装）等均采用此类战略思路。他们以极低的价格来提供标准化产品。为做到这一点，他们用互联网对产业进行改造，重构了原有的产业链。譬如装修材料这一块，过去大致要经历“工厂—总经销—分经销—装修公司—设计师—分销商—门店—消费者”这样复杂的环节。这些新兴装修公司认为，可直接从生产工厂进货，实现消费者与工厂的零距离对接。如果把这些装修公司单纯看作是装修公司，只考虑产业链关系的话，那么他们实施的战略就是沿产业链向后延伸，由装修延伸到供应商渠道，即采用了后向一体化战略。从波特价值链系统的关系方面来说，它重新构造了供应商、同业竞争者、消费者的产业链关系，使之简化为“工厂—装修公司—消费者”。由于这种方式能够节省下来大量交易成本，也就给装修价格带来了很大的下降空间。而价格优势将对传统装修行业形成致命的挑战。无疑，后向一体化战略给这些号称实施一体化战略的装修公司带来了明显的竞争优势。

当然，除此之外，他们还在重构企业生产流程等方面进行了大量的改造，如使用App来进行工人与工程之间的无缝对接、匹配等，这里略去不谈。这个实际案例告诉我们，面对复杂的商业环境，只要是商业，则回归到商业本质总是有其道理的。没找到这些道理，只能说明我们对战略的理解还需要提升。

（三）什么条件下适合搞一体化战略

一个做工程的老板知道了家装O2O的案例后，他急切地想知道：我们的行业是否适合后向一体化？很多企业家很喜欢模仿别人。模仿并非坏事，但模仿前需要认真思考是否适合，即知道一体化的适应条件是什么。

我们先回忆一下SWOT模型。之前曾讲过，SWOT模型是连接战略分析与战略选择的桥梁，故我们思考一体化的适应条件时也需要与这个桥梁联系在一起。一体化战略是发展战略，在SWOT匹配中，发展战略属于有机会（O）、有优势（S）时才能选择的，那么一体化的适应条件也需要有机会与优势。这些机会与优势，主要还是通过考察波特五力模型来找出（见图4-2）。

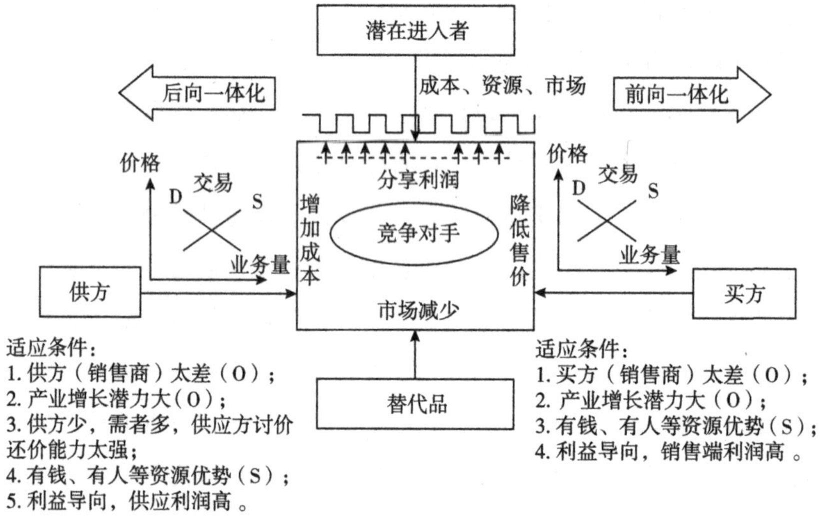

图4-2　一体化战略的适应条件

1. 前向一体化的适应条件

假设一个果汁厂要进入下游销售渠道，想开商店销售果汁。它需要确认具备四个条件。一是进入销售系统有机会赚更多的钱。企业都是逐利的，如果进入某行业不赚钱或赚钱更少，那就没有必要进入了。如何知道是否能赚更多的钱，就需要进行外部行业分析了，具体要用到行业的经济数据分析等手段。二是下游做得不到位，即现有产业的销售环节做得不好（O）。做得不好，你才有可能进入，或前向一体化；如果做得很好，企业根本没有机会进入。具体可以用波特五力模型以及波特价值链系统来分析其中的薄弱环节。三是自己所在的产业增长性要强（O）。譬如果汁行业将会迎来一个特大的发展机遇，这时委托别人卖不如自己亲自卖。这个条件，也就是外部出现了机会。四是自己有这个实力，有足够的资金、人才甚至别的方面的积累（S）。

这四个基本条件，一个是商业规律，两个是外部机会（O），一个是优势（S），组合起来就是SO战略即发展战略。

2. 后向一体化战略的适应条件

同样地，后向一体化战略也适用SWOT的逻辑。后向一体化，也就是向供应商方面延伸，向上游发展。譬如一个钢铁厂，自己准备开采铁矿石。它想这样做也需要满足四个条件。一是商业铁律，即有机会赚到更多的钱。二是供应商太差，给企业带来了进入的机会（O）。如供应商供应成本太高或可靠性太差，无法满足企业的要求；如果不进入供应商领域，抓不住这个机会，对企业就是威胁。三是企业所在的产业增长潜力大（O）。四是企业具备人才、资金等方面的资源优势（S）。

另外，根据波特五力模型，进入供应商领域的产业，还要考虑供应商或客户讨价还价能力的影响。若供应商少而需求者众多，则后向一体化有利于增加企业与供应商的讨价还价能力。譬如，全世界的铁矿石主要由三家大型矿商垄断，而全世界的钢厂多如牛毛，矿商要谁死，那个钢厂就很难存活。这时进入矿石领域无疑能够增加与供应商的讨价还价能力。若产品质量越稳定、成本越可控越有利于与客户讨价还价，那么企业如果后向一体化，控制原材料供应商，将有利于产品质量稳定、成本可控，从而有可能提升与客户讨价还价的能力。这时，后向一体化所带来的好处就能一直传递到产业链条最前端，即为客户带来价值。这样看来，后向一体化战略的适应条件就是一个商业规律、两个外部机会（O）、一个优势（S）再加上产业链上的讨价还价能力。

3. 横向一体化的适应条件

横向一体化是指并购同行或联合同行。它同样适应SWOT的逻辑，但是主要用战略工作组群理论来进行分析。产业的竞争最终会形成一个个战略组群，形成的战略组群越多，竞争越激烈。极端的情况是每个企业都是一个战略组群，那时竞争最为激烈。

具体来说，横向一体化战略有两个适用条件：一是通过并购或联合同行能够降低竞争强度，二是并购或联合后能够形成规模效应或最好能够在一定范围内形成垄断。此外，还需要行业的增长潜力较大（O），企业有钱、人等方面的优势（S）。

（四）怎样实现一体化战略

纵向一体化，进入供应商领域或客户领域，所采取的方式不外乎三种，并购、新建和战略联盟。仍以果汁行业为例。相对来说，果汁厂属资本密集型产业，只要有钱就有可能买到好的设备、雇到所需的技术人才，但这个行业却普遍面临着竞争对手之间争夺果园即供应商的压力。果子质量不好，生产出的果汁自然不好。果园又与各地的水质、土质等密切相关。好的果园都是果汁厂争夺的资源。新进入的果汁厂没有好的果园支持，根本没法开工。正因为这样，很多果汁厂都想方设法控制果园，譬如朱新礼从汇源果汁淡出后，据说是专心做果园去了。

从目前的实际情况来看，控制果园或后向一体化，主要也是三种方式。

（1）果汁厂直接收购果园，即自己出钱控股原有的果园。

（2）自己租地，新建果园。近两年，农村搞农业合作社，一些果汁厂也在抓紧把握这些机会，寻找合适的地方，自己掌握果园。但这样做毕竟涉及因素过多，不太容易做好。

（3）实行订单果业，即战略联盟的方式。果汁厂与果园（或果农）签订协议，果农按照果汁厂的要求进行种植，如不打农药、定期浇灌等，然后果汁厂收购果子。这是20世纪90年代以来一直在力推的方式，即“工厂+农户”，曾经取得了很好的效果。但中间存在的关键问题就是协议约束不够紧密。譬如农民种植完水果，若第二年市场价格高于协议价，农民会后悔，想索要高价甚至会把水果卖给别的果汁厂商。若第二年市场价格低于协议价，果汁厂也会后悔，有些不诚信的甚至可能不履行收购协议，或在质量上吹毛求疵等。

（五）一体化存在的风险

横向一体化的风险主要是并购整合时存在的风险。

纵向一体化也存在风险，毕竟是从一个行业进入另一个新行业。风险主要有两个。一是不熟悉新业务领域带来的风险。原来果汁厂生产果汁商品，与果农种水果分属两个行业，若果汁厂一定要进入种水果的行业，很可能因为不懂行而经营不善。二是退出风险。如对于后向一体化的某些行业，会涉及较大金额的投资，所购买的设备专用性强，导致退出成本较高。譬如钢厂进入采矿领域，投资较大，所购买的采矿设备只能用于采矿，不容易转行。

三、密集型战略就是稳扎稳打

如果说一体化战略是把手伸向自己付钱的对象（供应商）、付钱给自己的对象（客户）和与自己抢钱的对象（竞争对手），那多元化战略就是把手伸向别的领域，去相关或不相关的地盘“抢钱”，而密集型战略就是踏踏实实地在自己的领域内稳扎稳打推进市场营销工作和产品开发工作，力求取得更大的成就。

密集型战略主要包括三种类型：市场渗透、市场开发和产品开发，常用的战略工具就是安索夫矩阵（见图 4-3）。判断密集型战略的类型相对简单，就是把握住新老产品、新老市场这两个“新老”就可以了：老产品老市场，就是市场渗透战略；老产品新市场，就是市场开发战略；新产品老市场，就是产品开发战略；最后一个新产品新市场，就是多元化战略，不属于密集型战略之列。对于企业来说，这种战略划分方式有利于对现有产品或市场开发策略进行安排，也有利于推进新的创新方式以获取市场占有率的增长。

图4-3　安索夫矩阵

（一）市场渗透战略就是坚守阵地

市场渗透战略是坚守现有市场，通过加大营销力度，在渗透中不断提升市场占有率。这是大多数公司所用的策略。客户一个一个去谈，市场一点点去渗透，这时营销手段就非常关键。

譬如我们经常在企业的年度报告中看到这样的话：要将营销管理工作当作重中之重，没有市场就没有发展，要不断加大对营销工作的投入力度，积极利用互联网等创新的营销工具来提升现有产品在市场中的竞争优势。采用市场渗透战略的目的就是在现有市场中不断强化现有产品的优势。

（二）市场开发战略就是攻城略地

市场开发是把现有产品卖到新的市场，可以是国内市场也可以是国际市场。市场开发的手段，可以是独立开发也可以与别的公司合作开发。

现在越来越多的公司采取直播电商的方式进行市场开发。网红直播是移动互联时代新兴的电商模式。对于与网红直播合作，主要有两种类型。一是常见的将货物交给网红直播销售。譬如某化妆品品牌，将产品交给某直播公司销售。这种销售方式与传统的销售方式，如卖给百货店等，其实没有本质的区别，都属于渠道销售。公司无须在直播领域有太多专业知识。这种类型属于市场开发战略。2019 年，曾经有个化妆品品牌，本来只是三四线城市的区域品牌，但借助直播硬生生将产品卖至全国各地，甚至有直逼一线品牌的势头。二是自己建设网红直播系统。譬如某电器品牌，公司投入人力、物力建设直播平台，董事长亲自首秀直播。网红直播系统是公司自己的，相当于公司进入网红直播这一新的下游行业，事实上是在实施前向一体化了。其余的做法大体上都是这两种基本类型的组合，譬如公司既自建网红直播系统，也向其他网红直播系统供货，就属于前向一体化战略与市场开发战略的组合。两种类型战略所需的资源、能力以及发展思路会存在很大不同，如果混淆，很容易导致失败。

这里提一个特殊类型的攻城略地的办法，叫“斩首策略”。这个策略是跨国公司对外扩张中常用的手段。即当进行市场竞争时，为了快速获取市场，先收购某企业，再将其品牌废掉。这种直接并购同行的手段，从理论上来说属于横向一体化战略，但它同样可以达到快速市场开发的目的。

20世纪80～90年代，中国在日化领域有一家特别有影响力的企业，叫沙市日化。这家企业做的广告朗朗上口，“活力28，沙市日化”曾经红遍大江南北。据说它是第一家在央视做广告的日化企业、第一家赞助央视春晚的日化企业，品牌价值一度达10亿元。1996年某国际洗涤剂业巨头与沙市日化成立合资企业，以288万元的年租金获得“活力28”50年的民用洗涤剂领域的商标使用权。之后，“活力28”被束之高阁，合资公司倾力打造“巧手”品牌。直到2003年，中方几经周折才将“活力28”接回“娘家”，但品牌威力已经不在。“活力28”，这个曾经如日中天的品牌就这样被废了。这也是一种不战而屈人之兵的例子。类似的品牌故事还有大宝、丁家宜、小护士等。也许我们不该用这种心理来推测合资背后的动机，但这些品牌确实从市场上消失了。

对于这种国外资本通过收购我国企业的方式来废除品牌、获取市场的做法，我们基于民族情怀常常会产生恨意，但这就是市场，这就是现实。这种取得竞争优势的做法对外国企业来说确实是一个周期短、见效快的方式。

专栏4-1

戏说一道战略类型判断题

先看一个判断战略类型的案例题。

案例节选：在进一步完善国内连锁网络布局的基础上，通过并购方式实施国际化业务发展战略，旨在开发国际同类市场，实现规模经济。

问题：判断其战略类型。

正确答案：“国际通行的并购计划”所选的总体战略是发展战略——一体化战略——横向一体化战略。

对于上述问题答案，很多人的第一反应是市场开发战略。因为题目说了“旨在开发国际同类市场”，既然是开发国际同类市场，难道采用的不应该是市场开发战略吗？为什么会是横向一体化战略呢？

上述案例放在某课堂上讲解时，很多同学就问过这个问题。对话如下。

问：“明明是开发国际市场，为什么说实行的是横向一体化战略呢？”

答：“市场开发的定义是什么？横向一体化的定义是什么？”

问：“市场开发就是密集型战略中的一种，如你所说老产品卖给新市场。横向一体化就是并购同行。可是，这道题明明是开发了国际市场啊！”

答：“市场开发是将企业现有产品打进新的市场，往往是存在未开发或未饱和的市场。它打入的方式主要是采取一些市场营销手段，如广告促销、渠道开拓等方式，通俗地说就是一个客户一个客户地去吃，慢慢占领市场。横向一体化并购同行后，因为同行本来就占有市场，你并购后获得了它原有的市场，这些市场不是你一点点开发的……”

说到这里，学员好像清楚了，但眼睛里还有迷茫。

于是，接着解释：“这样吧，以生养孩子打个比喻，把孩子比作市场。如果生养孩子是市场开发的话，横向一体化就像是把别人的老婆夺过来了，那个老婆带着个孩子，你横向一体化后就有了孩子，但这个孩子不是你生养的。只能说你获得了孩子，而不能说你生养了孩子。”

全班哄堂大笑。

横向一体化收购同行，除了获得市场份额之外，还可能获得品牌、专利技术以及专用生产线等。所获得的这些，实际上是购买的，而不是自己开发的。

对于战略类型的判断，要紧扣定义：①纵向一体化，必然有产业链的上中下游；横向一体化，就是合并同行。②密集型战略，就要先确认是新产品还是老产品、新市场还是老市场。③多元化战略一般凭直观就可以判断。如果不能直观判断，就先根据多元化是新产品或新业务与新市场的结合这一点来判断，之后再看是否相关。

（三）产品开发战略就是多管齐下

产品开发战略强化的是研发功能，就是研发出新产品卖给老市场。譬如格兰仕原来是做微波炉的，开发出电饭锅后，通过原来的渠道卖给原来的市场，实行的就是产品开发战略。再譬如某企业原来生产洗衣机，后借助互联网进行智能改造，使洗衣机与移动网络相联系，通过手机或别的方式来控制洗衣机。将这种新产品卖给老客户，有利于延长产品的生命周期，提高产品的差异化程度，会卖得更好。现在很多企业，如家电领域的海尔都在做类似工作，号称是升级与转型，实际上就是实行了产品开发战略。

实施产品开发战略，可以围绕客户多样化的需求做文章。譬如，京东商城为家电、手机等产品提供的“服务包”就是一种产品开发。如你购买2年换新的服务后，若2年内产品出现故障可以免费换新，这种服务的价格是几十到几百元不等。这种针对老市场上客户的多样化需求提供新的服务产品的方式，就是一种产品开发。

实施产品开发战略，需要密切防范供应链管理跟不上的弊端。譬如，做台样车不难，但汽车厂之所以难推新车型，就是因为量产时涉及众多供应链环节，如何高效、低成本地量产是逃不过的难题。产品开发不仅仅是研发部门的事，它实际上是供应生产系统的更新，即要有新的生产端。

然而，需要注意的是，当开发出的新产品带来市场领域的扩大，如从一个市场到达另一个市场，那就可能跨行业，成为多元化战略了。多元化意味着不仅生产端是新的，市场端也是新的，等于进了一个新行业。京东公司最早以做电商为主，后来针对用户及资金需求，开发出了京东白条业务，这时它已经悄悄延伸到金融行业来。站在京东公司的角度，这种京东白条是基于大数据的信用建设，是服务客户方式的新变化。站在监管角度，这是京东进入金融行业，从事的是放贷为主的银行业务。在京东白条这个新产品市场规模还小的时候，用战略类型判断的语言来说，京东的做法到底属于产品开发还是多元化，存在一定争议性；在规模大的时候，显然实施的就是由电商进入金融领域的多元化战略。

四、多元化就是鸡蛋不能放在同一个篮子里

多元化战略就是经营多个业务的战略。该战略有其好处或必然性，如手边够得着的钱肯定要赚；也有其风险性，如企业经营不善时会如多米诺骨牌一般，一招不慎，全局皆输。本节以万达集团为例，进行多元化的案例分析。

万达集团成立于1988年，已形成了商业地产、高级酒店、文化旅游和连锁百货四大核心产业，是典型的多元化发展的企业。高峰时期，万达曾经在国际国内到处收购资产。在银行信贷政策收紧时，董事长王健林“壮士断腕”，迅速出售了旗下诸多资产，引导万达集团向轻资产企业转型。万达集团之所以能够快速发展，原因之一就是赶上了房地产的黄金时代。它经历了房地产大势从兴起到兴盛的整个过程，也获得了房地产大势所带来的巨大好处。套用雷军的话说，万达就是曾经站在了房地产这个“风口”上，成了那只飞起来的“猪”。仔细分析万达的历史可以发现，王健林在重要关头的战略决策是万达集团起起伏伏的关键。

（一）多元化让万达获得了快速发展

万达在1988年成立后，先是主要从事旧城改造，算是相关行业国内最早的企业之一。1993年，万达成为全国首家跨区域发展的房地产企业。2000年5月，万达召开了一个内部会议，后来他们称之为该企业发展史上的“遵义会议”。历经3天讨论，万达决定进行企业战略转型，即住宅地产和商业地产“两条腿”走路，并将全国各地的下属公司合并、调整为商业和住宅两大板块公司。

我们知道，所谓多元化战略就是进入与现有产品和市场不同的领域。

以现有业务或市场为基础进入相关产业或市场的战略，称之为相关多元化；进入与现有产业或市场不相关的产业或市场的战略，称之为不相关多元化。万达在2000年决定用住宅和商业地产“两条腿”走路，这两个产业既有相关性，如都属于房地产行业这一大范畴，也有不同，如客户对象、运作模式、盈利模式等都存在差异，故其战略属于相关多元化。这一转型对于万达来说是冒着很大风险的，从一定程度上来说，它是在赌商业地产的明天会更好。万达赌对了。同年7月，万达开建第一个商业地产项目——长春重庆路万达广场，之后一发不可收，如今几乎每个一线或二线城市都有万达广场。

（二）万达为什么要选择多元化

万达当时为什么要走相关多元化路线？个中缘由只有他们知道。或许是因微观层面上与政府有良好关系，在政府的支持下误打误撞进入商业地产领域；或许是领导人深谋远虑，真的看懂了商业地产这一“风口”。

从一般的道理分析，万达采用多元化战略主要有以下三个原因。

一是多元化能赚更多的钱。与坚守原有业务与市场相比，万达转而从事别的行业利润更丰厚。企业的逐利导向，是万达战略选择的最重要理由。

二是在现有产业或市场中持续经营达不到目标，即环境中有不利因素出现。对于目标这个词，不同的人有不同的理解。有人问：2000年时，怎么能说以住宅地产为主的房地产开发受到威胁？那时的行业发展不是刚起步吗？是的，对一般老百姓来说，要是在2000年时能看到房地产这个“风口”，差不多早发财了。但是对于万达或王健林来说，他们看得更远，看的是10年或20年以后。如果那时万达坚持在住宅领域经营，那么今天这个企业就可能不在房地产行业前三强了。与王健林的雄心相比，或与万达的发展目标相比，固执地坚持住宅市场将会使万达丧失战略性机遇，因此万达要多元化，可以理解为环境中出现了威胁（T）。

三是企业有雄厚的积累，如人才、资金或技术或其他资源。由于在住宅地产方面的成功，万达积累了资金、人才以及房地产运营必需的政府关系，即有优势（S）。有了这些，什么事都好办。我们发现，一个 S、一个 T 就是万达多元化的重要原因。

多元化战略与 SWOT 中的 ST 战略实际上是一样的，这就从理论上将 SWOT 与多元化战略联系起来了（见图 4–4）。

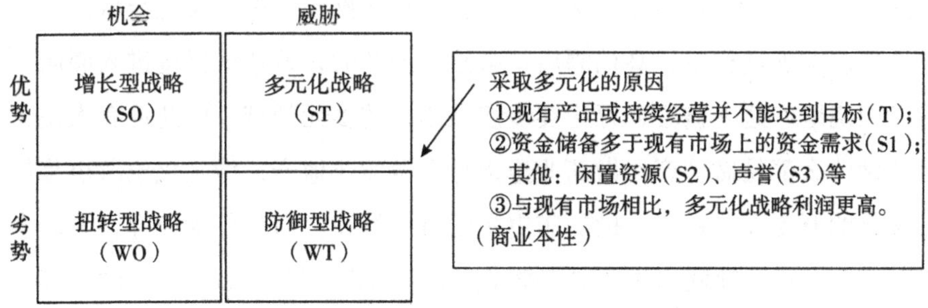

图4-4　SWOT与多元化的联系

（三）多元化最大的好处是防止鸡蛋放在一个篮子里

2005 年，万达商业完整产业链建立，万达商业地产公司成立，从此开始了在商业地产领域的王者生涯。之后，万达多元化步伐进一步加快。

一是进入百货业。2007 年，万达成立万达连锁百货，正式进军连锁百货行业，逐步打造连锁百货的主营业务。

二是进入文化旅游产业。2009 年，为寻找新的发展空间和利润增长点，万达集团将文化旅游产业作为企业新的重点发展方向。2011 年，万达投资 5 亿元成立万达影视制作公司，形成了电影产业的完整产业链。2012 年，万达集团以 26 亿美元并购全球第二大影院公司——美国电影院线（AMC）。这是中国民营企业在美国最大的一宗企业并购案，也是迄今中国文化产业最大的海外并购案。

三是进入酒店行业。万达集团成立了国内首家奢华品牌酒店管理公司，填补了中国无奢华酒店管理公司的空白，当年开业 6 家自有品牌五星级酒店。近几年，王健林的儿子王思聪出道，万达在他的参与下开始着力发展电商及互联网业务。

如果我们梳理万达多元化发展历程，会发现其多元化有一个共同特点，即从核心领域扩张，稳扎稳打，逐步扩展到其他领域。万达先做住宅地产，后来扩展到商业地产。在建设万达广场的过程中，自然会涉及连锁百货，故万达开始进入连锁百货；万达广场成为城市综合体的过程中，自然涉及影院建设，另外文化与地产又紧密结合，它又慢慢扩展到文化与旅游；在商业地产发展过程中，高档酒店是必然会涉及的，万达就慢慢进入酒店领域。围绕地产这一核心，万达逐步涉及相关的多元领域。因此也有人说，万达做什么都是做地产，做商业连锁是在做商业地产，做文化旅游也是打着文化的概念在做地产，做酒店更是做自持物业。但是仔细梳理，我们会发现万达在各个领域的成功不完全是因为做地产。各个领域的产业链不同，盈利模式不同，仅靠做地产的思维很难有所成就。

沿核心能力扩张，使万达发展过程中的风险得到了有效控制，有助于万达多元化战略的成功。但不能简单地把万达的发展归结为靠地产的盈利模式在别的领域取得成功[①]。

多元化就是把手伸向别的领域，抢别人的“地盘”。它对自己的好处是：把鸡蛋放在不同的篮子里，防止放在同一篮子里时一荣俱荣、一损俱损。但是这样做的风险也是巨大的，其中最大的风险就是资金链断裂。

一是有根基不稳的风险，即原有产业经营方面出现的风险。万达在地产上赚钱了，才开始往酒店、连锁百货、文化旅游方面发展。地产赚钱是向外扩张的基础。在培育其他产业的过程中，如果地产业务供血不足，就有可能出现“老的产业活不好，新的产业活不成”的可怕局面。因此，多元化战略首先要保证现金牛业务的稳定，那是命根子。当年史玉柱第一次创业时，就因为业务散得太开，导致资金链断裂而失败。

二是有大盘不稳的风险，即市场整体状况方面的风险。万达能够实施多元化战略来发展，其中中国正处于高速发展的大环境是重要的外部因素。

---

① 万达战略类型判断：从住宅地产到商业地产属于典型的相关多元化；从商业地产扩张到酒店，应该是相关多元化；扩张到文化旅游、连锁超市这些，介于不相关多元化与相关多元化之间；扩张到网络，属于不相关多元化。

如果中国经济出现紧缩，则多元化过程中很可能会出现拆东墙补西墙的艰难局面。

三是有产业进入风险。每个产业都有进入障碍，要进入自然存在风险。

四是有产业退出风险。有些产业进去了，发现是决策失误，可以快速撤离，赔点钱了事；而有些产业，尤其是重资产产业，如钢铁、矿山等，船大难掉头，一旦投资了短期内很难抽身。

五是有整合风险。不同行业的企业需要不同的管理方式。譬如钢铁厂强调按流程办事，互联网企业讲究个性的张扬，影视文化业更是倾向于俱乐部式自由发展。多元化后涉及多个产业，总部如何在战略管理、人才管理、财务管理等各个方面对各个业务进行总体管理？“一收就死，一放就乱”的问题困惑着很多集团总部。事实上，很多多元化发展的企业就是因为内部整合不力，业务间没能协同发展反而不断内耗，最后才陷入困境的。

几乎所有倒掉的多元化企业都折戟于外部融资环境变化引起的现金流中断。外部环境变化并没有错，错的是人们常常忽视了多元化战略本身就存在着“一荣俱荣、一损俱损”的风险。实施多元化战略，就必须有管理多元化风险的意识和能力。万达曾经遇到的风险就是这样。万达的发展更多是从银行或其他金融机构获得资金，若银根紧缩，银行惜贷，一旦旧贷还了新贷接不上，企业就必然面临现金流风险。多元化发展将摊子铺得太大，若融资出现问题，生死存亡就摆在面前了。在房地产融资困难时，很多人以为万达将会挺不下去，但关键时刻万达将旗下的文旅、酒店等资产大幅甩卖，快速回笼现金流，努力控制风险。结果如何另当别论，这种果断的决策力值得所有企业尤其是实施多元化战略的企业学习。

五、用低成本做出价格让消费者尖叫的“爆品”

我们前面提到，总体战略针对的是公司，竞争战略针对的是某个具体业务。对某个具体业务而言，其在市场中必然会遇到竞争对手。譬如苹果做了一款智能手机，让全球人感叹手机原来还可以这样做，但很快竞争对手就来了。你苹果做 IOS 系统，我谷歌就出安卓系统；你坚持封闭系统，我就做开放系统。苹果之后，三星也很快出现了，随后华为崛起。对每个具体业务来说，自然需要考虑与竞争对手如何竞争。市场为各方竞争者提供了物竞天择、适者生存的环境。竞争成功后你就生存，失败了你就退出。如何竞争，对每个企业来说都非常重要。

（一）波特的三种基本竞争战略

波特在《竞争战略》一书中，提出了业务竞争的三种基本战略，即成本领先战略、差异化战略和集中化战略（见图 4–5）。成本领先战略，就是与对手竞争时，要形成成本更低的优势。差异化战略，就是要强调与竞争对手的不同，如产品或服务方面的特色，以便在竞争中为自己加分。集中化战略是在某一特定领域采取成本领先或差异化的战略，从而获得竞争优势。

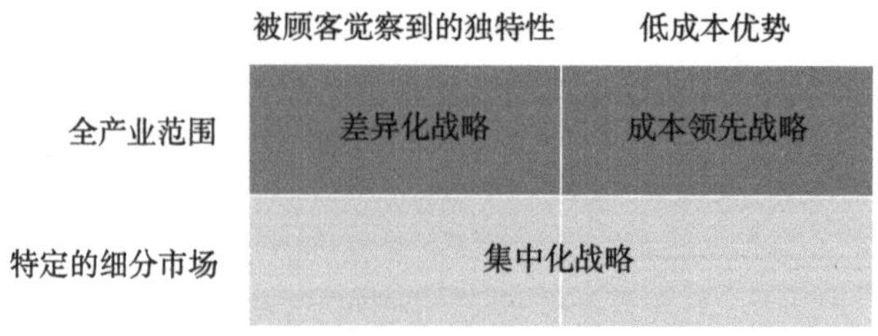

图4-5　波特的三种基本竞争战略

（二）波特三种竞争战略是为应对产业中存在的五个力

波特的理论是自成体系的。波特五力模型中描述了产业压力来源的五个力，这五个力决定了产业吸引力或产业利润。为了应对或改善这五个力，三种竞争战略应运而生。

成本领先战略的逻辑是，当一个企业构造了成本领先优势时，可根据市场特点打价格战，当价格低到一定程度，别人自然就无法跟进了，来自同行业的竞争压力就会减小。譬如同样一台洗衣机，别人生产成本是500元而你是300元，则你与竞争者相比更有竞争优势，定价空间会更大。由于成本有优势，与买方和供方的议价能力都会更强，并可在价格方面构造出针对潜在进入者的进入障碍，以及化解替代品的威胁。减轻了这五个方面的压力，在竞争中就有可能成功。这就是它通过成本领先战略减轻或改善来自五个方面压力的逻辑。

差异化战略的逻辑也大致如此。当一个企业形成特色时，与竞争对手相比，自然就更有优势。如苹果手机横空出世，消费者愿意为其特色买单，这时别人一台手机卖1000元它就敢卖6000元，人们还争着购买。而产品有特色，在市场上能够畅销，渠道商也就更愿意为企业出货。没有哪个渠道商愿意售卖滞销的产品。同样，因为产品有特色，潜在进入者很难与之竞争，就形成了进入障碍。即便竞争者进入了，也很难替代原有的特色产品。在这样的状况下，企业竞争时会更为从容。

集中化战略包括集中成本领先及集中差异化战略，也可用同样的道理进行分析。

（三）成本领先战略做出“爆品”

雷军的小米手机无疑是让国人一度感到惊诧的产品。虽然偶尔也有人调侃“只见雷军在说小米，而不见身边的人用小米”，但不可否认的是小米的销量确实很大。小米科技公司2010年才创立，短短数年一跃成为手机行业中不可忽视的“黑马”。小米的成功可以用互联网理论等进行深度解读，这里仅从波特战略角度来分析。那么，小米科技用的是什么样的竞争战略呢？

答案是成本领先战略。

1.采用成本领先战略不等于卖低档货

许多“米粉”从情感上接受不了小米科技实施成本领先战略这个事实。原因在于相当多的人把实施成本领先战略的产品等同于低档货，这是对成本领先战略非常错误的认识。低档货是指性能差的产品。实施成本领先战略，是指性能上与竞争对手相当甚至更好的情况下，价格可以做到更低，从而为消费者提供性价比更高的体验。即成本领先战略是价格比别人低，但产品性能不比别人低。由于成本更低，故价格制定的空间更大。譬如格兰仕微波炉与美的微波炉在节假日期间往往都会搞促销，这时谁的成本低，谁打价格战时可操作的空间就大，谁就越可能在竞争中获胜。

小米手机实行的是典型的成本领先战略。在小米创立时，国内手机市场是苹果与三星的天下，二者都是国际大品牌。除此之外，国内市场上还有一些杂牌或山寨机，而华为、vivo、OPPO等还蓄势待发。在这样的背景下，雷军要做手机，首先面临着被认为是“山寨苹果”的压力。事实上，好几年后，还有人认为雷军做的是山寨手机。为了做好自己的品牌，小米一开始就提出“为发烧友而生”的口号，为的是让市场认识到小米手机在性能上与苹果是可以媲美的，但同时追求以尽可能低的价格获得更大的销量。雷军用工匠精神不断提升小米的性能、不断试图向苹果靠近，而最终1999元的低价真的让目标客户群体尖叫了。在全面学习模仿苹果的过程中，小米逐步走出了“价格低、性能不低”的路子。性能逼近竞争对手，价格比竞争对手低，这就是成本领先战略的重要特征。①

① 这里需要说明的是，竞争战略是指竞争对手为了争夺市场而采取的战略，主要包括在同一战略组群内如何取胜的战略以及如何由低一层级的战略组群向高一级战略组群成功移动的战略两个方面。如果不在同一战略组群，或相关性太远，二者没有竞争，则谈竞争战略就没有意义。山寨机是性能、价格与正规机都不在一个档次的产品，本质上与正规机不在一个竞争层次上，所以谈不上实行的是低成本战略还是差异化战略。

专栏 4–2

何谓成本之一：拼多多上的商家如何够本？

黄峥的拼多多公司是近些年电商领域崛起的“黑马”。这里暂且不说其巧妙的商业模式，单说其平台上商品的价格，真的低到让人咋舌。

对此，我们必有疑问：“厂家如何够本？”

这就涉及对产品成本的理解，即什么是成本？对这个问题，有几种计算方法，从而产生了不同的成本概念。

以生产水杯的成本为例，它有四种算法。

一是指产品的全成本。生产水杯会涉及厂房的房租、机器折旧、管理人员工资等固定成本，以及直接与生产水杯相关的材料、加工所需的水电、直接人工费等变动成本。两项之和称为产品的全成本。如果以全成本为标准，则售价至少要大于全成本才能盈利。要想卖得便宜，就要努力降低全成本。销量越大，每件产品中分摊的固定成本越少，产品全成本就越低。销量达到一定程度，价格等于全成本，产品达到盈亏平衡点。过了这个点，产品才能盈利。这是最常见的成本考虑方式。按这种成本法考虑，拼多多商家的低价销售逻辑难以自圆其说。

二是指产品的边际成本，即每生产一个水杯会增加的变动成本。如购买生产水杯相关的材料、加工所需的水电等，不包括厂房、机器、管理人员工资等固定成本，以及工人工资中的固定支付部分，因为这部分成本，你生产与否都得承担。在产能过剩已成既定事实时，只要售价大于边际成本，每销售一件至少可以分摊一点固定支出，或至少能回笼点现金，理性的人自然愿意降低价格销售。或者以正常价格卖出了一部分商品，收回了全部的产品成本时，则剩余商品怎么卖都是纯利，价格自然可以更低。按这种成本法考虑，就能够解释拼多多上相当部分产品为何低价销售了，但这仍难以完全自圆其说，因为有些产品价格实在太低。

三是指沉没成本。这是经济学中的概念，是指与决策无关的成本。当你的水杯已经生产过量、供大于求，根本无法销售出去，放到仓库中还需要储存费用时，这时这一批水杯已经毫无经济价值了。你决策时根本无须考虑所谓的水杯成本。你每卖掉一件商品，即便卖1块钱，对你来说，这1块钱都是利润。就算白送人，你还可省掉仓储费用。这时，理性的决策者自然愿意“清仓甩卖”。在市场经济中，从全社会角度来看，由于经济周期的存在，总会有厂家存在过剩产品，那出于消化沉没成本的考虑，“清仓甩卖”就不稀奇了。拼多多为这一不稀奇的常态提供了交易平台。

四是指其他成本策略，如因产品组合、平台补贴、灵活定价策略等原因导致的新的成本算法。前3种成本说的是单品成本，如果是想做产品组合，则可先用部分产品亏损去打榜，再用其他产品赚钱，也是一种销售策略。除此之外，平台补贴、灵活定价等方法还可能增加收入。总之，没人会做亏本的买卖。

2. 从波特五力模型来理解成本领先战略的优势

小米为什么要采取低成本战略？从波特五力模型角度看，低成本战略具有四个优势（见图4–6）。

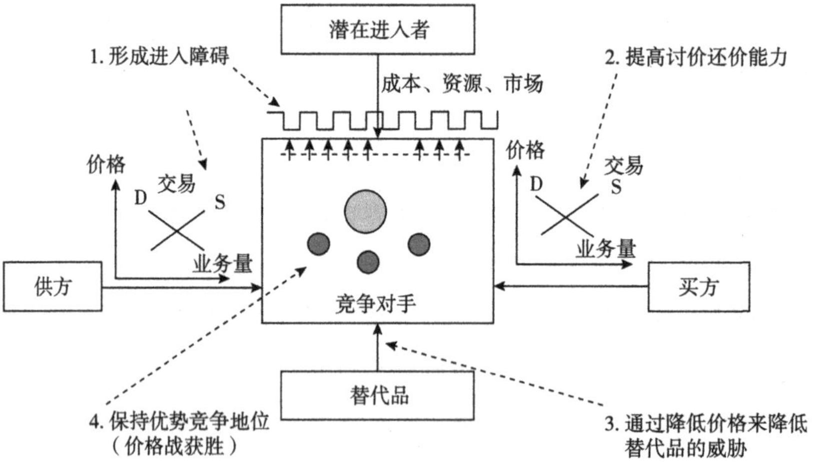

图4-6　用波特五力模型理解成本领先战略的优势

一是形成阻碍潜在竞争对手进入的障碍。潜在进入者进入障碍之一就是结构性障碍。当小米以1999元的价格号称做出与苹果性能类似的产品时，将会对试图做手机的企业产生足够的震慑。由于手机产业链涉及很多环节，要把成本降下来不是一件容易的事情。前些年一哄而上做智能手机的企业慢慢退出了市场，与要么性能上不去要么成本降不下来有很大关系。

二是提升与供应商、客户的讨价还价能力。这方面小米做得就很好，尤其是千余元的红米手机，让很多年轻人毫不犹豫地买给父母了。

三是降低替代品的威胁压力。这一块是间接的效果，因为尚不明确未来有什么产品能够替代智能手机。

四是保持优势的竞争地位。小米凭借成本领先战略，成功地挤进了国内手机市场的前茅位置，并开始向国际市场发展。

3. 什么样的市场环境适合低成本战略

这需要从客户角度来思考。通常情况下，客户买东西时主要考虑性价比。但当性能好到令客户高度满意时，他们也可能不考虑价格；当价格低到令客户高度满意时，他们也可能不考虑性能。不过大多数情况下，性价比是我们购买东西的主要考虑因素。

从性价比角度，能够比较好地理解波特竞争战略的适应条件。性价比即性能除以价格。当性能没有差异的时候，谁的价格低谁就更有竞争力，这是成本领先战略的理论前提。同样地，当价格不是关注焦点时，谁的性能更突出谁就更有竞争力，这是差异化战略的理论前提。

实施成本领先战略需要的市场条件主要包括四个。

一是产品有较高的价格弹性，市场中有大量对价格敏感的用户。若价格弹性大，则产品价格降低时，就能带来销量的大幅提升。这是从性价比中的价格角度来说的。

二是产业中所有产品都是标准化产品。也就是在消费者眼里，你家的产品与他家的没有太大区别，买谁的都一样。这时，性价比中的性能在决定消费者购买的因素中就没有太大的作用。小米手机的厉害之处在于不断提升性能，慢慢让消费者感知它与苹果的档次在拉近，买谁的都差不多。

三是消费者不太看重品牌。这一点并不完全符合手机行业的情况，因为顾客购买手机时是高度关注品牌的，“果粉”与“米粉”“花粉”有时甚至会为捍卫自己喜爱的品牌打起来。但从一般情况来看，成本领先战略普遍适合不太关注品牌或品牌因素在客户选择中影响不大的行业。

四是价格是厂商竞争的主要焦点。这一点在此不展开来讲。

4. 实施成本领先战略需要什么样的资源能力

实施成本领先战略需要相应的资源与能力。考察一个企业的资源与能力，可以借助波特内部价值链，具体见图 4–7。

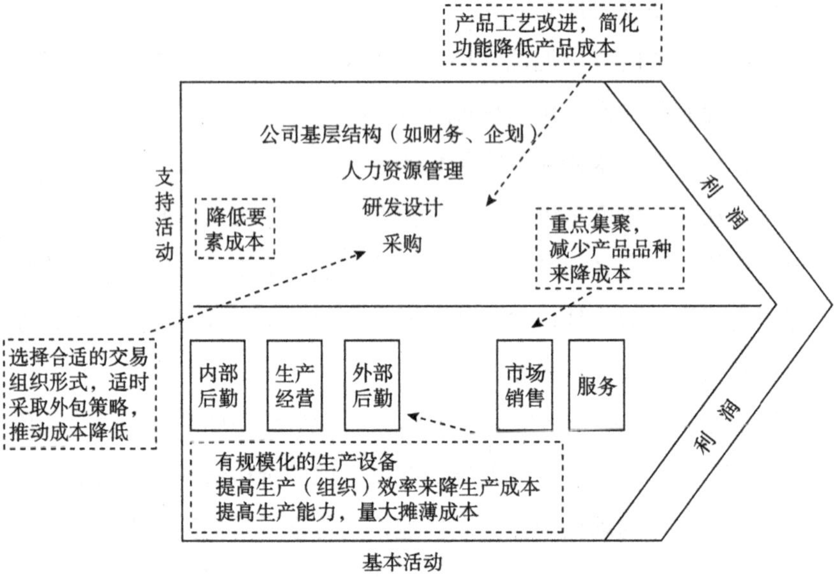

图4-7 用波特价值链理解成本领先战略所需的资源、能力

需要强调的是，一般实施成本领先战略的企业，在原材料采购与生产运营方面的能力必须是超群的，也就是买同样的原材料，你能拿到比别人低的价格，所以生产同样性能的产品你比别人成本低。从广义上来说，成本领先是指全成本的领先，即不仅是生产成本，还包括管理费用、财务费用等一切最终影响利润的成本均领先。目前相当多走降低交易费用路子的互联网创业者，都是通过重构价值链系统来减少不必要的环节。如互联网家装企业，就是直接打掉从装修材料厂商到总经销、分经销等的交易环节，从而降低成本，以让客户“尖叫”的价格取胜。总之，实施成本领先战略，需要的资源与能力主要还是供应与生产方面的。

六、用差异化做出性能上让消费者尊敬的“神器”

苹果手机采用的是典型的差异化战略。差异化战略，就是以“特色”取胜，用“特色”来区别于竞争对手。能做出“神器”，是最牛的差异化了。

我们此处只谈四个问题。一是苹果是如何通过差异化战略取胜的？这个问题能让我们更透彻地理解差异化战略的概念。二是差异化战略有什么优势？三是实施差异化需要什么样的市场条件？四是实施差异化战略所需的资源、能力有哪些？

（一）差异化的本质是客户能感知到你的特色

首先看第一个问题：苹果是如何通过差异化战略取胜的？

市场上，几乎每个公司都号称自己的产品与众不同，但是真正能让消费者因其与众不同而尊敬的却太少了。消费者尊敬了，才有可能为你的特色买单。要让消费者尊敬，这个产品必须有“智慧”，做到让消费者意想不到。这也是我们平常所说的“创新”的真正含义。

差异化的目的是为公司带来竞争优势。差异化也是分层次的。一般层次是，让消费者能够感知到你的特色，譬如哈药三厂曾经以“蓝瓶的”为特色，不断通过广告来强化消费者对品牌的认知。再比如加多宝与王老吉曾经为“红罐”打官司打得不可开交，“红罐”就是一种特色，也即差异化。最高层次就是能让消费者为你的产品或服务特色叫好，如苹果手机。差异化可以是产品的差异化，也可以是服务或品牌的差异化。

（二）用波特五力模型理解差异化的优势

第二个问题，差异化战略有什么优势？

与成本领先战略类似，差异化战略也要借助波特五力模型来理解（见图 4–8）。

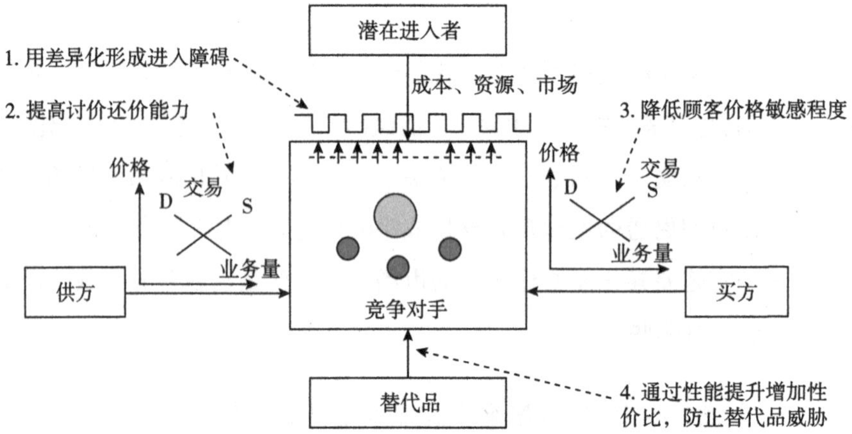

图4-8　用波特五力模型理解差异化战略的优势

第一是形成进入障碍。差异化战略因其独特的产品特色，而形成让潜在进入者不得不面对的障碍。苹果手机出来以后，很多厂商试图模仿跟进，但都无法超越它。苹果用优异的性能，把很多想做手机的厂商吓退了。

第二是降低顾客对价格的敏感程度。苹果手机价格不低，但有人即便付出巨大代价也想拥有它，就是因为它的产品差异化程度非常高，使顾客对价格的敏感程度降到极低。至少截至目前，国内还没有一个手机品牌商能如此任性。华为正在向这方面努力。

第三是提高讨价还价能力。供应商更愿意给苹果这类品牌供货，因为其高性能意味着更容易得到消费者的认可，顾客愿意为它买单，故给苹果供货能够保证回款安全以及产量规模。这也是苹果可以强势向供应商提要求的原因。而国内一般手机品牌尤其是一些小品牌，甚至需要求着供应商才能给安排生产。

第四是降低替代品的威胁。产品性能越好，越不容易被新生商品所取代，相反则越有可能被替代。

（三）用性价比理解差异化所需的市场条件

第三个问题，实施差异化战略需要什么样的市场条件？这些条件还是需要用性价比来理解。

一是市场中存在对多样化性能有需求的顾客，这是基础。只有大家对性能有多样化需求，才有必要实施差异化战略；如果大家对性能要求一致，就没必要进行差异化生产了。

二是产品能够充分实现差异化。

三是厂商竞争的焦点是创新，性能是区别产品或服务的重要标志。

四是客户关注品牌，部分品牌产品甚至有粉丝。

（四）用波特价值链理解差异化战略所需的资源和能力

第四个问题：实施差异化战略所需的资源、能力有哪些？

与分析成本领先战略所需资源、能力的思路一样，分析差异化战略所需的资源、能力，也要用到波特内部价值链（见图 4–9）。

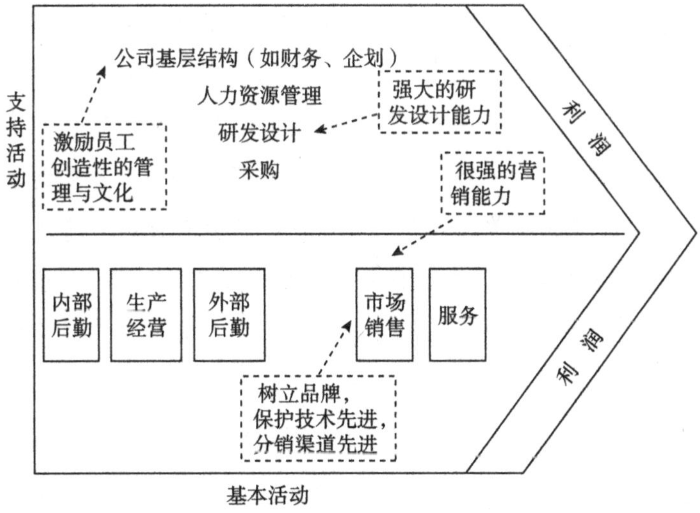

图4-9 用波特价值链理解差异化战略所需的资源、能力

一般来说，实施差异化战略需要强大的技术创新能力和营销能力。技术创新能力强，则更可能开发出令消费者满意的产品。营销能力强，就更可能将开发的产品销售出去。创新能力和营销能力都是国内企业的相对短板。世界上第一台 VCD 机是由中国自主制造的，品牌名叫万燕。这一发明对影音行业是一个重大的颠覆。然而，真正使 VCD 机走进千家万户并从中赚取巨额利润的，却是日本企业。由于缺乏知识产权保护意识，再加上营销乏力，万燕公司并没有走多远。与此同时，日本企业却将 VCD 卖向了全世界，以至于很多人认为 VCD 是日本人首创的。

专栏 4-3

一个延伸思考题：bilibili 为何势不可挡

bilibili 简称 B 站，在互联网圈是一个神奇的存在，神奇之处就在于，Z 世代对其赞不绝口、爱不释手，而非 Z 时代的人则会对其一脸懵："什么叫二次元？什么是 Z 世代？"即使一些号称常年沉浸互联网圈的老炮儿，在 Z 世代眼里也不懂 B 站。

B 站是一家 ACG（动画、漫画和游戏的统称）弹幕视频共享网站，成立于 2009 年，2018 年 3 月在纳斯达克上市，曾吸引腾讯、阿里等巨头的投资，由二维娱乐发展到泛娱乐文化领域，再到包含怪兽、角色扮演等形式的以年轻人为主的综合在线娱乐平台，其组织的网络春晚颇受欢迎。

它的主要用户是 18 ~ 35 岁的年轻人，但下限和上限都在迅速扩大，目前一些 18 岁以下的中学生甚至小学生也开始迷恋 B 站，越来越多超过 35 岁的人则继续喜欢或开始喜欢 B 站。B 站有很多让人一目了然的优点，如无广告、分区清晰、内容多，想看什么看什么，直播有趣、弹幕能引发共鸣等，已经成了不同年龄段人的热捧社区。

在众多视频网站中，B 站为何会脱颖而出呢？是不是一旦抓住了年轻人的需求，随着时间的推移，就可占领互联网的江湖呢？它要接受的挑战又会在什么地方？这些都是值得思考的有趣话题。

第五讲

商业模式是战略的一个环节

一、商业模式就是做生意的方式

商业模式是当下最为时髦的词汇之一[①]。尤其是一些互联网创业人士，往往把商业模式看得很重。坊间也有很多凭借独特的商业模式一夜走红的例子。那什么是商业模式？它一般由哪些基本要素构成？一般商业模式的基本逻辑是什么？互联网企业总号称要颠覆传统行业，它们要颠覆什么？这些都是非常有趣的话题。

（一）商业模式就是做赚钱生意的方式

先说说什么是商业模式。用学术一点的话说，商业模式就是以客户价值主张为导向，通过整合与企业相关的各种要素形成一个具有独特核心竞争力的运行系统，并最终实现客户价值的解决方案。

通俗来说，所谓商业模式就是做生意的方式。商业，英文中叫business，即中文中的生意的意思。做生意就是为了赚钱。模式，英文中叫model，翻译成中文，就是模型、模式、方式的意思。换言之，商业模式就是做赚钱生意的方式。

专栏 5-1

聊聊互联网公司的广告生意

有人说，大部分互联网公司就是把传统业务搬到网上。譬如，新闻网站就是把纸媒搬上网，视频网站就是把电视搬上网，音频网站就是把收音

① 关于商业模式，笔者曾与王波、朱竹林、刘孝全、王宇鹏等专业人士多次沟通。王波强调要突出战略的作用；朱竹林强调商业模式的动态演化；刘孝全强调商业模式背后的“人性”；王宇鹏更强调资本（融资）的作用。

机搬上网，就连淘宝也不过是把杂货市场搬上了网。这种说法引起了很多人的质疑，认为两者根本不是一码事。这里暂且不讨论谁对谁错，仅就广告这一业务，聊一聊做生意的话题。

互联网时代之前，广告一般投放于报纸、杂志、电视、广播这传统四大媒体。它们的生意模式，主要是通过制作收费或免费的内容吸引受众，为企业（或其他广告用户）发布广告来赚钱。越到后来，广告收入越占大头。先做流量，流量通过广告变现。这是传统媒体的广告生意经。

大约在2000年，门户网站兴起，如新浪、搜狐、网易等。这些网站把传统媒体上的新闻和其他资讯搬到互联网上，其赚钱主要还是靠广告，并开始与传统媒体争夺客户。这些网站以其时效性更强、深度更广等优点，一下子吸引了众多网民，流量上明显占优。广告受众一般都是大客户，对小客户来说性价比不高。它们对传统媒体有一定的威胁。如果说传统媒体的发力点在“剪辑”技术，那么新媒体的发力点则在信息技术，两者的基因就此不同。

2005年前后，搜索技术取得重大突破，谷歌建立了一套非常精准的算法，可以帮助网民在海量互联网信息中大海捞针，相对准确地找到自己所需的信息。相应地，按展示付费、按效果付费等广告模式自然产生。这时，一大批没有实力去门户网站做广告的企业开始选择搜索公司，广告客户群体被明显放大。百度就是国内广告商的首选互联网公司。这时，网络公司的科技基因就非常明显了。

2006年前后，美国Twitter推出后，全球各国微博一夜间兴起。微博有即时性、互动性等优势。这时新闻内容的生产已经不再依赖少部分人的“剪辑”，而是人人都成了媒体。相应地，支撑人人都是媒体的信息技术变得更为重要。微博用内容吸引了大量既是作者又是读者的群体，有了流量，而流量变现方式之一还是广告。到这时，传统媒体与互联网媒体的对抗基本结束，绝大部分传统媒体都开始在微博上注册官方公众号。

在此前后，视频网站成为热点。YouTube 2005年注册成立，2006年被谷歌收购，引发了全球视频网站创业的浪潮。国内乐视网是较早跟进的一批，此外还有优酷、土豆、爱奇艺等。视频网站主要还是依赖广告，如片头广告等盈利。当然后来有了内容收费项目。这既与互联网带宽了、网民多了有关，更与技术发展了有关。

到了2010年以后，随着移动互联网时代的来临，智能手机逐步普及，以更先进的算法聚合信息的技术大量出现，新闻信息的呈现甚至可以一人一面，读者对什么感兴趣就呈现什么内容，今日头条逐步浮出水面。2012年今日头条推出第一个版本，之后迅速发展，随后推出的抖音更成了全民乐见的工具。抖音为每个人提供了一个随时随地的“电视台”，更重要的是还可以在上面赚钱。虽然今日头条及抖音等收入来源未来会更多，但其中广告收入仍然是其重要组成部分。

梳理完之后，我们会发现，企业基因不同，成长过程自然不同。甚至会感叹互联网公司就是会做生意，同样是卖广告，他们居然卖出了技术含量。

（二）做生意的方式有重与轻、笨与巧、高与下之分

做生意的方式，有“重”有“轻”。譬如说开服装厂，有人采取重资产投入的方式，投资建厂、招工研发、采购布料加工……最后做成产品去卖。这是最为传统的方式。也有人采取轻资产的方式，倾力做好研发，大力做好品牌，然后下单让工厂给自己贴牌生产。虽形式上没有工厂，但实际上能够控制工厂。前一种投入大，就“重”；后一种投入小，就“轻”。

做生意赚钱，也有“笨”有“巧”。前面讲过，企业是一台赚钱的机器，设计商业模式就是设计机器赚钱的方式。类似于解几何题。面对一道难题，有人辅助线左一道右一道，绕来绕去用了大半页纸才得出答案，而有人则两笔辅助线、写了三五行同样大功告成。我们会先质疑，再沉思，然后顿悟：“还能这么做啊？”做生意时，对于巧妙的商业模式，人们也会这样感叹。譬如，在旅游市场，当携程公司迅速崛起时，传统旅行社先是看不懂这个“几台电脑一根网线”的企业，质疑声音不断。等携程公司成巨无霸时，传统

旅行社赚钱越来越辛苦，才晓得携程的玩法，也不由感叹："旅游还能这么做啊？太聪明了。"

做生意赚钱的方式，还有"高"与"下"之分。高下之分，即维度不在一个层面上。考虑问题，有人从三维立体考虑，有人从二维平面考虑；当后者刚学会三维立体考虑时，前者则把时间维度加进去，开始从四维空间考虑了。看起来是同样的生意，高手与众人眼中看到的却不同。若要竞争，则是前者对后者的"降维打击"。微信与飞信是明显的例子。微信推出之前，市场上有一款类似的产品，叫飞信。飞信是运营商推出的，可以免费通话、收发短信等，但是跨运营商要收费，一条短信一毛钱。微信是腾讯推出的，腾讯当时最多算一家处于上升期的民企而已。微信是全免费，人们自然选择使用微信，飞信被彻底"歼灭"。之后微信掌握巨大流量入口，又做游戏又做电商又做金融支付、网上理财等。掌握着这样一个巨大的流量金矿，变现盈利通道不胜枚举，谁还会像运营商那样"一条短信一毛钱"地收钱呢？面对微信后来的成绩，前些年还有人为"飞信"叹息，感觉差一步就可以做成微信。但后来，就没有人为他们叹息了，因为大家发现飞信与微信根本不在一个维度上，飞信盯的是"短信收费"这枚棋子，微信下的是"流量入口"这整盘大棋。高维打击低维，低维只有被动挨打的份儿，别无选择。

（三）做生意的方式有好与不好之分吗

这个问题见仁见智。

一方面，好与不好涉及道德判断，每个人对此理解不同。2020 年 11 月，以支付宝为主体的蚂蚁金服，在上市前夕被有关部门紧急叫停。经过社会各界的热烈讨论，人们才发现蚂蚁金服拿到小额贷款牌照后，投入少量的资本金，采取资金证券化等各种手段不断放大资金杠杆，形成巨大的资金量，赚取庞大的收益。对此，有些人感叹："这生意做得真聪明。"有人感叹："这生意真黑、真坏。"

另一方面，好与不好涉及资源条件，而每个人的资源条件不一样。以普通大众来说，轻资产投入的模式可能最好，因为穷，所以要以小搏大。

对李嘉诚来说，当然也可以以小搏大，但“一根网线、几台电脑”的“游戏”玩起来不过瘾，以万亿甚至一个国家为筹码才有意思。资源条件不同，对小与大的理解也就不会相同。

专栏 5-2

为什么一些名人会“站”错台？

商业时代充满了竞争，为了竞争成功，参与竞争者就各出奇招，于是各种新奇的商业模式层出不穷。这些新奇的商业模式有些成功了，有些失败了，有些根本就是违法犯罪，譬如互联网金融中太多的P2P是非法融资平台。让人不解的是，这些平台出事之前，总有一拨名人如演艺明星、经济学家、管理专家等为其站台。演艺明星等非专业人士看不透商业模式情有可原，但是那些专业人士怎么也跟着掉进“坑”里？是敌人太狡猾，还是他们太善良？商业世界是复杂的，任何不慎的解释都可能有落井下石之嫌。这里只就商业模式谈商业模式。

我们知道，商业模式是做生意的方式。生意是人做的，而人对世界的看法多种多样，这会导致做生意的出发点多种多样。人对世界的看法，又是最终由人性决定的。人性有“善”有“恶”，抑或时“善”时“恶”。当商业模式设计的出发点，或者说价值基点，本身就存在着人性的“恶”的时候，这个商业模式可能就是“恶”的。一定要用教科书上阳春白雪的“善”去解释商业模式的“恶”，只会助纣为虐，站错台就是必然的。这就是原因。事实上，也不能说教科书上的都是阳春白雪的“善”，因为教科书本身是“无善无恶”的，是人读出了善与恶，所以还是人的问题。

商业本身就是玩信息不对称，信息都对称了，就没得玩了。信息不对称，商业模式的价值基点就不好判断。有些名义上是正道商业，实际上是涉黑洗钱，出发点就是犯罪。犯罪当然是恶的。有些商业利用人性的贪婪与恐惧，圈银行、老百姓的钱甚至国家的钱，出发点就不是为用户或社会创造价值。其游走在法律边缘，到底是玩法高明还是真恶，判断起来较难，水落才能石出。有些企业玩信息不对称玩得更高明，只能留给时间去检验。现实中的例子很多，反黑反贪剧中也多有描述，倒下的商业大佬传说中也比比皆是。这些恶的商业在辉煌时都容易自信爆棚，经济学家、管理学家也乐于跟着“阳光”地解读其“不可复制的基因”。等出事了，不阳光的一面才露出来。这，不就站错台了吗？

对商业模式创新需要持支持态度，也需要持怀疑态度。当持怀疑态度时，不妨挖挖其背后的人性逻辑。如果出发点是恶的，商业模式创新可能成功也可能失败，失败了善恶易见。如果没有失败，目前还是成功的，我们就只能努力回归商业本质看问题。事出反常必有妖，对于轻轻松松成功的，唱赞歌时还是谨慎点为好。

二、商业模式的三个基本构成要素

生意，不论多么高尚、多么有情怀，最终目的都会落实到赚钱上。用一句最俗的话来说，就是想办法把别人的钱装到自己的口袋。但是，商业又是个奇妙的东西，你越盯着别人的钱包，越难以把别人的钱装进自己的口袋。你按市场规律办事，反倒容易赚到钱。所以，要更准确地理解商业模式的构成。

（一）商业模式由三大要素构成

商业模式由客户价值主张、商业要素组合、交易结构设计三大要素构成。简单而不严谨地理解，客户价值主张就是找到客户需求，商业要素组合就是用人、财、物等要素组合出客户要的产品或服务，交易结构设计就是做出一道用钱生钱的算术题。对于这三个要素的含义我们随后会逐个研究，这里主要从以下三个方面整体上理解一下商业模式。

（1）做生意是为了赚钱，要赚钱就要回答“赚谁的钱、拿什么赚、怎么赚”这三个基本问题。赚谁的钱？赚客户的钱。拿什么赚？拿产品（或服务）赚，找些资源组合出产品。怎么赚？收入减成本的结余，还掉借款就是净赚。这三个基本问题恰好对应客户价值主张、商业要素组合、交易结构设计三大要素。

（2）做生意就是做买卖，需要有买方、卖方与交易，或者需求、供给与匹配。客户价值主张、商业要素组合、交易结构设计三大基本要素分别对应买方、卖方与交易的角色。现代商业参与者不可能是简单的两个人，可能会由众多公司或个人构成，也可能会牵扯到银行、股东等融资相关者，这三大要素又恰好对应需求链、供应链与利益相关者匹配。

（3）做生意自然要受一定的条件与能力约束。从这个角度看，商业模式与战略分析就有了密切联系。一是环境条件。客户需求在市场中，市场在产业中，产业在宏观大势中。对外部环境层层分析下来，更有利于准确定位客户需求。环境条件大致是战略分析中外部分析的内容，主要对应这里的客户价值主张。二是资源条件。供应资源、生产资源、渠道资源以及其他关键的人、财、物资源，只有有效地组合起来，才能给客户提供其所需的产品。资源条件大致是战略分析中内部分析的价值链资源分析的内容，主要对应商业要素组合。三是能力。能力是指综合的能力，主要指将交易促成的能力。商业行为中的所有参与方，最终都将体现在交易合约中，不论是长期合约还是短期合约。对一系列合约进行交易结构设计使之都匹配，需要相应的能力。能力大致对应这里所说的交易结构设计。

讲到这里，顺便谈一下企业家精神。前面说过，企业是一台赚钱的机器，商业模式设计就是要设计出这个机器赚钱的方式，商业模式落地就是要将这个赚钱的机器变为现实。创业，就是脑子中有这个机器的模糊感觉，在埋头苦干中逐步将其清晰化并在现实中做出来的过程，这体现出来的精神就是企业家精神。

（二）客户价值定位的核心是找到客户需求

客户价值定位的核心是客户需求分析，即找到客户需求。它要定位的是客户的价值主张，而不是我们自己的价值主张。客户的价值判断，即客户感到什么是值得的，什么是不值得的。我们要从客户口袋中拿到钱，就必须顺应客户的价值判断标准。客户价值判断落实下来就是需求。没有人能满足任何客户在任何方面的需求，所以我们要定位该满足哪部分客户的哪部分需求。

通俗地说，弄懂客户价值定位就是要明确赚谁的钱。我们首先得思考一个问题：客户是谁？在常规概念中，客户就是付钱给你的人，这似乎是天经地义的。然而，客户与用户却是两个不同的概念。以一家儿童奥数培训机构为例。它曾推出网络视频课程，采取的是传统的经营方式，主要通过卖包年或包月学习卡的方式维持运营。从表面上来看，它的客户是孩子，但实际上真正决定购买产品与否的是孩子的妈妈。妈妈们决定购买，它才能销售出去。可是，真正决定使用与否的却是孩子。于是你会看到，很多妈妈在销售员的诱导下购买了价格不菲的学习卡，而孩子们并不爱看。这时，销售员会不失时机地告诉妈妈们，“家长在孩子的学习中最为重要”，让妈妈们再度进入自我质疑的状态。销售员又趁机推出另一款产品。而另外一家网络培训机构却真正以孩子为中心，推出的产品以娱乐性、智趣性等特点吸引孩子，在竞争中脱颖而出。两家机构的运营并不是简单的产品创新与否的区别，根本在于对“客户”的理解角度是不同的。

客户需求分析与“痛点”“刚需”“高频”等关键词紧密联系。

所谓痛点，就是用户感到最麻烦、最无奈、最急迫解决的需求。比如以前在打出租车时，最让人感到“痛”的点之一就是想打车却打不到，明明出租车在另一个街道转悠，然而就因一街之隔，司机找不到乘客、乘客找不到司机。

所谓刚需，即与价格没有相关性，必须得到满足的那部分需求。比如，在中国人传统观念中，结婚就得买房，买房对遵循传统观念的人来说就是刚需。而对部分新新人类，买房未必是刚需，可婚纱照却是一定要拍的。可见，对不同人而言，刚需的范围是不一样的。当然，也可能买房与婚纱照都是刚需，只是在购买力有限的情况下，两者“刚”的程度不同。

所谓高频，就是一段时间内买的频次较高。一年买一次和一周买一次的概念肯定不同。频次高，意味着客户与公司之间的客观互动程度更高，也意味着深层互动的可能性更高。频次低，则恰好相反。

此外，在进行客户价值定位的实践中还会层出不穷地出现一些新概念，但万变不离其宗，说的还是客户需求方面的事情。

在传统话语体系中，客户需求分析有一套完整理论。不能说进入互联网时代，这套体系就不再适用。相反，随着互联网技术工具的开发，这套理论体系才可能被深入应用。传统客户需求分析理论进行细分市场选择，要对消费市场的地理、人口、心理和行为等进行深入分析，但在传统的技术手段限制下，所能获取的数据量太少、成本太高，往往不能够深入。在大数据时代，人们可以低成本获取海量数据，运用大数据技术可以进行更深入的分析，对客户需求的把握也更精准。譬如，为了分析影响人们网络购物的因素，现在可以实时跟踪人们在网络上的大部分行为，如在什么网络场景下点了什么网页等，以此可获得大量的数据。

（三）商业要素组合的核心是满足客户需求

商业要素组合，通俗地说，就是决定拿什么卖钱。做生意，要靠给客户提供产品或服务来赚钱。我们需要将人、财、物等各种资源要素进行组合，以做出客户需要的产品或服务。传统模式下的商业要素组合主要借助波特价值链来实现，即主要通过波特价值链上不同要素的组合来产生不同的商业模式。创新模式下的商业要素组合视野更宽，往往涉及价值网、生态系统等层面。

1. 在企业价值链层面进行要素组合

所谓企业价值链，就是前面我们所学习的波特价值链体系，如进货物流、生产经营、出货物流、市场销售与服务等主要活动，以及研发、采购、人力、财务等辅助活动。一般来说，任何行业都有相对稳定的企业链要素组合。譬如服装厂，其供应系统、运营系统、营销系统与管理系统都大同小异，即商业模式都差不多。但是，若某一天有个企业开始将这些要素重新组合，譬如在运营系统中，由原来的自己生产转为外包生产，强化设计、营销系统中的品牌建设，那么该企业就逐步形成了一个新模式——OEM（委托加工）。

2. 将同一产业层面上的商业要素进行组合

在每个产业链中，上、中、下游企业的价值链按照一定的方式进行连接，就形成了一定的商业模式。如果这一连接方式的效率不能达到最优，就存在优化的空间，从而有可能形成新的产业链。以家电行业为例，20 世纪 80 年代，该行业的产业链是厂家、省级百货商场、市级百货商场、零售百货商场、顾客，即层层批发模式，往往会设置总代理商或总经销商。

到了20世纪90年代，苏宁、国美、永乐等开始崛起，打破层层批发模式，形成了厂家、专营连锁店、顾客之间的对接，将中间渠道大大缩短，家电大卖场模式产生了。到了2004年，京东、天猫等崛起，形成了厂家、电商、顾客的连接模式，又与地面家电连锁店形成替代竞争。从20世纪80年代的层层批发模式到之后的家电连锁模式再到电商模式，实际上主要是产业链要素组合发生了变化。

3. 在跨产业链层面上进行要素组合

对不同产业的产业链要素进行组合有一定难度，关键就在于从用户视角进行价值创新。现在经常听到的跨界模式、免费模式，实际上就是从用户视角去寻找不同产业链间可以无缝衔接的关键点，也就是进行价值创新。目前这种模式主要产生于互联网化的企业。

譬如，有一家企业用互联网手段将餐饮与广告结合起来，饭店中展示了不同形式的多种广告，就餐可以免费，但就餐者需要用规定的方式熟悉广告。这种模式被称为跨界。它的基本原理是将非同一产业链上的要素进行组合，形成新的链条。这家餐饮企业有两条产业链，一条是餐饮产业链，包括原材料采购、加工、销售等环节，面对的客户主要是某一特定领域的就餐者；另一条是广告产业链，它所做的实质上是帮助别人或代理发广告，它的广告客户就是委托企业（或广告公司）。它的基本盈利模式就是代人发广告然后收代理费。把两个产业链打通的基础，在它的假设中，就是两个产业链有相同的客户群体，可用一定手段将这些客户群体串起来。当然，这种模式是伪需求还是真需求得交由市场检验。

4. 在生态系统层面进行商业要素组合

对生态系统的讲述，将结合互联网商业模式的基本逻辑进行。

（四）交易结构设计的核心是匹配利益相关方的需求

交易结构设计，通俗地说，就是确定怎么赚钱。围绕客户价值定位，进行商业要素组合，必然要涉及客户（及用户）以及各个商业要素的提供者，如何将这众多的利益相关者按照市场交易的方式整合起来，就需要进行交易结构设计。在你的整个构想中，各个利益相关者要提供什么、能得到什么、如何匹配、怎样才能将这个交易持续开展下去，这些都是需要设计的。

最简单的交易结构设计就是你直接提供产品或服务，客户向你交钱。这种交易结构操作起来也简单，很受人们欢迎。当然，由于简单，也就显得传统。譬如一个钢厂生产出钢材卖钱，一个饭店生产出餐饮卖钱等。

复杂一些的交易结构设计，涉及多个交易主体。如何使交易主体之间的需求能够匹配，就需要动脑筋。譬如传统报刊，生产出好的内容来吸引读者，然后卖广告来赚钱。这里涉及内容生产者、印刷者、批发商、零售店等报刊产业链上的相关交易主体，还涉及广告代理商、广告主等广告产业链上的交易主体。这些交易主体之间如何匹配，使之成为环环相扣的链条，就需要分析并精心设计。

再复杂一些的交易结构设计，往往需要对用户需求进行深度分析，涉及的交易主体会更多，匹配起来就更为复杂。如前些年某些 App 号称要改造传统产业，主要是通过免费给使用者如商户、消费者提供一些软件和服务实现的。在获得大量流量后，它们主要开展如广告、小额贷款、产业园开发等业务。以开展产业园开发的公司为例。它至少涉及两类交易：与商户、消费者之间的电商交易，以及它在产业园开发方面所需的交易。它对地方号称具有互联网基因，有可能带来大量商户入驻。姑且不进行价值判断，单就以互联网名义做地产，要把众多参与方聚合在一起本身就有难度，而要巧妙地、不露声色地促进交易的难度更大。

在商业模式中处于核心地位的是交易结构设计，它是客户价值定位、商业要素组合的连接及最终体现，也就是我们常说的盈利模式。没有这个环节，一切商业模式就缺乏实质的内容。在现实生活中，很多人会想到一些非常美丽的点子，但是无法落地，那就一文不值，其主要原因就是缺乏交易结构设计这一中间环节。以传统行业的互联网化为例。譬如有人看到国家宏观政策发生变化，就想到做一个钢铁电商平台，其基本想法是做个类似天猫的平台，让各家钢厂入驻，产品不经过中间渠道直接到消费者手中。这个模式听起来很美，但即使你找到了这个模式所需要的商业要素，也知道如何组合，若不能将各个利益相关者用“利益”巧妙地匹配起来，那商家凭什么入驻你这个平台？所以实质上这些模式只是听起来很美的点子而已。

交易结构设计，往往与“杠杆”相结合，属于商业中最隐秘的部分。万达集团王健林曾经得意地说，“做生意的最高境界就是空手道”，意思就是做生意就要以小搏大，最高境界就是可以从“小”到“无”。商业必然要谋求社会均衡收益之上的超额收益或者风险收益。收益与风险相匹配，风险表现在杠杆上。财务杠杆和经营杠杆的联动，股权资本与债权资本的联动，产业经营与金融资本的联动都是杠杆。对三个联动的态度，或者说对“杠杆”认识的价值基点，从根本上决定了商业模式的底层内容。万达是怎么玩杠杆的，以小搏大的具体“搏”法当然不肯轻易示人。等到金融监管政策趋紧，万达集团果断转型时，人们才隐隐知道其中的套路。

三、传统商业模式的基本逻辑

传统企业是相对于互联网企业而言的。随着互联网化进程的推进，在未来将逐步淡化传统企业与互联网企业的区别，因为商业终归是商业，企业终归是企业，一定要在战略上将二者区分开来显得多余。随着互联网的发展，互联网的概念本身也在不断变化，如出现移动互联网、产业互联网、全真互联网等更多概念，并且随着大数据、云计算、边缘计算、人工智能、虚拟现实等新技术的不断出现，将这些数字经济或智能经济时代的企业都统称为互联网企业也不准确。不过，在目前及今后很长一段时间内，由于互联网的特殊性，人们还是会习惯将企业分为传统企业与互联网企业，而且将传统企业之外的采用新技术的企业也习惯称为互联网企业。为了理解商业模式的概念，我们暂且也将企业分为传统企业与互联网企业。

传统企业的商业模式种类多样，很多都是人们耳熟能详的，但从商业模式的三要素来看，主要还是围绕企业的价值链进行要素组合，核心是围绕供应与生产、营销等几个环节进行交易结构的重新设计。大致分为三个类型，见表 5-1。

表5-1　　传统企业常见的商业模式

类型	常见模型
运营环节优化	OEM、ODM等加工贸易模式，仓储超市模式
营销环节优化	直销制、代理制，特许经营、连锁经营，搭售模式
财务环节优化	BOT、TOT、BT等项目融资模式，PPP模式

（一）第一类：优化运营环节形成商业模式

围绕研发、生产、采购、物流等运营环节进行优化，形成一些所谓的商业模式。以面膜生产企业为例，最为传统的方式是自己研发、自己生产、自己销售。可是在某些情况下，这样做成本会太高，或者有些环节自己做根本不专业，不如外包出去。譬如企业紧抓品牌与市场，委托给其他企业生产甚至设计。基于这种思路，就形成了企业与外包方的交易结构，与此相对应就有 OEM、ODM 之类的商业模式。

OEM 的英文表述是 Original Equipment Manufacturer（直译是原产地委托加工），其基本模式是品牌商设计、开发好产品，但不直接生产，而是委托生产工厂来替自己生产，并将产品贴上自己的商标后销售。譬如富士康就是苹果公司的 OEM 工厂。ODM 的英文表述是 Original Design Manufacturer（直译是原始设计加工），其基本模式是品牌商委托生产商帮助自己设计开发并加工、生产产品。

一般来说，OEM 模式只包括生产环节不包括设计环节，ODM 既包括生产环节又包括设计环节。这类模式的交易结构中，一般至少包括品牌商与生产商两个交易主体。在具体实践中，交易双方可能会围绕各自的能力及市场规则建立不同的合作方式。如 ODM 中，品牌商可以把全部研发外包出去，也可以将部分研发外包出去；可以外包后不获取知识产权，即生产工厂帮助设计、开发出一个产品后，还可以用这些设计帮别的生产商生产，也可以外包后要知识产权，即生产工厂设计、开发一个产品后，所有知识产权要转移给委托方。

（二）第二类：优化营销环节形成商业模式

按照科特勒在《营销管理》中的说法，营销要素可归结为产品、价格、渠道、促销等四个方面的策略组合（4P 理论）。一个大型购书广场，原来以卖书为主，后来看到卖书不赚钱，就将产品逐步延伸到文房四宝、电子书阅读器，后来再延伸到手机、电脑甚至珠宝等。日本的打印机企业，将打印机的价格定得很低，靠卖耗材赚钱。这些都是围绕营销环节进行商业模式创新的例子。

在实践中，围绕营销环节进行商业模式设计比较普遍，如直销制、代理制、特许经营、连锁经营等模式。以特许经营为例，交易主体包括品牌商与经营店，品牌商允许经营店使用自己全部或部分品牌，经营店付给品牌商一定的品牌使用费。这种商业模式的核心就是处理好品牌商与特许经营店之间的关系，既要保证品牌商与特许经营店能够共同把盘子做大且都赚钱，又要保证特许经营店有一定的自由度，能够调动其积极性。

（三）第三类：设计财务环节形成商业模式

企业财务工作既包括会计管理等内容，也包括对外投资与融资，其中如何以较低的融资成本去完成企业的目标非常重要。许多企业家的第一桶金都是在两手空空时获得的，主要是巧妙运用别人的钱生出自己的钱。能把各方的利益诉求巧妙凝聚在一起，就需要在财务环节进行创新性的设计。用俗一点的话说，这类模型展示了怎样用别人的钱来赚钱。不少富豪起家时，在财务环节的创新出乎普通大众预料，抛开价值观因素不谈，财务环节的创新确需一定智慧，且这种智慧能够为企业与社会创造更大的财富。

在 BOT、TOT 等项目融资模式出现之前，很多工程项目因为缺钱而无法正常建设。以污水处理行业为例，传统建设的方式是业主出钱、工程商建设。如果业主没有钱，那么工程就无法正常建设。即便污水处理厂建成后有稳定的现金流，能够稳定收取污水处理费，也会因为业主现在没有钱而无法正常开工建设。BOT 模式出现后，多方可以围绕污水处理厂的未来收益形成新的交易模式，可以在业主不出钱的情况下建成污水处理厂。这种模式一般是，由工程商建设（B），建成之后运营一段时间去赚钱（O），一定的期限后再把污水处理厂无偿转让给业主（T）。具体运营多长时间后无偿转让，就需要双方根据建设污水处理厂所要花费的总成本（包括时间成本）及运营期间收入进行商谈。收入与成本的平衡点，即谈判的焦点。

财务环节优化很容易与一些所谓的金融创新相结合，不小心就会“暴雷”。某长租房平台，主要业务是从业主手上拿到二手房，然后转租给个人，其存在价值是更便捷、更懂客户尤其是年轻人的服务。它与银行合作开展住房租贷业务。房屋租给年轻人后，譬如一年时间，银行一次性将一年的房租支付给平台公司，年轻人每个月按期还银行贷款。如果能一直这样做到也不会出大事，关键是平台公司拿到一年房租后，可能先仅付一个季度的钱给业主，剩下三个季度的钱又用来签三个新的业主。如此，它可以实现指数为3的迅速扩张，当规模大到一定程度时，理论上它就可以控制二手房租房市场——一边可以提高对房客的租金，一边可以压低对业主的支付。但这个模式最大的风险就在于一旦出现资金中断问题，业主、房客与银行会有扯皮。这里面的房租贷算是一种金融创新。此外，还有很多类似金融手段，如融资租赁、理财保险、基金、资产证券化等。

专栏 5-3

PPP 模式将催生企业的发展

PPP（政府和社会资本合作）模式是中央政府为弥补当前基础设施建设资金缺口、提高基础设施建设和运营效率所着力倡导的融资模式。按照“利益共享、风险共担、公共利益最大化、兼顾社会效益和经济效益、保证社会投资者合理收益”的原则，通过特许经营、资源配置或财政补贴、公共购买及其组合模式，引入社会资本参与社会公共产品供给。

PPP 模式实施中的难点在于结合具体项目特点找到政府与社会资本共赢的利益点，即交易结构设计。国内 PPP 模式主要有以下几种，见图 5-1。

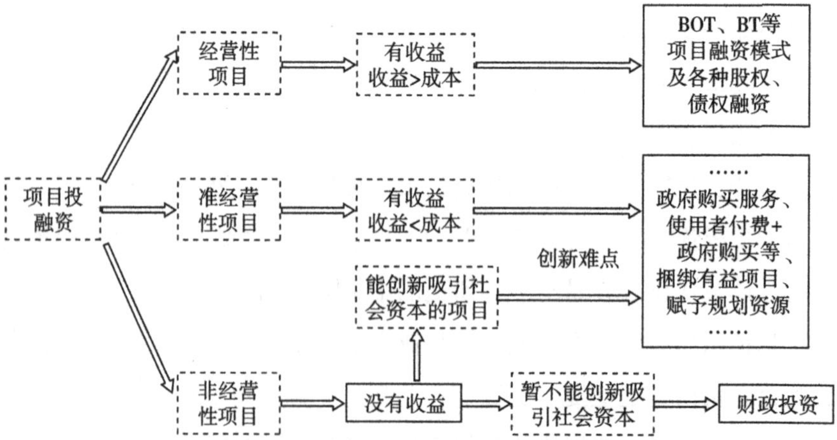

图5-1 PPP模式对企业来说也是商业模式

一是对于经营性项目，通过国有资本与私有资本成立项目公司，由政府赋予特许经营权，通过 BOT 及其衍生模式，其间收费不足部分由政府补足。所谓经营性项目是指有现金流且有可能覆盖投入成本的项目，如高速公路、自来水、航空等，这类项目由于有收益保障，融资模式设计的难度往往较低。对于企业来说，这是较为成熟的盈利模式。

二是对于准经营性项目，在政府赋予特许经营权的基础上，加上政府购买服务、政府补贴（赋予资源和捆绑有收益项目）等。所谓准经营性项目是指项目有现金流但覆盖不了成本的项目，如部分收费的敬老院、幼儿园等。以幼儿园为例，可由政府统一管理、统一明确收费标准，由企业进行市场化运营，收费标准不足部分由政府给予弥补。这类模式将很快普及到诸如停车场等与居民生活密切相关的领域。

三是对于没有收费机制的非经营性项目的融资，政府通常采取政府购买方式与社会资本合作。非经营性项目是指没有收费机制的项目，如公共水利设施、城市道路等。以城市不收费道路为例，在这种操作模式下，一般是由社会资本（或与政府方代表的城投公司等）成立项目公司，投资、建设、运营无收费机制的市政道路，一定年限后转让给政府。政府以项目成本（即考虑项目建设成本与货币时间成本后的总成本）与运营维护费用作为定价基础，采购项目公司的服务，每年支付一定的费用给项目公司。在这种模式下，政府相当于在“按揭修路”，每年还一定额度的按揭贷款。企业相当于开发商或运营商，项目所需资金主要来自银行等金融机构，只要每年从政府获得的收入大于每年的支出及相关成本，就可以持续发展。

四、网络时代商业模式的基本逻辑

互联网企业的商业模式不容易让人看懂[①]。前几年微信推出之后，在短时间内席卷全国，普通大众也常常议论，免费的微信靠什么赚钱？滴滴开启巨额免费补贴大战，人们感到纳闷，这么大幅度的补贴，到底靠什么赚钱？更有不知天高地厚的小伙子，在创业初期也擎起免费的大旗，并豪言互联网创业就是“不考虑盈利”。凡此种种，让人们越来越感叹互联网企业的商业模式让人看不懂。后来，一切尘埃落定后，人们才恍然大悟：商业就是商业。

（一）互联网企业不玩“产品”，就必然在玩“金融”

互联网创业再炫目，终究还属于商业。企业可以不盈利，但不等于股东不需要回报。如果创业者真相信股东不需要回报，那就说明他根本没弄懂互联网的玩法。说句大白话，任何商业最终都要落实到你给客户开什么发票以及你给股东什么样的回报两个方面，前者就是玩“产品”，后者就是玩“金融”。玩金融又包括玩“银行”与玩“资本”。越是你看不懂的玩法，越有可能是在玩“金融”。

1. 企业在卖产品，即是在“玩产品”

客户给你付钱，你要给顾客开发票，你开发票的项目，就是为你带来现金流的产品或服务。为了获得这个现金流，你可以借助多种方式，如可

---

① 近些年来，有关互联网及“互联网+”的商业模式类的著作非常多，社会各界对“商业模式”的关注度也非常高。然而，在社会上也有一个不好的现象，即很多人对商业模式过分着迷，以至于出现了“商业模式比战略更重要”等毫无根据的思想。专门论述这一问题可能需要至少一本书。在篇幅有限的一节里，作者想向大家传递一个理念：“商业模式是战略的一个环节，互联网企业的商业模式也不例外。”在大家热衷商业模式时，不妨回归战略本色，这才是正道。

以直接生产、直接销售，也可以先通过一个平台的免费服务来吸引用户，然后以流量为基础，开发出新的商业模式，来向另一拨客户收费。但不管怎样，最终都要落实到“你提供发票，客户给你钱”上来。

2. 企业是为了让股东赚钱的，即是在玩“金融”

两个著名人物曾说过两句话。一句话是20世纪末中国首富牟其中说过的，“银行就是卖钱的商店”。传统企业大多基于这样的思路，股东投入少量的资本，然后以较低的成本从银行等金融机构借到大量的资金，最终赚的钱偿还完银行的贷款后，剩下的就是股东可分配的利润。既然银行是卖钱的商店，那你买得越多，银行就会卖得越便宜；越便宜，你越可能买得更多。理想的情况下，你完全可以用新贷款偿还老贷款，这样你获得大量资金的成本实际上只是支付的少量利息。基于这种逻辑，你会发现，传统行业的首富们大多与银行有着千丝万缕的关系。一些大佬动辄大手笔投资几十亿、上百亿，实际上后面都有一大批银行的支持。这种思路就是传统的玩“债权融资”“杠杆融资”的思路。

另外一句话是汇源果汁的老总朱新礼说的，他说，“企业可以当孩子养，也可以当猪卖”。这是将企业当作可以买来卖去的产品，这就是在玩“资本”，其中主要是玩“股权”。将一个小猪仔养大卖掉赚钱，天经地义。股东给你投资，当然要的是回报，除了可见的分红外，在互联网领域，最看重的回报是资本利得。他们投资给你1000万元，你虽然还没有赚钱，但是随着你的发展，各方都越来越看好你，你的公司就会更值钱，他们的1000万元可能变成1个亿，差额部分就是资本利得。越多的人看好你，你的公司就越值钱，而先一步投资你是需要超前眼光的。至于情怀，在谈商业模式时，实质上不值什么钱。

听到这里，可能有人会说，这样会不会成为一种“击鼓传花”的游戏？等到鼓声停下来的一天，总有人会不幸成为“接盘侠”吧？实际上，凡是代表人类社会发展趋势的、对社会有价值的企业，对它进行投资时不用担心击鼓声停下来。如果真是击鼓传花，时间足够长，最终企业开始持续盈利了，也不能算作一般意义上击鼓传花的游戏。而且资本方往往采取风险投资的方式，如同时投了十个企业，但凡有一两个成功了就能分散风险。

互联网创业企业很难从银行贷到款，所能走的往往只能是股权融资这条道。保守一点的企业，融少量的钱，希望能够在短时间内尽快见到利润，依靠卖产品来维持企业的发展。激进一点的企业，融大量的钱，根本不考虑短期盈利与否的问题，主要依靠资本市场的支持来发展。但若以为他们不需要考虑股东回报的问题，那就错了。相反，他们更深谙投资者的人性，更懂资本市场的规律。他们能以投资人的需求为中心，将大势讲得清清楚楚或假装讲得清清楚楚，让投资人排着队给他们投钱。讲得清清楚楚的，就是天才；假装讲得清清楚楚的，就是骗子。天才与骗子，某种程度上有一定共性，都是把钱从对方口袋装进自己的口袋。

不论互联网企业采取何种商业模式，都离不开"客户价值定位、商业要素组合、交易结构设计"这三大要素，只是它们的商业模式更具有互联网的特征而已。

（二）以长尾理论、蓝海战略为理论基础

长尾理论认为，未来冷门产品（即长尾产品）的销量大增是一种趋势。互联网技术会把那些冷门产品聚在一起，带来更大的销量。以图书为例，在书店销售时，一些偏冷的专业书往往让想买的人找不到，而且想买的人可能散落在各地，向他们推销既成本高又不可能，这样最终的结果就是这种书销量会很小。书销量小，自然会被放在书店的角落，需要的人就更找不到，如此形成恶性循环。而在亚马逊、当当等网上书店，散落在任何地方的读者，都可以很方便、快捷地搜索到自己想买的书，这样一来一些看似非常小众的书，就可能因为聚集了大量有同样需求的读者而产生巨大的销量。以农产品为例，陕西某地生产一种"柿饼"，属于当地特殊土壤、气候产生的手工制作的天然产品。然而，过去这种"柿饼"买家找不到卖家、卖家找不到买家。后来有了微信，当地一个农民委托自己在北京工作的弟弟试着在朋友圈中销售，结果效果非常好，据说仅一周的订单量就超过了他原来一年的销量。虽然其中有他弟弟信任背书的原因，但不能否认的是，

互联网是使长尾产品变成畅销产品的重要力量。随着未来人们需求个性化的加剧，将会有更多的长尾商品畅销。

蓝海战略中的蓝海，是相对于所谓的红海而言的。蓝海战略认为，企业应该避开激烈竞争的领域，重新发现一片竞争较少的领域。它从用户视角重新审视我们的商业世界，强调客户价值创新的重要性，体现的是一种“用户中心”主义。它需要我们重新思考以用户为中心的含义。

专栏 5-4

重思“以用户为中心”

什么是用户中心主义？改革开放这么多年来，“用户就是上帝”这句话已经深入人心。听多了，商家也以为自己将用户当作上帝了。可真是这样的吗？未必。举一个注册会计师考生经常感到别扭的例子。由于考试的原因，他们需要经常查阅与上市公司相关的法律法规。这方面的法规经常更新，网上的版本较多且杂，让人分不清真假。于是只好到某官方网站去查阅。当输入关键词后，搜出来的却是一大堆无关的信息，根本找不到想要的内容。当终于查到这个权威网站上的相关法律时，兴奋可能只持续了几秒钟，因为打开后发现它的版本是10年前的。

互联网时代给了人们最低成本又有最强约束的争端解决机制，即用脚投票、用鼠标投票、用拇指投票。你不必与别人的价值观求同存异，你更不必担心别人将你看作另类，也不必担心厂家扛着摄像机来给你解决问题是为了让你当宣传工具。如果不喜欢，你就可以离开；感到不舒服，你就可以吐槽。

互联网时代给了人们不必从众的可能。从众是每个人都会面临的压力，在少数服从多数的导向下，枪总是打出头鸟的。可不出头就不能出气，就只能忍耐。在互联网时代，两者第一次达成了平衡。人们终于有机会在规避群体压力的状况下，自由地按自己的意志进行选择。当然，这种情况走向极端后，也会出现一些不好的情况，如意志容易受到某些裹挟，那是另外一回事。至少，在一段时间内，长期处于传统价值观“底层”的群众，有了自由与平等的机会。

互联网时代还给了人们过滤由于阶层意识带来的恐惧与贪婪的机会。恐惧与贪婪是与生俱来的人性特点。对于很多人尤其是长期处于底层的人们来说，面对所谓的高端品牌都会有本能的恐惧。有人用自大来掩饰恐惧，有人用自卑来逃避恐惧，商业品牌正好利用了这一点。人们很多时候未必是在为品牌提供的产品或服务买单，而是为了克服自己的恐惧与贪婪买单。互联网时代来了以后，任何高端与低端品牌都被重新摆到了“商家”该有的位置，平等交易的感觉会慢慢取代阶层的距离感。

当“用脚投票”“消除从众压力”“去阶层感”等释放用户的人性情景出现后，“用户是上帝”这话说不说已经不重要。当有一天，所有组织都开始追着我们说“亲，给个好评吧”时，那才是真正地以用户为中心。至少目前在商业领域，已经出现了这样的苗头。

（三）以“去中介化”“去中心化”“连接一切”为基本思路

说到中介，几乎所有人都会第一时间想到房地产中介。我们买房或租房时，他们要从中拿走一笔中介费。“去中介化”就是缩短商业链条，减少其中的大量交易成本。譬如，过去从国外买一个 GUCCI 的包，要经过层层中间商，价格翻了几倍才能送到我们手上。跨境电商就试图减少中间环节，促使进口商品降低价格。

“去中心化”的目的，就是让社会网络中的每个成员能够充分遵从自己的意志。譬如，过去我们购买商品“必须”通过商店才能进行。随着市场竞争的演进，一些大型超市逐步成为我们购物的首选地，即“中心”，而这些地方的房租越来越高，成本最终还要由用户来承担。从用户视角来看，我们只是想购物，为什么非要到所谓的“中心”去呢？基于这样的“去中心化”思想，微商后来蓬勃发展，于是你发现朋友圈到处是卖东西的。

互联网就是连接一切，其基本思想就是互联网将促进人与人、人与物、物与物的互联，即万物互联。沿着这样的思维，如人与人的互联，微信、陌陌等腾空而起，很多厂家在忙着建立各种各样的粉丝群等。人与物的互联，表现之一是手机已经成为人们的钱包、办公工具甚至休闲娱乐的平台。物与物的互联，表现为物联网技术的迅速发展。

（四）沿“价值链”“产业链”“生态链”三个方向优化形成商业模式

正如我们所说的，互联网企业处于商业中，逃不掉商业的本质。它从用户视角出发，重新对我们所处的商业环境进行思考。在某种意义上，互联网企业的产生以及未来越来越多的传统企业转型，只是企业所处的外部环境尤其是社会文化环境及技术环境发生变化的一种必然现象。社会文化环境的变化，最主要体现在人们的需求正发生变化，而互联网等技术的发展则为满足人们这种需求提供了可能。单就商业模式而言，所谓新的模式的产生，大致是沿价值链优化、产业链优化与生态链优化三个方向进行的。互联网企业的常见商业模式见表 5–2。

表5–2　　互联网企业常见的商业模式

类　型		常见模型
价值链优化		媒体模式、游戏模式、广告模式；长尾模式、社区商务模式、团购模式；众筹模式；众包模式、分享经济模式
产业链优化	同一产业链优化	电商模式（B2B，B2C，C2C），规模定制模式（C2B+O2O）
	跨产业链优化	跨界模式、免费模式
生态链优化		平台模式

1. 价值链优化需要真正从客户视角重新审视商业本质

当从用户视角重新审视传统企业价值链时，人们发现了传统商业规则对用户的冷漠与轻视。随着互联网技术的发展，人们开始尝试改变。

这种尝试首先发生在媒体行业，实际上是由互联网企业发起的尝试。传统媒体由内容制造者掌控，报纸生产什么读者就只能看什么。报纸的盈利模式是用内容带来读者群，再靠广告盈利。围绕内容生产与传播效率的提升，最早一批互联网企业顺势而生，即媒体化模式的互联网企业，如新浪、搜狐等门户网站。接着再沿着内容生产的方向并借着技术的发展，逐步出现了论坛、博客、微博等新的形态。随后，又出现了如百度等以搜索为主要业务的企业，以人人网、校内网等以社交关系为主要业务的企业。

无论是基于内容业务还是基于搜索业务、社交媒体业务等，这些互联网企业的主要盈利模式，还是以这些业务带来巨大流量，再用流量来获取广告收入及少量增值服务收入。

随后基于用户视角，对传统价值链环节的审视开始进入营销端。如果说媒体化的互联网企业距离传统商业还比较远，那么走进营销端，则是互联网技术与传统商业的真正意义上的结合。这种尝试大致从四个方向进行。

（1）从增强消费者的主导权角度开展，譬如早期的美团、大众点评（后与美团合并）等网站。这些网站希望用互联网技术来增强消费者在商品定价、商品服务评价等方面的主导权。然而，由于商家集中而消费者分散、商家是长期销售而消费者大多是一次性购买或有限次购买、商家的信息掌握程度要远远大于消费者、第三方网站商业性与独立性之间没有约束机制等原因，团购网站最终转向销售代理商，点评类网站也开始尝试向 O2O 等本地生活化方向转化。其他大量没能及时转向的网站被淘汰。

（2）从构建新型客户关系角度展开，需求链建设开始受到重视。人们发现，客户购买产品不应该是客户关系的结束，而应该是开始。也就是说，传统的以客户为中心实际上只是以销售为中心，要想真正以客户为中心，就必须走进客户的生活方式，用口碑来替代广告。基于这样的思路，苹果公司第一次让电子产品有了自己的粉丝。大量的公司开始尝试粉丝经营，即先用互联网手段找到对自己产品有兴趣的客户，然后真正走进客户的生活，与客户进行深度沟通。小米公司认为“参与感”很重要，粉丝参与产品的研发、生产与销售等过程中有很多好处，其中之一就是粉丝群可能会自发屏蔽竞争对手的产品，竞争对手的产品再优秀，粉丝也不会理睬。沿着这个路子，后来出现了各种各样的创新形式，如社群商务模式、部落商业模式等。从本质上看，这些模式都是在建立用户需求链。当需求链建设完成后，从用户购买完产品到参与生产与营销等环节，再到形成口碑效应再度扩大销售，就形成了一个新闭环。

（3）开始进入传统企业研发、生产等活动中，前期主要采取如众包、分包等模式，后期随着5G、物联网以及芯片等技术的提升，必然在智能化方向上发力。应该说，分包或外包对传统企业来说并不罕见，相当多的企业会将自己的非核心业务外包，从而集中精力做最擅长的业务。从商业形式上来说，互联网企业的众包、分包模式与传统企业相比并没有什么不同，但从本质上来看，由于信息技术的发展，这种分包表现范围更广、更去中心化、更彻底。

（4）开始进入资产端或资本端，主要采用共享经济、股权众筹等模式。这里简单说一说共享经济。资产有两个重要的权利，一个是所有权，另一个是使用权。按一般的理解，所有权与使用权是合二为一的。譬如你买的车子，所有权就是你的，只能归你所用。如果我要用，就需要经过一系列手续。这时，我要想自由使用车子，最好的方式就是购买一辆。当从用户视角重新审视资产端时，人们发现自己购买车子实际的目的不是所有权，而是使用权。我只要有车用，为什么一定要拥有车呢？于是在互联网技术的帮助下，一些创业企业巧妙地设计所有权与使用权相分离的机制，既能保护所有权又能提高车子的使用效率，从全社会角度重新进行资源的合理配置。

2. 产业链优化主要依靠技术驱动完成

当从用户视角重新审视产业链时，人们发现产业链中存在大量不增值环节。这些不增值环节大多受传统技术条件限制，而随着各种新技术的出现，产业链优化是完全有可能的。这也就是互联网企业经常说的改造传统产业。当然，改造传统产业并非仅仅用到狭义的“互联网技术”，诸如大数据、物联网、智能制造、芯片、区块链等都是产业链优化的技术支撑。

随着各种新技术的发现，传统产业链被改造是迟早的事。

从实践来看，产业链优化主要有以下四类模式。

第一类是电商模式。电商模式就是网上销售产品。为了实施这种模式，除了电商自身需要建设外，还要解决两个重要问题：一是与供应商的关系，二是物流配送问题。以京东为例，过去家电产业链是工业生产企业—苏宁等大卖场—用户的地面模式，京东发现地面模式存在中介成本高等问题，就建立了 B2C 电商平台，试图用电商模式取代地面模式。最初它的盈利主要靠赚取差价，主要特点是自建物流。后来经营范围开始由家电扩张至百货领域，由自营店向自营加第三方网店转变。由于前期主要采取自营模式，与供应商的关系是采购关系，因此京东的经营难点就在于与更多采购商建立长期稳定的合作关系，获取低价优质的商品。这就需要建立相对庞大的采购部门。再以天猫为例，如果说京东相当于地面上的苏宁、国美等专卖场，那么天猫更像是一个集结着众多品牌商的百货商场。它最初的盈利模式主要是赚取称之为技术服务费的佣金（以及其他虚拟产品的销售等）。天猫采取的平台模式，使得它与供应商的关系更像是一种招商招租关系，其运营难点就在于获取大量的品牌商入驻，入驻量越大，平台越有价值。这就需要建立庞大的地推部门。

第二类是 O2O 模式，即线上与线下相结合的模式。这种模式实际上是将网上产业链与网下产业链相融合。以餐饮行业为例，传统餐饮的产业链是采购原材料、餐厅加工、用户点餐消费。一大拨餐饮行业 O2O 创业者试图用互联网改造传统产业，大致从三个方向进行。第一个方向是如饿了么、百度外卖等外卖平台，它们对用户点餐、消费环节进行改造，采取用户网上点餐—餐厅加工—网下配送—网上支付的方式，将网上与网下结合起来。第二个方向是对供应链环节进行互联网化，如建立餐饮行业的食材供应平台。这种平台类似于电商平台，餐饮企业可以采取网上下单采购食材、物流公司配送到店的模式，以取代传统的层层批发模式。这个方向将对各地的蔬菜批发市场产生冲击。第三个方向是实现从用户点餐、消费到饭店内部管理全过程的互联网化，即饭店生产端的互联网化。由于饭店管理的同质性，互联网企业可以开发一套通用的数字化方案，类似于ERP，供饭店免费或收费使用。当三个方向都已经完成时，互联网企业将会控制饭店的用户、材料供应、生产过程，所有的饭店将会成为类似于给苹果供货的代工厂、给品牌服装厂做来料加工的加工厂等。这三个方向，实际上都是用互联网的方式对原产业链进行整合。

O2O的关键也是交易结构，难点在于取得线上流量优势、线下资源优势与线上线下整合的技术优势。如果三者都缺，那么O2O很难实施起来。很多上门服务的企业，如上门洗车、上门洗衣、上门送餐等企业倒闭的原因，实际上就在于这三个难点没有全部解决。举例来说，某创业企业想做上门洗衣业务，平台开发出来后，由于没有流量优势，平台访问量很小，门庭冷落。它没有线下洗衣店资源，只能依靠大力地推。推送时，平台并不能调动交易对方的积极性。线下洗衣店多为个体式经营，更看重成本节约或效率提升方面的直接效果，而平台无法满足这个需求。最后，平台没能撑下去。再看同行业生存下来的企业，主要还是依托大互联网企业的流量优势或依托大连锁洗衣店的资源优势。一个创业企业如果两边都沾不上，那可能就只有用巨大的资金量来砸市场了。那种砸资金的方式属于前些年的常见方式，但现在已不多见。

第三类是批量定制化模式。一般来说，定制化都意味着批量小、价格高，而批量定制化模式则是运用互联网手段对传统产业链进行改造，既能达到定制化、个性化的目的，又能达到批量生产的目的。青岛红领西服就是这样一个例子。传统产业链是采购—生产—渠道—销售店—用户，红领西服采取互联网方式将产业链倒置，将销售店变为量体店，产业链变成用户量体—下单—生产—送货。这种模式的关键是要积累大量的数据，有了大数据，批量生产才有可能。阿里巴巴推出的犀牛工厂号称要改造传统服装厂，据称主要采取智能制造等技术，实现快速、小批量、流水线混款生产，也是借助互联网改造产业链。

第四类是跨界模式，也就是跨业延伸，将看似无关的产业链通过互联网手段连接起来。这是互联网企业普遍采取的模式。跨界模式的经典口号是“羊毛出在猪身上狗掏钱”，其基本思路是将其中一个行业免费，利用另外一个行业来收费，其关键是找到一个点，利用互联网技术将两个产业链连接起来。以 360 杀毒软件为例。在与瑞星等传统杀毒软件竞争时，360 杀毒软件宣布永久免费，从而颠覆了传统杀毒行业。但如果从传统视角来看，它最初实际上是一个广告公司，其主要营业收入来自广告。它的商业模式基本上是这样的：360 杀毒软件免费提供给用户，获取大量的网民，然后开发 360 浏览器等产品，引导用户使用，最后利用浏览器的流量获取广告收入。再以威客模式的猪八戒网为例，该公司主要业务是为知识型劳动提供一个交易平台。它不收取交易佣金，而是涉足商标代理行业，收取申请代理费。通过交易平台免佣金，该公司获得了巨大的流量入口，逐步成为国内最大的商标代理企业之一。

3. 生态链优化需要很强的技术、资本与资源的聚集能力

生态链（或生态系统）超越了传统的价值链，不仅仅局限于某个行业，而是既涉及供应商、分销商、外包服务公司、金融机构，也涉及关键技术提供商、互补产品提供商，甚至还会涉及非营利机构等组织。生态链是一个由多个点、多个链、多个维度构成的网状结构。其中多个点是多个遵守市场竞争规则的参与者，如上面提到的客户、供应商、互补品等；多个链是多个产业链条、利益链条或相关链条，如生态链打破传统产业的界限，可能包含众多产业；多个维度是指参与者商业趋向选择不同，譬如生态链可能包含从事人工智能的企业，也可能包含纯加工制造的企业，多维企业之间平等发展，同时也优胜劣汰。这些多点、多链、多维的企业与非企业之间相互依赖、共同生存，形成一个类似自然生态系统的商业生态体系。

互联网企业的生态链往往由一个或少数几个大企业统领，它们为生态链内的参与者建造了可供相互联系的平台。这些生态链上的企业可以形成多点合作。譬如，阿里巴巴要从电商平台向生活一体化生态转变，腾讯基于 QQ、微信等社交平台也要向生活一体化转变，小米则希望整合“硬件 + 软件 + 云存储”向生活一体化转变。这些转变无论具体如何开展，都是由主导企业提供一个平台。这个主导企业表现出来的则是强大的聚集技术、

资源与资本的能力。

生态链的优化需要很强的战略眼光，能够深度透视产业的演进规律，并能从演进中把握产业与产业之间的联系，甚至从更深层次把握整个社会某方面的需求。生态链的打造确实有难度。

4. 商业模式是战略中的哪个环节

商业模式是战略制定的一个环节，可以理解为战略的一个时间截面。我们谈商业模式，说的是在某个时间点上企业是怎样的赚钱机器。如拼多多的拼团模式等，说的是在这个时间点或时间段，拼多多是用这种运转模式进行赚钱的机器。让这台机器保持或改变这种运转模式的是战略。如果再理论化些、精准化些，变化是绝对的，不变是相对的，运转模式在每时每刻存在着微小或巨大的变化，不同时刻的商业模式连续变化构成了战略。从这个角度，商业模式可理解为战略的一个时间截面。

这段话太绕了，先举一个战略圈喜欢用的例子。一个手工艺人在制作陶俑时，他需要小心翼翼地用双手感知，不断微调、捏压，形状每个时刻都在改变，最终手艺人心中美好的画面变成了眼前的工艺品。这种工艺品在不同时点上形状变化的过程构成了战略，商业模式是工艺品在过程中不同时间上的形状。

再举一个形象化的简单例子，如在三线城市开商店。开商店的模式大同小异，都是进货、上架、售卖。但不同人开商店，思路不同。如张三重点针对社区进行销售，围绕所在区域主妇们的需求，不断在进货、陈列、定价及促销等方面进行调整，体现出的就是社区小店模式。再随后他发现生意不错，就做起了连锁，之后做了大型商超，这时是连锁模式、商超模式。做商超时，他发现自己到哪儿，流量就在哪儿，干脆将市中心某个百货大楼整体租下来改造成购物娱乐中心，再分租给做电影院、餐馆、儿童培育机构、亲子乐园等业务的企业，做二房东赚差价，这时他的模式或可称为娱乐购物中心模式或商业地产模式。再之后，他发现电商巨头试图切入社区，于是开始做本土化社交电商平台，满足本地人的需要。他经历了小商店模式、连锁模式、商超模式、购物娱乐中心模式、本土电商模式，表象上一系列大的商业模式变化构成了他的战略。如果往里看，即使在看起来未变化的某个阶段，如小商店模式期间，事实上商业模式也不是绝对不变的，而是每天都在采购、生产、供应等各个环节进行微调，这种微调受他心中的愿景驱动，受他的战略思想指导。

举了两个例子，想强调说明两点。一是商业模式不可能一劳永逸，想要一招鲜、吃遍天是不可能的，需要根据环境变化而变化，重视战略、适时而动永远是正道。在既有基础上，不断适应环境才能取得成功。对商业模式可以重视，但过于着迷只会迷失自己，大企业尤其如此。二是商业模式设计与落地之间必然存在巨大差距。之所以几乎所有的创业项目商业计划书里的商业模式与最终成功的商业模式都完全两样，是因为环境是变化的。设计商业模式作为起点固然重要，但符合战略大方向更重要。

在具体战略制定环节，传统战略范式有其适用性，也有其局限性。本讲末尾对此进行简单说明。

（五）战略理论解释商业模式时的适用性

战略制定离不开对大势的分析，也离不开对自身资源与能力的分析。无论是所谓的互联网企业还是传统企业，进行商业模式设计或转型，所应遵守的范式都离不开基本的战略分析。也就是说，通过战略分析进行战略制定的逻辑也是相通的。

相当多的互联网创业企业通过产业链分析发现机会与威胁，来确定进入战略。譬如，携程旅行网是一家在线旅游代理公司，主要代理销售机票，营业收入主要依赖代理佣金。在它创立之前，旅游行业的机票销售主要通过地面的一些机票代理店进行。携程旅行网开辟了在线代理旅行社的新模式。从战略角度来说，传统产业链是航空公司—线下代理商—线下代理店—客户，这个销售环节有层层代理商，存在渠道成本高、效率低下等特点。携程集团创始人梁建章发现利用互联网技术可以对传统产业链进行改造或颠覆，就建立了航空公司—OTA（在线代理商）—客户这一新的产业链。

这个模式实际上是“去中介化”，另外它选择的是细分市场。不过，当互联网企业号称“去中介化”时，实际上自己就成了另一个中介，未来必然也会被“去中介化”。当然这是题外话。

现有企业的互联网转型也是更多从客户视角重新审视价值链或产业链，从而发现新产业机会的。以苏宁易购为例。面对家电行业互联网化进程的加快，苏宁遇到了来自行业变化所带来的压力。近的如京东等垂直电商的崛起，直接挑战线下卖场的发展；远的如天猫等平台电商的发展，一些家电品牌或代理商开始在天猫上开店，竞争进一步加剧。面对这种形势，苏宁开始转型，建立苏宁易购的电商平台，力求与线下平台形成良性互动。这种转型，既是一个大的战略调整，也涉及商业模式的调整，即由单纯线下销售向线上线下互动的模式发展。

（六）依据战略理论进行互联网模式设计时别扭在哪里

商业模式确定属于战略制定的环节，所有的商业模式的分析与选择不可能逃出战略管理的理论框架。可是又一个问题来了，为什么人们总感到互联网企业的商业模式特殊呢？换句话说，传统战略理论在解释互联网企业现象，尤其是商业模式时，有时候似乎有些隔靴搔痒，为什么？

我们先看两个例子。“互联网思维”曾经一度颇受大众关注。有人说商业的本质就是赚钱，根本没有什么互联网思维；有人说互联网与传统商业有着绝对的区别，确实存在互联网思维。出现“互联网+”之后，人们又开始争论，到底是“互联网+”，还是“+互联网”，各方各执一词。

产生这些问题的表象原因是，传统企业的人不懂互联网企业，互联网企业的人不懂传统企业。实质上根源在于传统战略管理理论存在着某种局限性，互联网企业的人看到了局限性，而没有看到战略管理理论的完整性，而传统企业的人看到了战略管理理论的完整性，却没有看到其局限性。这样说并不是各打五十大板，而是基于以下理解。

一方面，战略管理理论体系有其完整性。很多人没有看到其完整性，而选择其中一点进行评论，实际上是有误读战略的意味的。近些年流行的大部分所谓互联网理论，都可以在传统战略理论中找到源头。如雷军的“风口理论”，实际上是20世纪80年代就比较流行的波特理论中的“IO”模式。波特不仅给出了类似的观点，而且有一套详尽的范式来预测所谓的“风口”。雷军不过是把波特的理论通俗化了而已。当然，通俗化也算是贡献。又譬如，有些人号称互联网企业不要战略，要根据环境灵活应对。这种观点在很早以前明茨伯格就曾经提出过，后来被称为战略的现代观点。至于其他如战略重要还是执行重要、战略是事先构思好的还是事后总结的等，明茨伯格的《战略历程》也都做了较为详细的归纳。

这就带来一个问题，既然战略管理理论如此成体系，为什么互联网企业仍然感到没有指导性？主要原因是传统战略理论体系过于呆板，主要依据过去的企业经验总结形成，虽然有商业本质的通用范式，但是具体内容却比较遥远，如大多数分析针对的是几十年前的案例，与时代有脱节。

另一方面，互联网行业的运营有其特殊性，传统战略理论未对其特殊性进行区别。譬如我们在分析家电行业的产业链时，运用传统战略理论看，转型前的苏宁与京东所在产业的产业链都是电器生产厂—销售平台—用户，苏宁与京东同属于销售平台的竞争对手，但线上与线下企业运营却明显有着非常大的不同。传统战略管理理论由于时代局限性，对线上与线下企业未进行严格区分。

然而一些在互联网大潮中成长起来的年轻人却并不这样认为。他们觉得互联网并不简单是一个“网”，而是一种哲学。电商是卖货的，但又不同于一般卖货的，它本身是一个生态公司。美团是替饭店销售的渠道，但又不是渠道，它本身是一个本地生活的科技公司。滴滴出行是一个网上出租车公司，又不是一般的出租车公司，它本身是一个人工智能公司。

互联网企业有一些固有特点，如流量为王、粉丝为王、体验为王，如连接一切、智能一切、实时互动，如数据就是资产等，相当多行业普遍认可的规律，它们本身就是互联网企业竞争的关键要素。这些要素虽然的确可以用传统战略理论的成本、效率、竞争优势等术语来解释，但这些解释都不能体现互联网的特点，给人以隔靴搔痒的感觉。这时如果固执己见，互联网的新新人类早就用脚投票了。

这些所谓的局限，需要战略管理理论者结合时代特点不断用创新的解释来弥补。对于一般读者来说，不必钻这么深，知晓其局限所在就可以了。这样，以后看鸡同鸭吵架，就会知道鸡在讲什么、鸭在讲什么，明白两者分歧何在，或者根本没有分歧，只是相互听不懂，也可能至少一方能听懂，但为了利益假装听不懂而已。

第六讲

战略路径就是怎么去

一、条条大道通罗马的战略路径

战略分析确定了我们的起点，战略制定确定了我们的目标，接下来就需要确定如何从起点走到目标，即战略路径。譬如，要从中国人民大学到天安门，在电子地图上输入起点和终点，地图会推荐几条最省时间或最短距离或躲避拥堵的路径供你选择。地图所做的事情就叫路径规划。路径规划就是规划出常见的路径组合方式，如公交、地铁、走路以及各种组合，供你决策。类比到战略管理中，就是战略路径规划。战略路径规划要做的事情，就是规划出实现战略常见的路径以及各种组合，供你决策。本书主要讨论发展战略，对稳定战略与收缩战略不做重点论述，对于不同战略的相关内容可参见第四讲。

发展战略常见路径有三种，包括并购、新建和战略联盟。并购就是兼并与收购别人的公司从而获得发展。譬如，万达收购快钱公司从而进入互联网金融领域，联想收购 IBM 的个人电脑业务从而扩大全球市场占有率等。并购是上市公司常见的活动。新建是利用自己的力量来获得发展。譬如中石化在新疆投资大型石化项目开采石油等。战略联盟是介于两者之间的方式，一般是与对方以协议、股权交换或对等持股等方式进行平等合作，从而获得自己的发展。譬如中国汽车制造企业与外商按 50∶50 的股权比例成立合资公司。对每个路径的详细分析，将在后面各节进行。

（一）从交易费用角度理解战略路径的本质

对于三种战略路径，可以从交易费用角度进行深入理解，其中主要涉及一体化与市场化两个概念。

一体化，简单地说，就是把两个本来独立的交易方纳入一个组织中。

譬如，某钢板加工厂是一个造船厂的供应商，两者之间是合作关系，每次交易都按合同执行，即两者是独立的市场交易主体。后来造船厂觉得每次签合同太麻烦，即交易成本太高，就把造船厂收购过来将其变成自己企业的一个部门，按照公司的管理制度进行管理。这就是一体化，又称为“管理规制”。以前每次交易都要签合同，说明两者是平等的市场交易主体，这就是市场化，又称“市场规制”。一体化后，不用每次都签合同，即节省了交易成本。但是，由于船厂按公司的管理制度进行管理，随着规模的扩大，行政成本必然会上升。这样就有个交易成本降低与行政成本增加的比较问题。如果一体化后，降低了交易成本，但增加了更多的行政成本，那合并还不如不合并。

再举个例子。譬如一个人给某公司提供服务，个人与公司是供应商与客户的关系，即市场化关系，每做一件事都要签合同，交易成本非常高。公司后来将这个人招聘到公司，变成内部员工，即变为一体化关系，可按照公司制度对其进行管理。这样就可以节省交易成本，但同时会增加行政成本。这也有一个交易成本降低与行政成本增加的比较问题。若节省的交易成本大于行政成本，那么一体化就是划算的，反之则不划算。

公司规模小的时候，行政成本往往较少，交易成本往往较大。相对来说，选择一体化能够节省交易成本，更为划算。但随着公司规模扩大，行政成本就会增加，甚至迅速增加。当节省的交易成本等于增加的行政成本时，两个成本相互抵消，即恰好达到公司的合理边界。这就是科斯定理的主要内容，即当企业以市场化的方式形成的交易成本，等于企业以公司制的方式形成的行政成本时，恰好就是公司规模的合理边界。这时如果继续一体化，公司规模增加，节省的交易成本不能弥补增加的行政成本，那么企业的一体化就是不划算的，按市场规则进行交易更为合理。

从交易费用角度看，并购方式的实质是运用统一规制实现一体化，即以组织状况取代市场状况。譬如一家公司将另一家公司收购为分公司，在收购之前，两者是纯市场关系，收购以后两者就是行政关系。统一规制的意思，通俗地说，就是两家企业变成一家企业，按一家管理。

新建方式的实质则是运用市场规制，来实现企业的市场交易，即以市场状况取代企业的组织状况。譬如，市场中原来有一家别人的企业，现在你新建一家企业，他管不了你，你管不了他，两者谁也管不了谁，就是纯粹的市场关系。市场规制，通俗地说，就是两家企业还是两家企业，各管各的，按市场规则进行管理的意思。

企业战略联盟介于这两种组织方式之间，既不纯粹是市场化关系，也不纯粹是一体化关系。企业战略联盟一般通过协议、股权等关系将两家企业绑定在一起，二者既不是完全没有关系的两家企业，即不是纯粹的市场化关系，因为还有协议、股权等关系在，也不是两家合并成一家，因为毕竟各家企业还是各自独立的，即不是纯粹的一体化关系。

（二）路径规划就是找到三种路径的最优组合

战略路径规划就是要规划出如何从起点到终点，是走并购、新建还是战略联盟的路子，或是几种路子的组合。条条大道通罗马，似乎只要想发展，企业可以选择任何战略路径。但实际上，一个理性的企业，在各种约束条件下，想实现战略还是有最优路径的。就像是要从中国人民大学到天安门，每个人似乎都可以选择任何想要的路径，可以凭借双腿走着去，也可以坐公交车去，或先坐公交车再走路。但现实中往往不可能这样自由选择，因为有各种条件约束。譬如靠双腿走着去，就得走好几个小时，除非天气适合而且时间充裕、双腿也非常健壮，还得不怕别人取笑……否则，你就不可能选择走路去。同样的道理，企业要选择任何一种战略路径，也都有其约束条件。企业进行路径规划，就是要在内外部各种约束条件下，提出各种备选的路径并决策选择合适的路径。

进行路径规划，需要明确三个问题。一是每种路径分别是什么。譬如，并购是什么，都有什么类型，你拟选择的路径属于什么类型等，这些都是最基础的知识。二是每种路径分别适合在什么样的条件下选择，你拟选择的路径是否适合。譬如，并购是比较快的发展方法，但并购需要足够的钱。新建企业可以自己慢慢来，但速度却难以赶上去。三是每种路径均有其优势与不足，实施中应注意相应风险等。譬如，在法律法规限制较多的情况下，矿山开采要办理若干个许可证，这时收购一个现成的矿山就不失为好方法。否则新开一家采矿公司，光办这些许可证可能就要耗费大量精力甚至无法办下来。

二、并购是上市公司百玩不厌的玩意儿

上市公司最喜欢做的事情似乎就是并购。对于一个想快速发展的上市公司，收购一个合适的标的物，总比自己慢慢地自力更生要省事得多，而且还能够显示出本企业的魄力，何乐而不为呢！对中国来说，随着多层次资本市场体系的建设，治理规范、财务透明的公司会越来越多，可供上市公司选择的标的物会越来越多，并购的浪潮也会越来越猛。了解并购是每个管理者的基本功课。

（一）并购的基本概念

很多时候，人们把并购也称为战略。譬如有些企业会高调宣布，将通过实施并购战略来推动企业的发展。在某种意义上，互联网巨头公司发展到现在，并购差不多已经成为其主旋律，譬如看到一些小的创业团队有发展前途，就可能毫不犹豫地将其收购吃掉。

并购从字面上讲，并即合并（Merger），购即收购（Acquisition）。

合并又分为两种：一种叫吸收合并，即 A+B=A。如中国铝业吸收合并山东铝业之后，山东铝业注销。一种叫新设合并，即 A+B=C。如滴滴打车与快的打车，之前红包大战还打得火热，结果突然就宣布合并了。

收购也分为两种。第一种是收购对方股权。譬如原来的安邦集团通过二级市场收购民生银行的股权，从而达到控股的地位。第二种是收购对方的资产。

借壳上市有多种交易方式，其最基本套路是一家非上市公司（拟借壳公司或借壳方）先控制一家上市公司（壳公司），然后这家上市公司（壳

公司）买入另一家非上市公司（拟借壳公司）的资产，再卖出自己的部分或全部资产，结果就是资产置换。从原理上，第一步法律上叫上市公司收购，即收购上市公司大股东的控制权；第二步叫资产重组。尽管交易方式多种多样，如上市公司发行股份购买非上市公司的资产，结果上市公司控制权变更形成反向购买，但借壳上市的实质还是通过收购股权与资产买卖相结合的方式来实现资产置换。

（二）不同并购类型有着不同的故事

我们一直在强调并购、新建、战略联盟是发展战略实施的途径。发展战略主要有一体化战略、密集型战略和多元化战略。从理论上来说，发展战略中的一体化战略、密集型战略和多元化战略都有可能按照并购、新建和战略联盟的方式实施，但实际上，密集型战略多以新建的方式进行。

一体化战略和多元化战略经常采取并购的战略路径，相应地称作一体化并购和多元化并购。这实际是按并购双方所处的产业来分类的。

按照并购态度来说，并购又分为敌意并购和友善并购。美国有一本畅销书叫《门口的野蛮人》，讲的是华尔街公司争夺战的故事。由于这部书很畅销，人们也常常将采取敌意收购策略的人称为门口的野蛮人。所谓敌意收购，是指并购方根本不与被并购方商量，直接用法律允许的方式收购对方股权，从而控制该公司。敌意收购并不违法。

2015 年年底，万科公司与宝能公司之间的股权战争堪称中国股市上的经典案例。万科是一家股权相对分散的大公司，因此，以王石为核心的职业经理人得以充分施展自己的管理才能，并保证管理团队的稳定性。据说，这是万科成功的关键因素。然而，在地产业低迷时，分散的股权，意味着收购方只需出少量的代价就可能取得公司的控股权或相对控股权，更有可能改组公司。一家卖菜起家的多元化公司宝能，通过在二级市场上大幅度增持万科的股票，一度成为万科的第二大股东，入主万科的意向非常明显。

万科开始着急，发起股权保卫战。由于涉及华润、安邦公司等以及多个基金，其间关系错综复杂。社会各界对此次收购议论纷纷，褒贬都有。这种收购就是典型的敌意收购。

2014 年年底，安邦公司通过二级市场大举收购民生银行的股票，在短短的时间内一跃成为民生银行的第一大股东，引起社会各界的强烈关注。这也是敌意收购的例子。民生银行也是股权分散的公司，前十大股东占股都差不多。据说，民生银行在创办之日起就曾立下规矩，股东不干涉公司的内部管理，确保管理人员的独立运作。面对安邦公司强势进入，而且有可能改组董事会的局面，民生银行的管理人员虽着急但也无能为力。我们经常讲，在股票市场上，资本为王，最终还是由资本说了算，这场并购最终还是顺利进行。

另外，按并购方的身份，并购主要分为产业资本并购和金融资本并购。按收购资金来源分类，并购主要分为杠杆收购和非杠杆收购。并购的分类见表 6–1。

表6–1　　并购的分类

<table>
<tr><th>分类标准</th><th colspan="3">类　别</th></tr>
<tr><td rowspan="4">按并购双方所处的产业分类</td><td colspan="2">横向并购</td><td>并购方与被并购方处于同一产业</td></tr>
<tr><td rowspan="2">纵向并购</td><td>前向并购</td><td>沿着产品实体流动方向所发生的并购，如产品原料生产企业并购销售商或加工企业、最终客户，或加工企业并购销售企业</td></tr>
<tr><td>后向并购</td><td>沿产品实体流动的相反方向所发生的并购，如加工企业并购原料供应商</td></tr>
<tr><td colspan="2">多元化并购</td><td>处于不同产业、在经营上也无密切联系的企业之间的并购</td></tr>
<tr><td rowspan="2">按被并购方的态度分类</td><td colspan="2">友善并购</td><td>并购方与被并购方通过友好协商确定并购条件，在双方意见基本一致的情况下实现产权转让的一类并购</td></tr>
<tr><td colspan="2">敌意并购</td><td>并购方不顾被并购方的意愿强行收购对方企业的一类并购</td></tr>
<tr><td rowspan="2">按并购方的身份分类</td><td colspan="2">产业资本并购</td><td>并购方为非金融企业</td></tr>
<tr><td colspan="2">金融资本并购</td><td>并购方为投资银行或非银行金融机构</td></tr>
</table>

续表

分类标准	类别	
按收购资金来源分类	杠杆收购	收购方的主体资金来源为对外负债
	非杠杆收购	收购方的主体资金来源是自有资金

（三）每次并购都有所谋，都有一定的动机

并购当然是有所谋的，譬如实施一体化战略，目的之一就是抢占客户的地盘，赚客户的钱。如金矿开采与冶炼的企业开始从事金首饰的加工，从商业角度来看，就是为了赚更多的钱。实施这样的一体化战略，它可以自己建个首饰加工厂，也可以并购个首饰加工厂。那么为什么要选择并购，而不是新建呢？同样的问题也涉及多元化战略。实施多元化战略，目的之一就是进入别的行业，赚别的行业的钱，如一个房地产企业试图进入网络游戏行业。实施这样的多元化战略，它可以新建网络游戏公司，也可以收购现有的网络游戏公司。那么它为什么要选择并购，而不是新建呢？这就牵扯到动机的问题。

由于存在潜在进入者所必须面临的障碍，故企业选择并购的动因一般是为了克服或降低这些障碍。在学习波特五力模型时，我们知道五力中有一个力叫潜在进入者的进入威胁。为了防止潜在进入者进入，现有企业会设置结构性障碍和行为性障碍。不论采取什么样的战略进入，只要是有可能进入这个行业的，都叫潜在进入者，只要潜在进入者想进入这个行业，都要克服这些障碍（见图 6–1）。也就是说，不论你是采取一体化战略潜入上游或下游行业，还是采取多元化战略潜入别的行业，都要克服现有行业设置的两种障碍。从现实情况来看，金融牌照是常见的障碍。譬如一家互联网公司想从事金融小贷业务，要办下那个牌照难度非常大，而并购一家有牌照的小贷公司就相对容易得多。在某些时候，有些牌照几乎不可能新办，并购成为唯一选择。因为这些障碍的存在，企业才不得不考虑该采取并购战略还是新建战略，在并购与新建中做出选择。

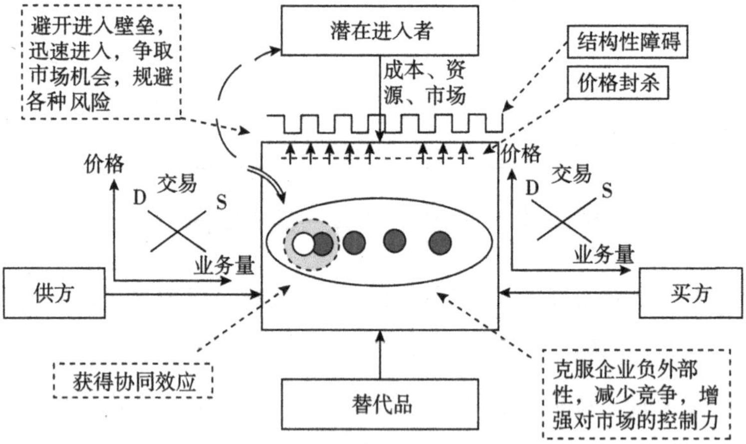

图6-1　并购动因的波特五力简易演示图

说明：①进入壁垒主要是结构性障碍与行业性障碍；②协同效应，就是里应外合，也有利于进入；③如图所示，原来产业内有4个竞争对手，并购后还是4个，能避免资源浪费，减少竞争。

（四）用阿里收购高德地图的案例来理解并购的动因

地图是互联网巨头紧盯的行业之一。地图与精准定位密切相关，精准定位又是互联网尤其是移动互联网各种商业模式的重要技术基础。用常见的话说就是，地图是移动互联的入口。早在2005年，搜狐就收购了Go2map，即现在的搜狗地图。随后在PC时代，地图厂商不温不火地发展。2013年前后，移动互联时代到来时，这个行业突然爆发出一股并购潮，一时间国内外很多互联网巨头开始并购地图厂商。仅以国内为例，腾讯入股四维图新，小米入股凯立德，阿里百分之百股权收购了高德地图。

这里，我们分析一下，在BAT争夺地图大战中，阿里为什么要收购高德地图，而不是新建一个地图公司，以此来理解并购的动因。

最简单的理解是，在移动互联快速发展的时代，地图与O2O商家的联系越来越紧密，新建地图企业进行竞争显然已经来不及。同理，阿里显然也是为了速度。

并购的第一个动因，就是速度，即避开进入壁垒，迅速进入，争取市场机会，规避各种风险。地图行业是一个具有较高技术含量的行业。一个做地图的企业需要有大量的测绘数据积淀，而且还要有大量懂地图行业的人才。阿里想进入地图行业，单纯靠自己新建地图公司难度会非常大，因为这个行业由于技术的特殊性以及政策的特殊性，结构性障碍已经建立起来。加之时间也不等人，所以并购一个现成的地图公司是唯一正确的选择。

并购的第二个动因是获得协同效应，简单地说就是 1+1>2 的效应。阿里拥有充足的资金、大量的线上资源，与高德地图的优势相结合，可以产生更多的新利润增长点。从波特五力模型角度来说，并购相当于是“里应外合”。由于历史原因，很多地图公司是这个业务想做、那个业务也想做，虽然都不是很赚钱，但也舍不得做减法。互联网巨头并购地图公司，将有利于地图公司更加专注地做好地图业务，甩掉以往多元化留下的历史包袱，逼着地图公司做减法。财大气粗的互联网公司进来后，有了足够的资金，且业务上更加互补，使地图公司可专注于特长业务，更有利于长远发展。

并购的第三个动因就是减少竞争，克服企业负外部性。对自己可能有利但对外部不利的现象，在经济学中叫作负外部性。当时地图行业的竞争主要是在高德地图、凯立德地图、百度地图、搜狗地图等企业之间展开。如果阿里新建一家地图公司，撇开能否绕开进入壁垒不说，就算能够发展起来，结果也只会加剧市场竞争。从个体角度，竞争成功能够获得利润最大化，但从整个行业来说，却未必是最佳选择。重复建设很可能会造成行业资源的整体浪费。

三、并购并不容易成功

每一起并购事件的背后，都有并购方与被并购方各自的目的或企图。有双方志同道合的，共同擎起伟大事业的大旗，共谋发展；也有同床异梦的，扯着伟大的旗帜给股民或大众讲故事，而后各自打着小算盘；更有初衷是好的，追求1+1>2的效应，但结合后日子却磕磕碰碰甚至“小吵天天有，大吵不间断”。并购要成功并不容易，失败的风险随时都有。

正如托尔斯泰所说“幸福的家庭都是相似的，不幸福的家庭各有各的不幸”一样，并购成功的案例都有相似的地方，如决策正确、整合彻底，等等，而失败的案例却各有各的原因。战略学科总结了这些失败原因，大致包括以下四个方面。

（一）决策不正确

不该并购却并购。前两年，腾讯一直想开展电商业务，但是再财大气粗，也架不住自己的电商如扶不起的阿斗。因此，腾讯在2012年花了2个亿，收购了一家现成的电商公司——易讯。腾讯原来有一个QQ网购，欲趁并购易讯之机迅速做大电商，以对抗阿里、京东，但或许是阿里长年经营所形成的行业壁垒难以逾越，京东凭借自有物流等优势稳扎稳打所形成的核心竞争力很难模仿，并购后的新QQ网购一直不温不火。到2014年，腾讯不得不忍痛割爱，将QQ网购加易讯部分股权“送”给京东，换取一些京东IPO前的股权。腾讯并购并没有达到战略目的，所以称不上是好的战略决策。

（二）并购后整合不力

原来是两家公司，并购后形式上成为一家公司，但并未从实质上合二为一，整合工作非常难做。这方面的失败例子，不胜枚举，可以说几乎每个失败的并购案例都跟整合不力有关。国美电器属于线下的电器巨头。在互联网时代，国美电器想发展电商业务。库巴网是一个家电网购平台。2010 年国美电器收购库巴网 80% 的股份，2012 年又收购了剩余的 20% 股份。国美电器并购库巴网的目的，就是想将自己旗下原有的电商业务与库巴网整合起来，从而打造一个线上电商销售平台，即国美在线。库巴网当时已经聚集了一批电商人才，有符合国美发展电商业务要求的供应链，也有一定的品牌。按说两家整合后，会产生 1+1>2 的协同效应。但是整合并不顺利，以致原库巴网总裁离开，原库巴网的员工绝大部分被裁员。主要依靠“人”的电商平台，“人”都走了，并购的价值必然大打折扣。

并购整合是一个系统工程，从理论上来说，企业的方方面面都要整合，漏掉任何一个地方都有可能导致并购失败。这个方方面面，就是波特价值链中的每个环节。波特价值链描述了企业的价值创造逻辑，包括主价值链及辅助价值链上的各个环节。并购方和被并购方原是两个企业，并购后就要把各个环节都整合在一起，让两个企业形成一个整体。具体来说，这种整合一般包括战略整合、财务整合、技术整合、生产整合、渠道整合、品牌整合、人力资源整合、企业文化整合等。整合的力度不能太松，太松会造成政令不一、各行其是；也不能太紧，太紧会造成活力缺乏、冲突增多。因此，整合既是科学，也是艺术。

从目前企业运作的实际来看，企业文化整合是并购面临的最大难题。企业文化是一种很难描述的东西，看不见但人人又都能清晰地感知。它不像财务有一定的准则，按照共同认可的财务准则总能找到整合的办法。企业文化的整合需要很强的文化管理能力。

2009 年 7 月，民营企业建龙集团收购了通钢集团 66% 的股权，就曾出现当时很有名的“通钢事件”。66% 的股权已经是控股了，一般来说，控股者就要接管公司，故建龙集团派了总经理到通钢集团去。通钢集团是一家老国企，有其特有的国企文化。国企职工对国企的感情是外人无法理解的。当职工们知道通钢集团要被民企收购后，心理上很难接受，加之当时沟通也不到位，导致这次并购还没正式开始就出了大事故。建龙派去的总经理刚抵达通钢，就被情绪激烈的职工殴打致死。这当然是一个极端事件，从并购的角度审视，就是提醒我们做并购决策时必须考虑文化的差异，这种差异如果处理不好就会演变成冲突，加大内耗，让并购双方陷入无法自拔的泥沼。

（三）并购价格不合理

并购是一个信息不对称的谈判过程，并购方对被并购方的企业信息和产业信息都不可能完全掌握。在双方谈判博弈的过程中，有可能出个高价却收购了一堆烂资产。上市公司并购重组失败的表现之一就是业绩变脸，在并购之前对股民宣传并购将带来怎样的盈利，并购之后却不得不沉痛地宣告盈利未达到预期。禾盛新材（002290）收购金英马股权就是这样一个例子。

禾盛新材是家电复合材料的龙头企业。金英马公司的主营业务是电视剧投资、制作与发行业务和艺人经纪业务，由A先生个人控股。禾盛新材跨界发展，拟进入影视领域，实行多元化战略，目标锁定金英马公司。公司计划先收购金英马部分股权，随后收购剩余的全部股权，从而将该公司收入囊中。2014年4月，公司以21862.5万元收购A先生所持金英马公司26.5%的股权。当时估值按金英马公司净利润的11倍计算，公司与金英马公司的大股东A先生签订了对赌协议。并购价格引起了股民的质疑，但并购照常进行。然而并购之后，禾盛新材发现事情并没有想象得那么简单。先是禾盛新材发现金英马公司为原大股东A先生提供连带责任担保1亿多元，且担保无法解除。禾盛新材骑虎难下，最终不得不放弃继续收购剩余股权的计划，于10月10日发布公告称终止重大资产重组。接着到了年底，并购标的金英马公司的业务发展并不好，可能亏损，而且未来也看不到改善的迹象。到 2015 年 2 月 27 日，禾盛新材发布公告决定计提股权投资损失，而确认的减值损失高达 15267.7 万元，公司业绩变脸，哗声一片。本来在并购时，金英马公司的大股东 A 先生有业绩承诺，即达不到业绩目标时要进行相应赔偿，但是真到了业绩不达标时，金英马公司却公告“A 先生没有能力履行补偿”。并购方也无办法。这就是因并购尽职调查做得不详细，导致出高价买了烫手山芋的例子。

（四）海外并购时没有注意政治风险

每个国家都有自己的产业发展战略，也都有保护产业的相应法律法规。华为在进军美国市场时曾试图并购美国企业，但因为美国政府的阻挠多次受挫。2007 年，华为联手贝恩公司欲收购 3COM 公司，美国海外投资委员会表示要阻止该交易，贝恩退出，交易失败。2010 年，华为想收购一个规模较小的服务器技术公司 3Leaf，美国政府要求海外投资委员会展开事后调查，因为有美国议员反对。华为反对调查，最终放弃收购。这些都是海外并购时因政治风险而导致失败的例子。在海外并购时，如果不了解这些政治风险，将很有可能使并购失败。

专栏 6-1

延伸思考：并购尽职调查的逻辑是什么？

并购的风险之一是标的价格不合理。那么怎样才叫作合理？这就涉及对所要并购的企业进行全面尽职调查。

从理论上来说，有两种异曲同工的尽职调查做法。

一是按战略管理理论，对所涉及内部与外部相关分析要素以及战略措施进行评估。内部分析要素涉及采购、生产、销售及财务、法律等波特价值链上的各个因素，外部分析涉及企业所处政策、技术、文化及市场竞争状况等外部分析的各个要素，战略措施涉及企业所制定的总体战略、竞争战略及营销等关键的职能战略。

二是按风险管理理论，对所涉及内外部相关风险要素进行全面评估。如政治、法律、技术、市场、战略、财务及运营等相关风险，并对其风险应对及管理的相关内容进行评估。原则上，评估越全面、风险排查得越仔细，并购标的价值评估会越准。

尽职调查模板有很多，不论其模板构成如何，其背后的基本原理还是与上述两种方法有异曲同工之妙。从实际运行情况看，大多数公司主要进行法律尽职调查以及财务尽职调查，其中法律尽职调查主要是从股权关系、资产权属以及法律诉讼等方面进行调查，财务尽职调查主要是从债权债务关系及财务报表系统等方面进行调查。

尽职调查完成获得相关数据后，就可用现金流折现法、相对价值评估法等知识对拟并购进行评估。这样，战略学科在并购这个知识点上就有了财务管理、投资学等学科的交叉支持或支撑。

四、新建往往需要硬功夫

新建就是自力更生，从头开始干。一般来说，与并购相比，新建就是利用规模、品牌、资金、人才等内部资源实现扩张，需进行全方位建设，难度要大些，而并购主要是将对方全盘接过来，主要涉及交易，难度相对低些。当然，此话也不能绝对，在一些特定条件下，并购可能难度反而会大些。

（一）采取新建方式需要全方位建设，有一定的难度

近些年，药企谋求多元化蔚然成风，或许是凉茶王老吉卖得很火的缘故，很多药企想进入饮料行业，如贵州百灵、中新药材、太极药业等。

贵州百灵作为苗药第一股（002424），是一家典型的药企。2012 年，公司拟投资 3.95 亿元建设胶原蛋白果汁饮品、中草药草本植物功能饮料项目。具体产品是“爱透”牌胶原蛋白果汁饮品及“火透”牌凉茶饮品。公司称，要在充分利用企业资源的基础上，按照食品行业的要求，通过新建标准化生产厂房、引进和购置技术先进的生产和检测设备、全面提升生产工艺装备水平及生产能力，最终建成国内技术先进、规模居前的饮料产品生产基地。对外宣告战略后，公司开始了拿地、规划等工作，但是用了一年时间也未有实质进展。基建方面手续还未办完，生产方面只是通过代工厂进行加工，销售方面通过与商业超市等合作共建销售渠道，但市面上能见到的商品很少。可以说，新建战略实施起来很不顺利。在这个过程中，公司意识到自己在市场推广能力、营销队伍建设、管理经验等方面还存在不足，不得不暂停该项目。2013 年 11 月 1 日，公司发出公告，拟将募投项目“胶原蛋白果汁饮品（含中草药草本植物功能饮料）”变更为“中药饮片生产

线及仓库建设项目”。战略方向改变，意味着多元化探索的失败。

上市公司融资后，常常遇到的难题是，有钱却没有好项目。所以说有钱也未必就可以任性。新建不仅需要能够研发出产品，而且后续还有一系列事情要做。要建立生产系统，要购置土地、建设厂房、购买设备、调测生产线以及建立库存、周转、生产等系统管理制度。要研究市场、确定价格策略、广告促销以及建立一整套市场营销管理体系。要寻找供应商，建立供应商系统。要寻找经销商，建立经销商系统。还要搭班子、招人才、建队伍、抓经营、搞管理，等等，非常烦琐。如果某些关键的环节把握不好，则可能会导致全盘皆输。

（二）按波特价值链理论来理解新建需要建设的“方方面面”工作

从理论上来说，波特价值链上的每个环节，即主价值链和辅助价值链上的每个环节，都需要在“新建”中建设。波特价值链系统中，与上游、下游企业价值链的对接，也都需要在“新建”中完成。

可能读者会有些困惑，讲“新建”怎么拐到波特价值链上了？应该说，波特的确是一位战略管理大师，他的理论体系是相互联系的。波特价值链告诉我们企业涉及哪些方面的工作，这些工作就是新建时要考虑的。在新建前，我们可以比照波特价值链分析自己的资源与能力，哪些地方自己强哪些地方自己弱，并制定出相应的对策（见图 6–2）。

（三）为什么要选择新建

许多企业之所以选择新建，就是因为新建有时候与并购相比更适合，具体优势见表 6–2。并购确实进入速度快，但毕竟不是自己亲自开发的市场、技术，不是自己亲自培养出来的管理团队，也不是自己一点点培育的管理文化，能否达到预期效果存在很多不确定因素。选择并购还是新建，需要权衡。

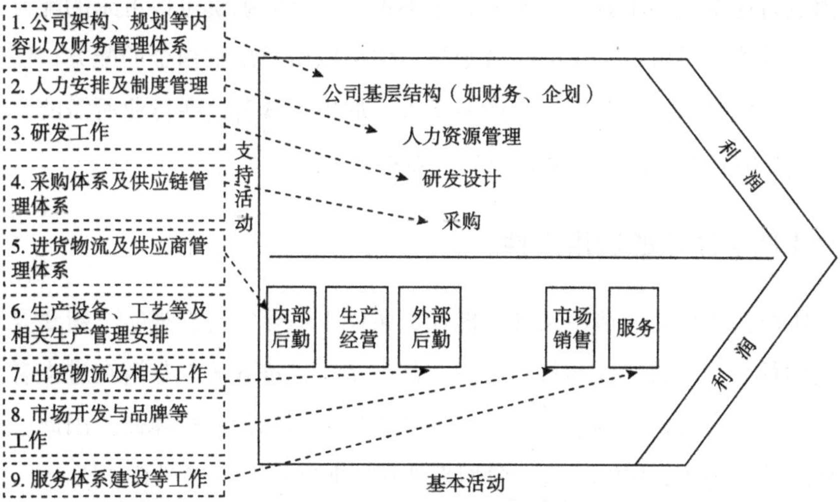

图6-2 用波特价值链来理解新建工作

表6-2 并购劣势与新建优势的比较

并购可能存在几类问题	新建可能具有的优势
并购进入速度快，但也会由于进入市场过于仓促带来不了解市场及产品、不了解技术诀窍的问题	不存在并购对象，只能新建； 开发过程使企业能够深刻了解市场及产品； 可能真正促进技术创新
决策不当的风险	风险较低
决策支付成本太高 ·溢价交易：支付价格大于净资产额 ·协议交易：协议不可能完善 ·大笔支出：短期内支付大笔资金	可能代价较低，避免溢价收购、为商誉支付； 并购有无法预测的损失，而新建没有； 可以根据财务状况有计划地安排支出
并购整合不力 ·管理整合：管理整合有可能混乱 ·人员整合：人员整合有可能混乱	不存在管理整合的问题，可以保持同样的管理风格，减轻混乱程度； 不存在人员整合的问题，而且还可为管理层提供发展机会

新建有优点也有缺点。如新建要比并购慢很多、没有规模效应、会引起竞争对手的反对、无法接收原企业的行业经验等。新建是自力更生，一切需要从头摸索。有些行业从头摸索是可以的，甚至可以花钱购买经验，如钢铁厂，可以从设计院、工程总承包公司那里购买到设计与建设服务，但对于某些行业，如保健饮品，缺乏经验就可能会举步维艰。在保健饮品行业，有时营销能力才是企业成败的关键，甚至要远胜过产品的所谓功效。

营销能力这东西买不到、学不来、偷不走。你可以破解可口可乐的配方，但不一定能取得可口可乐的品牌地位；你可以研究出脑白金的配方，但你未必可以像史玉柱一样把这个产品卖火。如果不具备这些行业所需的关键能力，靠砸钱新入这个行业，结局一般不会太好。

（四）新建的适用条件

所谓新建战略的适用条件，即什么条件下适合实施新战略。新建要进入别的行业，对被进入的行业来说，你就是潜在进入者。是潜在进入者，就要面临潜在进入者的进入障碍，即结构性障碍和行业性障碍。因此，新建战略的应用条件用波特五力模型来理解就非常简单，如图 6–3 所示。

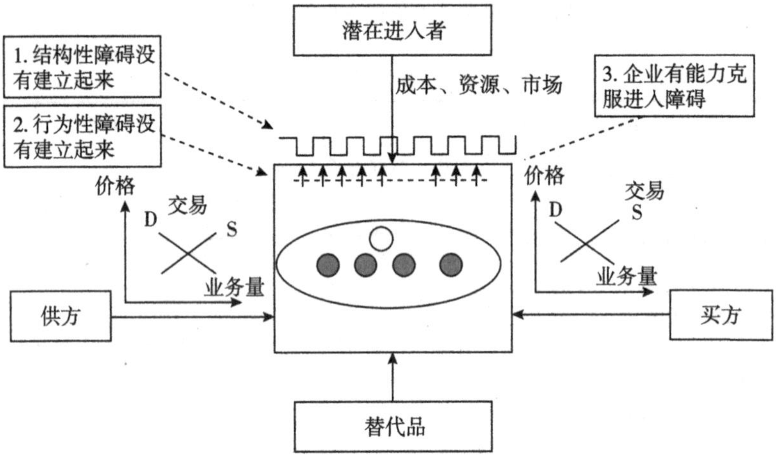

图6-3　用波特五力模型理解新建的适应条件

我们来具体看看新建战略的应用条件。

1. 结构性障碍还没建立起来

结构性障碍是什么，就是排外。现有的企业会结成同盟，不愿让你进入。譬如，汽车产业是一个供应链非常复杂的产业，一个汽车制造厂涉及众多的配件供应厂商，有些核心的配件如发动机之类，在供应链中处于支配地位。汽车制造厂与配件厂、研发机构有广泛联系。这样这个产业就形成了一个网。如果某一天，一个资本要进来新建一个汽车品牌，就需要与行业内多个供应商、研发机构、销售机构等建立联系。现有的品牌商发现后，若认为这个新建品牌进来会扰乱现有的均衡秩序，就会很快联合起来抵制。譬如对配件渠道进行封锁，要求所有配件商不给这个品牌供货，甚至有些过分的厂商会通知实验工厂，不得为新品牌提供研发便利。新建品牌一看拿不到配件，就只得知难而退，甚至样车在实验室里已经做好，但找不到地方进行试验，也不得不放弃。这就是结构性障碍的威力。新建适合结构性障碍没有建立起来的行业。

2. 行为性障碍也没有建立起来

价格战是现有企业封杀新进入企业的常用手段。我们经常说，行业里老大与老二打价格战，最受伤害的是行业老三，其实还有一个受害者即新进入者。如王老吉与加多宝的价格战，会影响“和其正”等品牌。这时，如果有新品牌想进入这个行业，看到价格战，也就知难而退了。如果行业里还没有建立这些行为性障碍，那么采用新建的方式就存在可能性。

3. 即使结构性障碍与行为性障碍已经建立，企业也有能力克服

银行业可谓是铜墙铁壁，多年来，民间资本一直试图进入但如愿者寥寥。结果，互联网“宝宝”们来了，用互联网的模式巧妙地撬开了一个口子。出租车行业更是水深不可测的地方，多年来一直广受诟病，外人想从事出租车行业，仅牌照就能把人挡在门外。结果，滴滴打车等网约车来了，用互联网模式巧妙地绕开了结构性障碍与行为性障碍。对于采取新建战略的企业来说，如果行业已经建立这些障碍，就需要有能力绕开它们，或者说能以较小的代价绕开它们。

五、战略联盟是一种合作方式

中国的合资汽车公司实行的就是典型的战略联盟合作方式。我们姑且不论这种战略联盟是被动还是主动的，从形式上来看，中方与外方在合资汽车公司中，一般的股权比例都是 50：50。我们知道，对等的股权比例最不稳定，最容易起纠纷，可为什么还选择这种股权比例呢？这就需要从我国当初制定这个政策的背景说起。

（一）从汽车工业中的战略联盟方式谈起

在改革开放初期，我国汽车工业可谓是一穷二白，虽然以举国之力造出了“解放牌”汽车，但经历了“文化大革命”，要继续发展汽车，已没有多少钱可投入。解决钱的问题，或者说吸引投资，是当时的燃眉之急。另外，改革开放以后，环顾世界，可发现日本、美国、德国等国家的汽车制造技术已经远超中国。也就是说，我们不光缺钱，还缺技术。那中国有什么？有一个 13 亿人的大市场，而且是消费需求在不断被唤醒的大市场。

当时中国高层审时度势，提出“用市场换技术、用市场换资本”的汽车工业发展战略。合资企业就是在这样的背景下产生的。中方的初衷是最终要发展自己的汽车工业，不希望因为合资而丢掉主导权，外方则希望自己在中国的利益能够得到保护，于是多次探讨、争论后，最终确定了外资在合资中的比例不能超过 50%的红线。合资汽车厂迅速发展，中国的汽车产销量迅速提高，极大地满足了人们对汽车的需求。

（二）战略联盟是介于市场与一体化之间的第三种关系

战略联盟作为现代企业组织制度创新中的一种，已经成为现代企业强化竞争优势的重要手段。之所以说它是组织制度的创新，是因为过去的组织制度中，企业间的关系主要有两种。一种是市场关系，譬如中兴与华为，两者是一种竞争关系。又譬如钢铁厂与造船厂，两者是供应与客户的交易关系。不论是竞争关系还是交易关系，本质上是一种市场关系。另外一种是一体化关系。譬如中国南车集团与中国北车集团合并为一家企业——中国中车集团，两者就成为中国中车集团这个体系中的组成部分，即一体化关系。一个集团有若干个子公司，大家是一家人，就是所谓的一体化关系。

战略联盟这种组织形式是介于市场关系与一体化关系中间的一种关系，即第三种关系。有这种关系的两个企业，既相互独立又相互合作，这种关系为企业间的合作开辟了新的道路，所以称之为创新。

专栏 6-2

制造还是购买，是个战略问题

制造还是购买是一个怎样的决策问题？以苹果公司与富士康的关系为例说明一下。我们知道，富士康是为苹果代工的工厂，苹果的组装是在富士康完成的。苹果公司为了保证富士康公司能够完全按照自己的设计来完成产品的生产，有三种方式可供选择。

第一种是苹果公司直接把富士康公司买了。即购买富士康公司的股权，将富士康公司变成苹果的全资子公司或控股公司，苹果派出管理人员直接控制生产与管理。这种方式就是外国直接投资，因为对于中国来说，就等于吸引外资。从公司关系上来说，就是苹果与富士康变为一体了，即一体化。从配件供应角度，对苹果来说，就是自己有了制造厂。这是制造。

第二种是苹果公司与富士康公司只是纯粹的买卖关系，苹果给富士康下订单，然后对其生产管理彻底不干涉。这种做法当然省事，但是无法保证产品的质量与生产进度。从公司关系上说，这种关系就是贸易关系或买卖关系，即市场化关系。对苹果来说，就是从外部购买产品。这是购买。

第三种是苹果公司与富士康公司签订协议，不仅下订单，而且还对生产管理等方面提出更多要求。这种关系介于制造与购买之间。苹果不仅购买富士康的产品，而且还会提很多与产品直接或相关的要求，甚至包括富士康的生产环境、对员工的健康关注、社会责任等。这样的情况下，富士康公司在某种程度上相当于苹果公司的一个生产车间，严格按苹果公司的要求来做事。这种介于制造与购买之间的关系就是非股权关系，即战略联盟。

非股权控制常常可以达到股权控制的效果，却不必承担股东控制的成本。它可以通过合约或相对较强的讨价还价能力来对目标企业产生实质的控制效果。苹果公司不用向富士康投资，却可以让富士康像子公司一样严格按照自己的指令行事。由于有大量的订单在手，苹果公司甚至可以做到不与富士康签订任何协议，就能够让其听从自己的安排。在珠三角地区，大量的加工企业之所以处处受外资企业控制，其中原因之一就是别人手上有订单，有较强的讨价还价能力。反过来，如果换了个别不知名品牌的手机，下订单后向富士康提出哪怕稍微严格一点的需求，都可能被置之不理，因为那时富士康处于强势地位，有很强的讨价还价能力。现在一些互联网平台公司或生态体系与商户或成员企业之间的关系，表面上非常松散，但由于信息、流程、支付等均由平台掌握，实质上也能达到控制的效果。越来越多的商户或成员企业号称为平台打工就是这个原因。

（三）战略联盟是一种“合作”态度

为什么越来越多的企业会选择战略联盟这种方式呢？根本原因就是战略联盟表现出来的是一种合作态度，而并购之类所表现的更多是竞争的态度。譬如在过去，供应商和采购商之间似乎就是一种“你赚我就赔”的关系。但是仔细想一想，二者都是一条产业链上的成员，最终价值体现在为客户提供的产品上。没有用户对最终产品的认可，不可能有你我生存的空间。

也就是说，你我除了竞争关系之外，还是有合作的基础的。又譬如，你与我是同行，一直在相互竞争，然而，我们也还需共同教育客户、培育客户，甚至引导消费的走势，一句话，我们在共同维护产业的发展。因此，我们之间不仅有竞争，也完全可能采取一些合作行动，如某一时间共同掀起广告热潮、共同抵制供应商的涨价、相互之间进行技术交流等。正是基于这样的认识，战略联盟这种形式才得以出现。

战略联盟本质上就是合作，不过它比一般的合作意义更高些，是站在更长期、更高远的角度进行的合作。企业与企业的合作，可能是研发方面的合作，也可能是生产方面、市场方面甚至全方位的合作。

（四）战略联盟有合资、互相持股、协议三种形式

从现实来看，我国企业在研发方面的战略合作要多些。从合作形式来看，主要有合资、互相持股及合作协议三种。合资就是两个企业各占50%的股权，上面所说的中外合资汽车企业就是如此。互相持股就是你占我些股，我占你些股，交叉持股，以促进双方更好地合作。合作协议更好理解，那是中国企业最喜欢的形式，打开电视或网络，经常会看见某某企业与某某企业签订战略联盟或战略合作协议的报道。

从理论上来说，战略联盟似乎非常简单，但从实际来看，战略联盟却并不好做，难就难在“战略”这两个字上。姑且不说很多企业并没有战略，或者根本说不清自己的战略，就是有战略的企业，如何在企业与企业之间基于“战略”形成既符合市场规则又相互紧密合作的关系，也是一个难题。如果两个企业的战略没有合作点，或者有合作点但是设计不出科学的合作机制，那合作只可能是“两张皮”。找到点并且设计好机制，合作才可能产生。譬如，苹果公司在全球建立庞大的供应链，供应链上的各个企业为苹果做代工，苹果与这些公司没有股权关系，只有OEM之类的协议，但是苹果就能实际控制着这些加工厂。对苹果来说，不用投资但实际控制着这些企业，自然可节省一大笔成本。对代工厂来说，跟着苹果，订单不愁，当然也是好事。

（五）用小米的例子来理解战略联盟

我们以小米为例，来进一步理解战略联盟的“玩”法。

小米是这两年如日中天的企业，社会对其关注度非常大，也从不同的角度无数次解读小米，但大多数解读都是从互联网角度来说的。

其实，如果从小米与“雷军系”的众多企业之间的关系来观察，会发现这些企业实际建立了“战略联盟”。“雷军系”的众多企业都有雷军的投资，但作为风险投资来说，雷军在其中所占的股权并不大，没有控股，而且随着一轮轮引入风险投资，雷军所占股权比例还在缩小。就在这种看似松散的股权联系中，小米与这些企业的关系却非常紧密，这些企业也能够按照小米的生态体系建设的战略去发展。在一定程度上，这些企业是以小米战略为核心，在按照更为市场化的紧密方式进行研发、生产、销售合作甚至人才的共享。进入“雷军系”，就意味着可以享受“雷军系”的众多资源，但同时也意味着要遵守这个大“学校”的约定俗成的规矩。小米在这种关系中自然是老大哥，雷军则是导师的角色。用一句不严谨的俗话来说，小米没有控股，但实际上控制着这些企业。

从小米的案例中，我们可以看出战略联盟的好处：

①有利于促进技术创新。“雷军系”的众多创业企业之间可以相互促进，甚至按市场经济手段共享研究成果，使企业创业成功率大大降低。

②避免经营风险。孤军奋战的创业企业，自然风险更高。

③减少竞争。联盟是一种合作形式，有利于减少竞争。

④资源互补。这一点是小米系的突出优势。

⑤有利于开拓市场。对于“雷军系”的成员企业来说，所有成员都可能是自己的客户，这无疑有利于扩大市场。

小米不占绝对控股地位却能够对“雷军系”的成员产生巨大的影响力，这就与我们传统的企业，尤其是一些大型国有企业集团形成了鲜明的对比。有些大型国有企业集团往往绝对控股着一些子公司，甚至全资控股，但是集团对子公司的管控关系却常常是“一控就死，一放就乱”。是该反思反思自己的问题了。

形成鲜明对比的原因当然很多，但其中一条非常关键，即小米及“雷军系”的公司之间是战略性合作关系，所有的公司都根据雷军的整体战略布局进行定位与发展，都积极贯彻雷军的互联网思维，积极形成开放式的互联网文化，在利益链条上都体现“要么共赢要么共负”的共生精神。譬如小米的产品，手机、电视、路由器、耳机等以及投资的凯立德地图等，都自觉不自觉地接受了小米的理念。战略联盟这种方式，将小米与相关企业用“战略”紧紧联系在一起。这些企业以“生态系”的方式抱团竞争，竞争力自然会大大提升。当然，采取战略联盟达到“控制”效果，也有一个度的问题，如小米生态系的成员在规模、品牌等达到一定程度时，自然想自己更好地独立发展。那么这个度又在哪里？具体来说，联盟有没有绝对平等的可能？如果有，它在什么情况下可能发生？如果没有，那么“老大”对其他成员的控制又是否是必然的？度又在哪里？可以当作思考题留给大家。商业总是利字当头，无利不起早，从利的角度分析会更有意思。

第七讲

国际化战略那些事儿

一、国际化就是走向世界

国际化就是走向世界。为什么要走向世界？简单地说，因为走向世界能赚更多的钱。

我们先在理论层面上，对国际化战略相关内容做一下澄清。国际化战略与一般战略或国内战略有很大差别。国内战略常常会局限于实务层面，而对理论层面的探讨相对少一些。

在战略管理学科中，尽管关于国际化的理论讨论有很多，但基本上主要探讨四个问题。

一是为什么要国际化，即国际化的动因或优势。从生产要素角度理解，主要有垄断优势理论、区位理论、产品生命周期理论、折中理论等；从市场竞争角度尤其是寡头垄断企业的竞争反应角度理解，主要有海默、尼尔博克两个人的观点。具体到发展中国家，理论层面的内容相对就少了些，主要探讨发展中国家国际化的目的。

二是怎么进行国际化战略分析，即分析“我们在哪里”。主要理论是钻石模型。

三是怎样确定国际化战略目标，即明确“我们要去哪里”。主要理论是国际化战略的类型。国际化战略分为国际战略、多国本土化战略、全球化战略、跨国战略四种类型。这是一个在理论上也令很多人烦恼的知识点，因为很多东西很难界定，随后会详细说明。

四是实现国际化战略的路径是什么，即怎么去进行国际化。主要指的是国际市场的进入模式。这相对好理解，可以理解为一是出口，把产品卖给外国赚钱；二是股权投资，可以建立全资公司也可以建立合资公司；三是非股权投资，即借助一些合约关系进行投资等。

二、拗口的国际化动因理论

为什么要国际化？这个问题令很多理论家如痴如醉地研究着。实际上并不是理论家喜欢钻牛角尖，而是因为凡事都怕问个为什么，譬如“为什么国际化就能够赚钱？”“国际化一定就好吗？”等等。这些问题刨根问底下去，会发现事实并不像想象得那么简单，背后有着复杂的机理。但再复杂的机理，我们也要用通俗的语言描述出来。

（一）国际化动因理论沿生产与市场两条线展开

通俗地理解，企业之所以要国际化发展，肯定是因为要么对生产有好处，要么对销售有好处，再高大上的理论解释都要落到这两个层面上来。实际上，学者们解决这些问题，通常沿两条线展开：一条是从生产的角度，也就是从生产要素组合角度来探讨国际化的动因，主要有垄断优势理论、区位理论、产品生命周期理论、内部化理论、生产折中理论；另一条是从市场或竞争角度，主要从获得国际市场竞争优势方面来探讨国际化的动因，如海默观点、尼克博克观点两个思路。我们知道，企业要想在竞争中获胜，或者说要赚钱，要么其成本尤其是生产成本比对手低，要么其在市场竞争中比对手强。企业要走向国际，关注的就是这两点，学者研究的也是这两点。

（二）从生产要素组合角度探讨国际化动因的理论

沿着第一条线研究，就是所谓的国际生产要素的组合相关理论。所谓生产要素，主要指资本、人口、土地与生产技术等要素。沿这条线研究的相关理论主要有三类。

1. 从优势角度开展研究，主要有垄断优势理论、区位理论与内部化理论等

垄断优势理论说的是垄断会带来优势，所以有这些优势的企业就能够到国外投资办厂。区位理论说的是，各个国家的情况不同，办厂的时候可以有不同的选择。这两个理论内容较多，在下一节集中讨论，这里主要说一下巴克利与卡森的内部化理论。

要理解所谓的内部化理论，需要先理解两个概念。一是内部化。所谓内部化，也就是一体化，与市场化是两个相对的概念。简单地说，两个企业在市场上完全相互独立，那么两家企业就是市场化关系。两家企业合为一家，那就是内部化关系，或者说一体化关系。到底是内部化好还是市场化好，就要看哪个成本更低。二是中间产品。商品的生产，要经过一系列过程才能最终变为供消费者使用的商品，那么成为最终产品之前，除最初可供进一步生产所用的产品，如原料、配件等，都称为中间产品。譬如冰箱，在作为成品提供给消费者之前，需要各种配件，这些配件就是中间产品。

所谓内部化理论，就是讲由于市场竞争不完全，如果这些中间产品按市场化方式来，生产成本或交易成本过高，那么就不如将它们内部化，即由企业统一管理。当内部化跨越国界时就会产生国际企业。仍以冰箱为例，假定冰箱厂发现配件由供应商生产反倒成本高，或者说要签合同、盯着生产、为质量问题来回扯皮等交易成本过高，那么不如将供应商企业收购过来或直接新建个配件厂，将其变成公司下属的一个企业，这就是内部化。当这个冰箱厂在国际范围内布局配件厂，如在泰国设个冰箱总装厂，相关配件在越南、柬埔寨等地生产，那么它就是在实施国际化战略。

2. 从产品角度开展研究，主要有产品生命周期理论，代表学者是弗农

任何产品都有产品创新、成熟与标准化的阶段。这一理论的基本思想就是，技术刚刚创新出来的时候，会在自己国家用。到产品成熟之后，会去一些发达国家投资，设立子公司，进行生产与销售，目的是保持技术等差异化优势。到产品标准化阶段，才会到发展中国家投资设厂，目的是获得较低的生产成本。随着产品生命周期阶段的变化，企业产品生产的地域

会从一个国家转向别的国家，以寻求最佳的区位优势，这就是产品生命周期理论的核心思想。

再通俗一点，可用两个说法解释这种理论。一是人家的好东西根本不可能给你，给你的都是淘汰的东西。我国刚打开国门，从发达国家大量引进设备时，引进来的多是过时淘汰的设备与技术。二是商品的流行都是从发达的地方到不发达的地方。譬如以前一个时尚的东西，可能先在巴黎流行，然后到东京、伦敦、纽约，再然后到北京、上海、广州，最后过了很久才会到偏远的地区。对发达地区来说过时了的东西，到落后地区可能刚流行起来。

这一思想也为跨国公司高精尖技术不对外出口提供了理由，这显然是发展中国家不愿意看到的。所以是否出口高新技术，常成为国家经济谈判的辩论点。

3. 从综合角度开展研究，主要有生产折中理论

这个理论的主要特点就是综合，它认为以前的研究角度都对，但都不全面。如垄断优势理论说明了为什么能到国外办子公司（Why），区位优势说明了可以到哪里设立子公司（Where），内部化优势理论说明了建立子公司怎样才能效益最大（How），产品生命周期理论说明了在什么时候建立子公司（When），等等，但都只是瞎子摸象，未看到整体，因此要从整体角度来理解才行，即所有权优势 + 内部化优势 + 区位优势 = 对外直接投资优势。该理论由英国里丁大学邓宁教授 1976 年提出，至今在跨国投资的研究领域仍有着非常重要的地位。

（三）从市场角度探讨国际化动因的理论

后来学者们发现，仅从生产要素角度来理解国际化动因远远不够，还得从市场角度去理解，由此也形成了很多理论。从寡占反应角度看，主要有以海默与尼克博克两个人为代表的观点。所谓寡占反应，就是寡头垄断企业面对别的寡头垄断企业的市场行为的反应。

海默认为跨国公司之所以要到别的国家投资设厂，在竞争对手的地盘

开疆拓土，目的是加强自己的国际地位，或者说占领市场。譬如，中石油与中石化在国内市场上有竞争，它们对外投资，也只是将这种竞争向国际上延伸了而已。另外，决定某国是投资国还是被投资国，主要看各国企业的垄断优势，强的一方就是投资国，弱的一方就是被投资国。譬如美国某企业在通信方面有垄断优势，比我们国家的企业强，那么它就会进入中国市场，美国就是投资国，我国就只能是被投资国。美国企业在我国建立了自己的市场，目的是加强自己在国际上的竞争地位。

尼克博克认为，海默的说法不能全面解释对外投资动因。他认为，对外投资可分为两类。一类是进攻性投资，如德国汽车率先向中国投资设厂，就属于一种进攻。这类进攻主要由产品生命周期决定，创新性的好产品先留在国内应用，待产品成熟了就推向国际。另一类是防御性投资，如华为在国外投资设厂后，中兴也迅速跟进。尼克博克主要研究的是防御性投资。按照该理论，华为在国外设厂后，中兴之所以也迅速向国外投资，是因为两个冤家对头在市场竞争中已经形成了一种平衡，没有人愿意就此放弃这种均衡。这样，对中兴来说，华为到国外投资就是对自己的挑战，会给自己带来威胁。为了把这种威胁和风险降到最低，中兴就要跟着投资。为了避免落后而争着往国外发展，这就是所谓的“寡占反应理论”。

三、人口红利背后是什么样的国际化理论

电视或报纸上，经常会出现“人口红利”一词。譬如，在中国改革开放后，欧美等早完成工业革命的国家和地区，纷纷把工厂建到中国。过了几十年，中国人口成本越来越高了，这些跨国企业又纷纷把工厂搬到越南等国。这时一些专家学者会说中国的“人口红利”正在丧失。这里所说的“人口”，实际上指的是“人口”这一生产要素；说“人口红利”正在丧失，实际上指的是人口要素在国际竞争中的优势正在消失。

人口是生产要素之一，除人口外，生产要素还包括资本、土地、生产技术等。站在我国的角度，可以说人口红利在消失；站在跨国公司角度，就是说在中国的生产成本越来越高了，所以要向更“落后”的国家或地区转移。基于生产要素组合的国际化动因理论有很多种，其中垄断优势理论与区位理论较为典型。

（一）垄断优势理论解释企业为什么能到海外投资

垄断优势理论主要观点实际上就一个，即“市场不完全导致了对外直接投资”。海默和德尔伯格两人发展了这一理论。要理解这个理论，关键就是理解三句话。

1. 市场是不完全的

先说什么是完全市场。如果任何投资方（跨国公司）和被投资方（受资方东道国）之间，生产要素能够自由流动，产品能够自由竞争，政府也不搞保护主义，那就是完全自由竞争市场，即完全市场。如果不是这样，那就叫不完全市场。“完全”就是要求充分竞争，“不完全”则是不充分竞争。

经济学家最早进行垄断优势研究时，假设市场是完全市场。后来，海默和德尔伯格认为传统理论的“市场完全”这一假定不合理，就提出了自己的垄断优势理论。他们认为，世界上没有完全市场。一是因为生产要素市场和产品市场不完全。对企业来说，就是采购市场、销售市场不完全。二是因为规模经济导致的市场不完全。有些产品生产得越多成本越低，这样大企业就要占便宜一些。在完全市场中，应该是生产一百件的平均成本与生产一万件的平均成本一样，那才是真正的完全竞争。三是因为政府干预引起的市场不完全。国企与民企之间在进行竞争，假如政府总给国企这样那样的倾斜政策，那就是不公平的，换句话说，市场是不完全的。国际上也遵从同样的道理。四是因为税收与关税引起的市场不完全。以汽车为例，进口车在国内价格高，但在国外却很便宜，其中就与税收政策有关。那么，市场不完全又是如何导致了对外直接投资呢？这就要说到第二点。

2. 在市场不完全的情况下，跨国企业能够获得优势

他们认为跨国企业在不完全竞争中能够取得各种垄断优势。拿国内竞争的例子来类比，中石油、中石化在不完全竞争中可以获得三大优势。一是产品市场上的优势，也就是销售优势。典型的就是价格控制，国际市场上油价上涨时它们跟进，国际市场上油价下跌时，它们却未必会降价。之所以敢如此，就在于垄断，也就是市场不是完全竞争的缘故。二是生产要素市场上的优势。中石油、中石化可以获得垄断牌照占有大量的油田等资源，还能够轻易地获得银行贷款等资金资源。能够获得这些资源优势，也是因为垄断，即市场不是完全竞争的缘故。三是拥有规模经济。中石油、中石化产量越大，成本就可能越低。对于跨国企业也是同样的道理，由于市场不完全，它们的垄断地位能够带来市场优势、生产要素优势与规模经济优势。想一想，如果一些一流跨国企业，如谷歌、脸书、特斯拉要在中国某一地级市投资建个工业区，肯定很受欢迎，甚至可能以较低的价格拿到土地、获得大量税收减免等，这就是垄断带来的优势。

3. 跨国企业的垄断优势让它们到国外投资时可获得更大利润

一般来说，本土企业由于熟悉当地情况，有本土化优势；跨国企业远

道而来，相对来说，劣势大一些。跨国企业之所以能够到海外投资，就是因为具备垄断优势，这种垄断优势能够弥补远距离经营和对当地不了解的劣势所产生的成本。弥补这些成本之后还有利润，即垄断优势能够带来比本土企业更高的利润率，也就是垄断优势能让跨国公司比本土企业更为赚钱，这才是它们乐于去外国拓展市场的最重要原因。

说来说去，垄断优势理论其实就三句话：市场是不完全的；市场不完全能够给跨国公司带来垄断优势；垄断优势能让跨国公司比本土企业更为赚钱。既然能够赚更多的钱，跨国公司当然会去国外投资。这个从理论上推出的跨国公司国际化的逻辑还算严密。

（二）区位优势理论解释企业该向什么地方投资

区位优势理论是由区位理论发展而来的。区位理论最初由索思阿德在1953年提出，主要用于研究国内资源的区域配置问题。随后，艾萨德将其应用于研究对外直接投资的问题。后来，邓宁提出“国际生产折中理论”时，将区位理论进一步扩展成了区位优势理论。该理论认为，由于国际市场的不完全，导致国家与国家之间的条件不同，即有不同的区位优势（或劣势），跨国公司就该选择区位优势强的地方进行投资。

区位优势，就是区域优势、地区优势。前面提到，跨国公司先到中国投资设厂，后来发现中国成本高了，就把生产工厂迁到东南亚一些国家，主要就是因为这些国家与中国相比有区域优势，具体体现就是成本优势。按照中国传统文化中常说的“天时、地利、人和”，区位优势就是指“地利”的因素。

区位优势有两种，供给导向的区位优势和需求导向的区位优势。供给导向的区位优势，就是在生产要素供给方面相对优惠，简单地说就是劳动力便宜、土地价格优惠、有税收减免等。这些方面优势能使投资方的生产成本降低。在改革开放初期，中国为了吸引外资，在土地供应、税收等方面给外资企业很多优惠政策，目的就是从供给角度提升区位优势。跨国企业之所以愿到中国投资，就是看到中国有这些方面的生产要素成本低的优势。这就是所谓的供给导向的区位优势。

需求导向的区位优势，就是在市场需求方面存在的优势，简单来说就是我们有大片的市场，能给对方带来销售收入的增加。多年前，欧美一些二线品牌的服装、皮包甚至一些超市货品牌，到了中国却成为高档品牌。看到这种情形后，一些欧美企业开始在中国投资设厂，将设计留在本国，但将生产、销售放在中国。他们之所以到中国投资，就是看到了中国市场的巨大需求。这里从需求角度来谈的区位因素，就是所谓的需求导向的区位优势。

四、中国企业在海外到处投资是钱多烧得慌吗

在人民币升值的那几年，一拨又一拨企业到海外投资，手笔之大让人不由咋舌。万达集团曾在美国、澳大利亚等地投资了十多个项目，投资AMC并使其快速扭亏为盈的故事已经是哈佛商学院教授关注的案例。烟台新潮实业以13亿美元购买得克萨斯州油田；安邦集团在美国拿下纽约地标性建筑安道夫酒店，在欧洲全资收购比利时保险公司FIDEA，又要在韩国买银行……这些海外投资的故事，让人不由感叹，真是“钱多，任性”啊。那么中国企业在海外到处投资真是钱多烧得慌吗？

前面谈到并购的风险时，曾提到失败原因往往是决策不当、并购后整合不力、价格过高以及政治风险。如果不能够有效控制风险，中国在海外到处投资就是“冒进”，迟早要回归理性，回归过程中也必然有人要为此交巨额学费。从更一般的角度说，发展中国家的企业实施“走出去”战略有其必然性。这由发展中国家海外投资的规律所决定。如果每一个海外投资的大手笔都可以称为偶然事件的话，那么一连串的偶然事件放在一起就意味着必然。华为会向外扩张，小米也会向外扩张，而成长起来的美团、携程等也会向外扩张。中国企业发展到一定时期，不会甘心局限于国内市场，必然需要到国际上寻找更为广阔的空间。在亚洲经济一体化进程中，中国企业尤其是其中的互联网企业必然要携其技术或商业模式优势去抢市场。在铁矿石、稀土等资源日益重要且稀缺的时代，中国企业必然也要参与其中去抢资源。随着人力成本不断上涨，中国企业也需要从全球人力资源角度进行布局。发达国家有很多有形资产与无形资产，获得这些资产，有助于中国企业进一步提升。“寻求市场、寻求效率、寻求资源、寻求资产”，决定了中国企业必然要“走出去”。

这就是中国企业去海外投资的动因。因此，现阶段这种“烧”钱是必然也是必需的。

（一）中国企业向国际去寻求市场

小米在中国智能手机市场上挑战曾经的强势品牌“三星”之后，于2014年开始向国际发展，逐步进入印度、巴西、墨西哥、俄罗斯等国家，在这些市场上与三星、苹果等品牌竞争。小米凭借高超的营销手法、低廉的成本，取得了较好的市场效益。

发展中国家的企业发展到一定程度，必然会不满足于在自己的一亩三分地与别人竞争，而要把战火烧到对手的“后花园”。从国家竞争战略来说，自己的企业在自己的市场上与别国的企业竞争，充其量只是防御；在国际市场上展开竞争，才是真正的竞争。

走向国际，必须敢于一刀一枪地打。小米的国际化尝试，就是希望一刀一枪地占领更多的国际市场，它所走的路是中国企业未来必然要走的。不走这些路，就称不上真正的国际化。

（二）中国企业尝试国际化布局来提升效率

海尔一直注重“国际化的思维，当地化的行动”，基本构想是三个“1/3”：所有产品在国内生产并在国内销售1/3，在国内生产在国外销售1/3，在国外生产在国外销售1/3。最终海尔成为由中国海尔、美国海尔、欧洲海尔等组成的世界海尔。

通过国际化布局来提升效率，尤其是在相对落后的国家布局，是中国企业常见的做法。其主要原因有两个：一是国内的生产成本尤其是人力成本越来越高，必须向海外发展；二是这是国内企业竞争的必然结果，也就是国内竞争向国外的延伸，如家电行业除了海尔之外，还有很多企业也在国外投资设厂。

（三）中国企业从更长远角度考虑来寻求资源

到海外收购油田、矿山等重要战略性资源，往往需要站在国家高度以更长远的眼光来看待。由于资源的重要性，各个国家的法律对收购事项都有相对复杂的规则。这也使得收购充满不确定性。

2008 年前后中铝对力拓公司那次收购就充满了不确定性。力拓是全球三大铁矿石供应商之一，掌握着众多钢铁厂的命运。中国是铁矿石需求大国，能够与三巨头产生一些股权关系，将有利于增强中国钢铁业的谈判砝码。2007 年左右，力拓因为某项并购陷入财务危机，有意与另一大巨头必和必拓合并，引起国际市场上一片反对声。这种反对声给别的企业进入力拓提供了机会。当时外界就有传言中国企业可能会趁势进入，但是一直未见中国企业有动作。2008 年 2 月，中铝联合美国铝业突然出击，以 140.5 亿美元的价格收购了力拓英国公司 12% 的股权，并持有力拓集团 9.3% 的股份成为其单一最大股东。在金融危机期间，这笔投资肯定是巨亏的。不过按照最初的战略设想，中铝依然强势推进收购力拓的进程。2009 年 2 月，中铝与力拓集团签订战略合作框架协议，拟再增资 195 亿美元将持股比例从 9.3% 提升到 18%。面对中铝的强势收购，澳大利亚各界非常担心国资背景的中国企业收购有政府安排的因素。就在当月，同时有几家中国企业向澳大利亚投资审批机构申报了对澳大利亚矿业公司的巨额投资，如中国五矿集团、湖南华菱钢铁集团等。就在中铝和力拓集团两家企业宣传战略合作的当天，澳大利亚负责投资审批的机构却宣布要向国会建议修改法律，力图阻碍收购完成。6 月，力拓集团单方面宣布毁约，中铝并购力拓宣告失败。后来在力拓配股增发时，中铝进一步购买力拓股票，以维持持股比例及摊薄成本。从财务角度来看，中铝收购力拓未必有收益，但从战略角度来看，这种类型的收购对中国摆脱资源制约无疑有着非常重要的意义。

（四）中国企业去国际上收购现成资产

曾经的安邦集团属于金融资本集团。它在 2017 年以前曾频频在世界范围内开展并购，虽然最终曲终人散，但土豪洒金的故事仍然在坊间流传。它的收购对象既有高端奢华酒店，也有银行、保险公司，而且其收购时出手快、准、狠。这可以看作是中国企业在海外寻求现成资产的典型。除了安邦集团以外，国内还有一些资本集团在海外开展着并购活动。

可以说，金融保险行业是比较早与国际同行产生联系的行业。由于资本的逐利性和流动性，中国人在打开国门之后，就开始受到资本市场腥风血雨的洗礼。尽管也有一些金融企业尝试走向国际，但更多止于业务层面，如在海外开设分行之类，战略层面的“走出去”并不多见。

安邦集团算是从战略层面进行国际化尝试的中国企业之一。从安邦的手法来看，它更多的动机是寻求现成资产，通过并购甚至全资收购的方式，获取国外企业的控股权，从而获取发达国家企业的品牌、先进技术与管理经验。这种资产扩展战略虽然最终没有成功，但也能为中国企业集团理性地走向海外积累丰富的经验。经过这样的前仆后继，终有一天，中国会产生更多产业与金融领域的国际巨头。

再回到之前的问题，中国企业在海外到处投资是钱多烧得慌吗？只能说，到海外烧钱是必然的结果，至于是否“烧得慌”，就得看投资决策方式与投资效果。如果投资决策急进冒险，未按科学的流程进行分析，投资效果太差，真如有些持阴谋论的人所说，自以为聪明，实际上早已经钻进国际大佬早已布好的圈套里，那就是钱多烧得慌了。但必须再申明一下，国内企业走向国际是必然的选择。

五、钻石模型让你在国际化前更清晰地认清自己

要走向国际，就要分析国际，分析国际就要用到钻石模型。前面也说过，波特有三本很经典的著作，《竞争战略》《竞争优势》和《国家竞争优势》，其中《国家竞争优势》这本书主要讲的就是钻石模型。

（一）钻石模型分析的是产业的国家竞争优势

钻石模型要分析的是某个产业的国家竞争优势，也就是一个国家中某个产业比另一个国家的该产业强在什么地方。人们常常把使用钻石模型的目的简化为分析一个国家的竞争优势。这个说法不准确。一个国家的竞争优势很多，有地理优势、资源优势、军事优势甚至制度优势等，不一而足。但这些不是这个模型要分析的重点。准确地说，钻石模型要分析的就是一个产业的国家竞争优势。分析中要回答的问题是，为什么一个国家的某个特定的行业能够在国际上取得成功进而取得垄断性的行业地位。譬如，为什么苹果会在全球获得成功，掀起一股智能手机热，在智能手机行业中取得或一度取得全球垄断地位？为什么瑞士手表可以得到全球的公认？回答这些问题，对于要走向国际化的企业来说，最大的帮助就是能够发现自己走向国际的优势与不足。钻石模型的关键词是产业，这一点需要先明确。

既然钻石模型被用来分析一个产业的国家竞争优势，那么我们就要思考一个问题：我国智能手机有可能走向国际吗？目前，小米与华为都在朝国际化方向发展，我们也套用钻石模型分析一下。不过在分析之前，我们还是先深入了解一下钻石模型。

（二）因为形状像“钻石”才被称为“钻石模型”

钻石模型的构成很直观，主要包括生产要素、需求要素、相关与支持性产业，以及企业战略、企业结构和竞争对手表现，但其中一些观点却令人耳目一新。由于模型包含四个要素，画出来的图形像钻石，所以叫钻石模型（见图 7–1）。也有人将其翻译成菱形模型，也是因其形状像菱形的缘故。总之跟钻石、珠宝等贵重物品的价值没有什么关系。

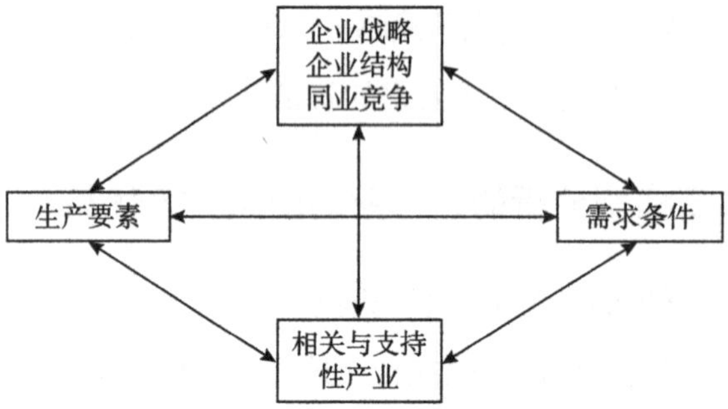

图7-1　用于产业的国家竞争优势分析的钻石模型

1. 生产要素就是人力资源、天然资源、知识资源、资本资源与基础设施

按波特的理解，生产要素有两种分类方法。一种是按级别高低来分类，分为初级与高级。初级生产要素主要是天然资源、气候、地理位置、非技术工人、资金等，高级生产要素主要是现代通信、信息、交通等基础设施以及高等教育人才、研发机构等。

另一种是按专业水平高低来分类，可分为一般生产要素与专业生产要素。高级专业人才、研发机构等都属于专业生产要素。套用国人常说的话，生产要素分为硬资源和软实力，软实力往往比硬资源更重要。波特认为软实力、高级生产要素和专业生产要素更为重要。换句话说，我们整天强调的中国人口众多、有廉价的土地资源、有大量的外汇储备等，在国际竞争中是不起关键作用的。

2. 需求分为国内需求与国际需求，主要是国内需求

波特认为，国内需求是产业发展的动力，相比国际需求更重要。这一点与我们平常的理解不同。我们一般会讲，因为国际上对我们的产品有更广泛的需求，所以我们要国际化。波特为何认为国际需求固然重要，但国内需求更为重要？

有两个方面的原因。

第一方面原因是本地需求越强，顾客的挑剔程度越强，会迫使企业不断升级。拿拉面来打比方，正因为兰州人喜欢吃拉面，对拉面更内行，所以若你在兰州都能把拉面做好，那到外地卖拉面，技术上肯定没问题。反过来，你要在很少吃面食的南方做拉面馆，进而想走向国际，就会很困难，因为南方缺乏拉面的市场需求，你的拉面在产品、技术上很难过关。你在南方可以应付客户，可一旦到北方就很容易落败。

第二方面原因是本地顾客能反映出市场需求变化，有利于预测需求。譬如，在上海、北京等地方开时尚服装店，这些地方的衣服，往往能反映流行的趋势。你在这些地方开店后，很容易把时尚的东西带到全国各地，尤其是落后的地方。这就是波特所说的需求条件。从这个角度，很容易理解为什么好莱坞的影片更容易卖向全世界，而我国中西部的影片甚至很难走出中国。

3. 相关与支持性产业就是我们常说的配套产业

按波特的意思，一个优势产业不可能单独存在，必然要与相关强势产业一同发展。为什么呢？譬如，一个手机制造商要走向世界，为什么还要配套产业跟着一起发展呢？主要原因是，一个优秀的手机产品是产业上下游相关产业共同努力的结果，而不仅仅是单一手机制造商的事。想想曾经的锤子手机吧，就是因为配套产能跟不上，导致其创始人在创业初期焦头烂额，频频推迟产品上市日期，最终未能一炮打响。

4. 企业战略、企业结构和竞争对手表现（同业竞争）

按波特的意思，一个企业要走向世界，国内必须有强有力的竞争对手。譬如，华为和中兴的竞争，将促进两个企业快速发展、走向国际。一个企

业不经过本地竞争的洗礼，很难走向世界。这也与我们平常的理解不同。我们习惯于按计划经济的做法，倾一国之力打造一个巨型企业，然后把它推向世界。但结果往往是，这个企业只能在国内称霸，到了国际上很难迅速成长，主要原因是企业发展过程中缺乏有效的竞争。

另外需要注意的是，按照波特的说法，通过政府补贴或保护的方式不可能培养出国际性竞争企业，勉强培养出来也只能是“扶不起的阿斗”。至于这种说法是否是因为波特的偏见，也只能仁者见仁、智者见智了。

（三）用钻石模型分析中国智能手机的国际化

我们来分析一下中国的智能手机行业能否走向国际化的问题。

1. 从生产要素来看

手机行业所需要的最主要资源就是专业生产要素，像一些高水平的技术人才、手机行业的研发机构等，这些都不是国内手机行业的强项，尤其是在芯片等关键配件以及操作系统的研发力量等方面，都属于软肋。这从华为遭受美国封锁芯片等技术可以看出来，也可以从小米走向国外面临专利诉讼看出来。另外，国内手机整体研发环境也有待提升，这种软环境设施对行业发展也非常重要。但是，国内存在着诸如富士康等有丰富制作经验的代工工厂，其中一批高水平的技术工人也是重要的资源。整体来看，缺乏技术资源的支撑，中国手机企业国际化能够走多远，尚须再观察。

2. 从需求要素角度来说

国内手机用户众多，满足国内用户的需求能够促进产业的发展。但国内对相关消费者的保护不够严格，手机产生爆炸事故后，厂商甚至可能把责任推到消费者身上。这样一个缺乏挑剔习惯的消费环境，未必有利于国内企业的技术创新。由于历史性原因，国内消费者大多缺乏想象力，对未来手机的新走势也缺乏太大预期，厂商版本的小小更新就会让消费者满足。缺乏预期性需求的刺激，国内手机能走多远也很难说。整体来说，需求因素的突出优势，主要在于国内消费者众多。

3. 从相关与支持性产业来说

智能手机的发展与移动互联网时代的来临密不可分，诸如电商、智能家电及相关硬件产业、软件产业、内容产业等产业的发展，直接影响着智能手机的发展。从全球范围来看，中国电子商务等产业、“互联网 +”等技术大致走在了国际前列。这些产业的发展都有利于中国智能手机在国际上发展。

4. 从企业战略、企业结构和同业竞争角度来看

曾经小米与华为是两个强劲的竞争对手。vivo、OPPO 等在特定市场上也占据较大优势。在 5G 手机换机潮中，这些企业竞争非常激烈。在相互竞争中，企业的能力会越来越强，这对中国手机走向世界有一定的促进作用。但从整体来看，一个不能忽视的事实是，荣耀品牌从华为体系中剥离后，国内手机品牌要在短期内撼动苹果强势地位的难度又加大了。这多少会影响中国企业“走出去”的节奏。

六、四个国际化战略你知道吗

国际化经营战略，按照全球协作能力、本土独立性和适应能力两个维度，共分为四种类型：国际战略、全球化战略、多国本土化战略和跨国战略（见图 7–2）。由于国际化战略对大多数读者来说有些遥远，为了更准确地理解其内涵，下面先看一个案例，在案例分析中学习与理解国际化类型。

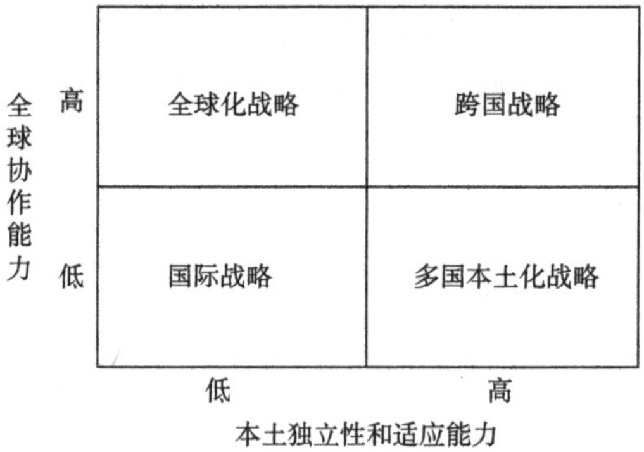

图7-2　国际化的战略类型

（一）一个国际化战略的案例

华表公司是一家生产汽车的公司。汽车生产的环节包括发动机、底盘及其他配件的生产与整车装配等。随着规模的扩大，华表公司决定向国际化发展。最开始，公司在越南投资建厂，主要生产零配件，然后将整车销售到越南。核心技术还留在国内。随着国际化探索进程的推进，公司经验越来越丰富，开始在泰国、柬埔寨以及非洲等地设立子公司，每个子公司既负责生产也负责销售，也就是发动机、底盘及其他配件生产与整车装配、销售等，均按照当地特点来进行。

请问：华表公司原来采取的是什么国际化发展战略？后来采取的是什么国际化发展战略？

正确答案是该公司前期采取了国际战略，后期采取了多国本土化战略。想一想，海尔走的是不是同样的发展道路？海尔最初只是在海外进行有限探索，即国际战略；随后开始在各地发展，希望最终能够做成美国海尔、欧洲海尔等国际化的海尔。它大量招收当地员工，实际上走的就是多国本土化战略的路子。

（二）四个战略主要从以产品还是以区域为中心划分

理解这四个战略的关键是理解本土独立性和适应能力及全球协作能力，如果不能理解这两个“轴”的含义，就不可能完全理解国际化战略的类型。但是，如果就字面意思进行抽象的理解，往往又会云里雾里、不知所云。我们不妨先来学习这四个战略的含义，之后再回过头来理解这两个“轴”的含义，或许更为清楚。

1. 国际战略的突出特点是在试探性走向国际，但重心还在国内

我们知道企业流程一般包括生产、销售与研发等，其中研发是核心环节。实施国际战略有较低和较高两个层次，较低层次是生产与研发都放在国内，在国外设立销售公司或销售办事处，把产品卖给国外，简单理解就是“国内研发、生产，国外设立销售公司卖”；较高的层次就是把研发放在国内，把部分生产与销售放在国外。生产要放在国外，就是在国外投资设厂或者委托加工，销售也就是在国外设立销售公司或办事处，简单理解就是“国内研发，国外建厂生产，国外设个销售公司卖”。这种试探性地向国外发展的做法，就是国际战略。这时，企业将产品及部分技能转移到国外，但重心还是在国内，主要目的还是增加产品销售。这是企业在国际化能力还不够强的情况下的常用战略。

2. 全球化战略的突出特点是在全球组织生产所需资源，生产并销售标准化的产品

这是以产品为中心的战略。一个国际品牌的汽车制造厂，把发动机放

在德国生产、底盘放在日本生产、配件放在中国生产，然后又在泰国组装，最后生产出标准化的汽车产品，在全世界各国开卖。它等于把汽车的生产工序放在不同的国家或地区，在每个国家或地区成立子公司，这些子公司只能为它生产一种或几种配件而不能生产出整车。由此我们可以想象出它在生产管理方面的“全球协作能力”的强大程度。如果再进一步，它把发动机研发放在印度，底盘研发放在中国，那就更为复杂，对“全球协作能力”的要求必然会更高。同样地，一个标准化的产品要卖到全球各地，也需要一定的协作能力，它要在全球范围内整合或新建营销渠道。可以简单地说，全球化战略就是集中在一些地区生产研发，然后在全球不同地区卖同一种标准化产品。在这种战略下，各国子公司只相当于母公司的一个生产车间或销售部门。这是企业在总部全球协作能力较强但子公司的本土适应能力较弱的情况下常用的战略。

3. 多国本土化战略的突出特点是在各国成立小而全的子公司

这是以区域为中心的战略。一个汽车公司在别的国家开办多个汽车子公司，这些子公司麻雀虽小但五脏俱全，俨然是母公司的翻版，根据当地情况进行研发、生产与销售，满足当地市场的需求。这就是本土化战略。在这种情况下，各国子公司自成体系，独立性较强、积极性高，但容易尾大不掉，不服从总体指挥。简单地理解，总部就相当于一个影子，而子公司个个强悍。这是企业在总部全球协作能力较弱而各国子公司的本土化适应能力较强的情况下常用的战略。

4. 跨国战略的突出特点是既在全球整合资源、卖标准化产品，也在全球各地设立小而全的子公司

这是全球协作能力强、本土化适应能力也强的情况下的常用战略，是以产品为中心与以区域为中心相结合的战略。在这种战略下，要充分发挥母公司与各子公司的能力，调动各自的积极性。母公司可以为子公司提供技术与产品，子公司也可以为母公司提供技术与产品。这种理想的效果，只有超强的公司才能够达到。

（三）巧妙理解“全球协作能力”与“本土独立性和适应能力”

讲到这里，可能很多人已经明白图 7–2 中两个“轴”的含义。

所谓“全球协作能力”，就是指总部协调各个国家的公司使之能够共同为一个标准化产品生产、研发与销售而协同发展的能力。把一个产品的生产分解到不同国家，然后协调这些生产，是典型的可印证全球协作能力强的例子。如苹果手机在全球选几个国家和地区集中生产，据说处理器是三星代工的、整机是富士康做的，生产出来之后再在全球统一销售。苹果公司有多个产品，每个产品都按这种方式生产与销售，其总部显然需要有很强的生产资源整合能力，而各地的子公司，如苹果中国公司，充其量就是个拿提成的销售公司而已。

所谓本土独立性和适应能力强，实则说的是子公司的独立性强、产品的适应性强。本土独立性强，就是子公司生产、研发、销售等什么都能干，离开母公司可以独立运转。适应能力强，就是指产品能够根据本土市场需求的特点进行灵活调整。

（四）大多数中国企业的国际化还是试探性的

现实中来看，我国大部分公司，包括一些大型央企“走出去”，过程中采用的还是国际战略，总部的全球协作能力还不够强。这些企业并没有在全球范围内整合各种资源生产出标准化产品，也没有扎根于某些国家大力开展本土化，在国外设立子公司或办事处，更多只是起到一个窗口作用。

有一些企业，虽然闷声不吭，但却悄悄把目光瞄向东南亚、非洲一些国家，开始尝试实施本土化战略，如一些汽车、电动车行业中的优秀企业。以奇瑞汽车为例，它十多年以来一直致力于国际化的探索。最初只是通过出售整车和散件向国际化发展，后来随着供应链的完善以及研发能力的提升，奇瑞开始实施“从走出去到走进去”的战略，在一些重要的市场建立生产基地，在当地生产与销售，并辐射周边市场。

另外一些企业试图生产出标准化产品在全球或部分国家（地区）进行

销售。小米、华为都是这样的例子，它们的全球化战略意图还是比较明显的。不过从目前的进展来看，由于全球协作能力还不够强，它们采取的国际战略多少还带有试探性，离真正的全球化还有一些距离。

（五）国际化的组织结构怎么协调

国际化的组织结构就是国际化的排兵布阵，也是公司资源与能力的重新布局过程。布这个局当然是为了实现国际化的战略。战略决定组织，组织体现战略，这个道理在任何时候都是一样的。

在设计国际化的组织结构时，要考虑公司的战略，更得考虑公司总部与各国子公司的实际情况，即公司总部的全球协作能力和各个子公司的独立性与适应能力。按照全球协作能力、本土独立性与适应能力两个维度，与国际化战略相适应，就有国际部结构、全球区域分部结构、全球产品分部结构、跨国结构四种基本的组织结构类型（见图 7–3）。理解全球协作能力、本土独立性与适应性的含义，就比较容易理解这些组织结构类型。

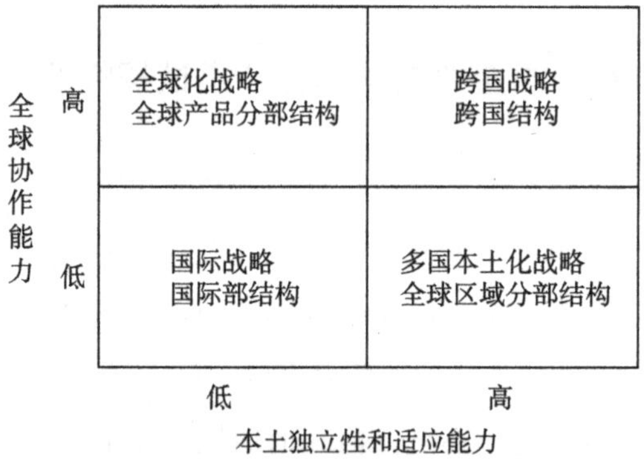

图7-3　国际化经营战略类型及其相对应的组织结构

一是国际部结构，就是试探性设置一个国际事业部。大多数中国公司采取的是这种结构，因为总部的全球协作能力较弱，也不了解别国市场的实际情况，在这种局面下要开展国际化，往往只能设立一个国际部，尝试着进行国际化探索，研发、生产和销售重心还在国内，或者只是适当地将部分生产和销售业务有限地放到国外去。这个国际部一般由一个副总分管，然后在国外设立若干个分公司、子公司或办事处。国际部结构与国际战略相对应。

二是全球区域分部结构，就是按区域设立若干个子公司。如上所述，这些子公司能够根据当地的情况生产出有本土化特色的产品并在本地销售。

肯德基就是一个较为典型的例子。它到中国之后，先是卖自己的鸡腿与可乐，后来发现中国人早餐喜欢吃油条和稀饭，就开始研发并销售油条和稀饭。这样肯德基中国公司就具有很强的独立性，也有很强的本土适应能力，相当于一个利润中心。与此同时，总部在全球各个国家和地区的子公司之间不需要做太多的协调工作。采取这种结构时，跨国公司往往只需要按区域设置若干个分管的副总，每个副总分管若干个区域内的子公司就行。如肯德基设置了分管亚洲公司的副总，这个副总下面管理中国子公司、日本子公司、越南子公司等若干个子公司。在这种结构下，总部（母公司）相对弱势些，子公司相对强势些。全球区域分布结构与多国本土化战略相适应。

三是全球产品分部结构，就是总部按照产品类别设立若干个产品部。这些产品分部掌管一切，目的是生产出可在全球范围内销售的标准化产品。研发时，总部统一组织；生产时，总部把任务分解到若干个国家的子公司。仍以汽车制造为例。譬如底盘由日本公司生产，发动机由德国公司生产，零配件由越南公司生产，装配统一由中国公司来完成，各个子公司按照总部统一要求完成各自的生产任务，而核心技术则掌握在总部手中。这时，各个国家的子公司都只是一个供货来源或一个大车间。销售时，全球统一销售标准化的产品。总部统一制定营销政策、协调营销活动，各个国家为了销售可能会设若干个营销子公司，但每个国家的分公司也只是相当于一个销售部门而已。在这种结构下，总部（母公司）相对强势些，子公司相对弱势些。全球产品分部结构与全球化战略相适应。

四是"跨国结构"。这个结构相对复杂些。如果说全球区域分部是按区域进行组织结构设计，全球产品分部是按产品进行组织结构设计，那么"跨国结构"就是既按区域又按产品进行组织结构设计，是一种矩阵式的结构。在这种结构下，总部很强，子公司也很强，强强联合。在总部层面，分别设置区域副总和产品副总，子公司同时受到区域副总与产品副总的双重领导。为了能够有效地协调，母子公司之间就要进行合理的分工。母公司在某些方面进行集权，在另外一些方面进行放权；子公司在某些方面有着较强的独立性或权力很大，又需要在另外一些方面支持别的子公司，或者说权力较小。这就是跨国结构，与跨国战略相适应。

七、聊聊走向国际的方式

企业进入国际市场是一件非常复杂的事情，毕竟是要从熟悉的本国走向并不熟悉的他国，其中涉及两个国家或地区的政治、经济、文化、法律、技术、产业、市场、用户等各个方面的不同。为了少为这些不同交学费，企业就需要选择合适的进入方式。

企业进入国际市场最简单的方式就是出口，即把产品卖到国外去。复杂一点的办法有对外股权投资和非股权方式（见图 7–4）。严格地说，股权投资包括证券投资和对外直接投资，但由于证券投资只是股权投资的一种特例，人们在谈到股权投资时，常常会将股权投资简单等同于对外直接投资，不将证券投资包含在内。证券投资主要就是购买对方股票及相关金融产品。非股权形式投资主要是指通过合约之类的方式达成合作。

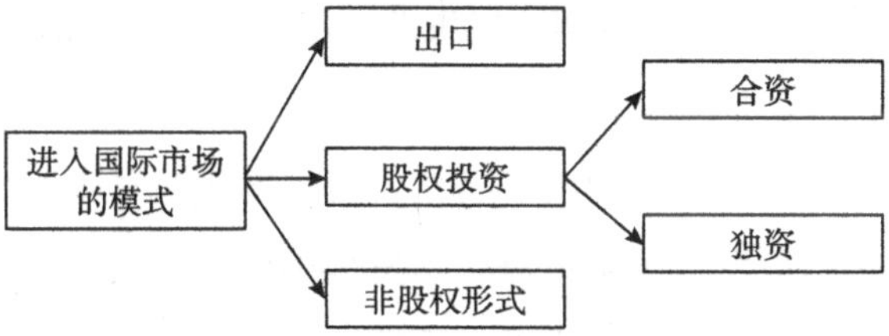

图7-4　进入国际市场的模式

（一）先出口给发达国家，还是发展中国家？

在中国生产，产品卖到美国、非洲，与在北京生产，产品卖到广州、上海，本质上都是销售。区别在于国际销售需要涉及海关、外汇以及相关国家政策规定等更多的事务，手续更为烦琐而已。国内销售需要做目标市场研究、渠道寻找等工作，国际销售也绕不开这些事，只是要做的工作内容更多，对知识与经验的要求也更多。在改革开放早期，出口不是谁想做就能做的事，得先办理海关许可或申请由外贸公司来代理，国际销售比国内销售的壁垒要大得多。一些人凭知识与经验跨过这些壁垒，早年做外贸订单的都发了财。到了 21 世纪，尤其是跨境电商兴起之后，手续越来越简化，虽说也有关税之类的壁垒，但越来越方便了，甚至手机上一键就能完成。如果未来国家与国家之间实现经济一体化，譬如亚洲国家之间，那卖到国外与国内就真的没有什么差别了，就回归到了都是销售的本质。

海外销售的特殊性，从理论上来说，主要体现在选目标市场前，需要先选择目标国家或地区。譬如你在中国生产的计算机要出口，全球有那么多国家，不同国家文化等不同，市场特点也不同，你得做出选择，是先卖给美国还是先卖给非洲国家？这就是所谓“目标市场的区域路径”问题。

对于这个问题，一般来说，有两种回答。

一种回答是先卖给非洲，原因是非洲落后，即将产品卖给类似“地位”的国家，这种路径是传统方式或连续方式。地位可理解为穷富的档次。穷国出口穷国，富国出口富国，档次对等，这是传统的逻辑。这种逻辑的潜在前提是，富国能生产出好产品，也消费得起，但是先天的资源条件不足，如美国、日本等；穷国有好资源，但生产不出好产品，也消费不起好产品，如非洲国家。

基于这样的认识，合适的出口路径就是：发达国家生产出好东西，如高科技产品，先卖给发达国家，再卖给发展中国家。发展中国家生产不出多好的东西，真生产出来了，应先卖给发展中国家，成熟了再慢慢卖给发达国家。对于一些好资源，如矿产、农产品等，则是由穷国直接卖给富国，反正穷国也加工不了。

这种感觉也符合人们心理上的逻辑判断。美国的公司做发展战略，动不动就会以全球为目标市场，产品先面向英、日、法、德等所谓的主要国家，然后以降维打击的方式面向全球。他们甚至在地下车库创业时都敢表露这种“野心”。中国公司一般却很少敢创业时就想要称雄全球的，因为那样会被人嘲笑，你在北京郊区地下室搞创业，说要称雄世界，估计没多少人会信，但你说准备进入越南、老挝等国家，大家可能会认为你相对理性，本质原因不是我们国家对创新不够宽容，而是我们对自身、其他国家的“贫、富”等级有自己的逻辑判断，这个逻辑判断是一代人一代人连续积累的结果。我们心中这个判断难与易的“秤”就是所谓的传统思维，与此对应的就是传统的或连续的方式。

另一种回答是直接卖给美国，面向发达国家市场。在经济全球化背景下，有些好产品是可以全球同步发布的，此时不论穷国富国，只要是好东西，出口的路径当然可以先到发达国家，占领最发达的市场后，再面向发展中国家。这种先难后易的方式，与过去先易后难不一样，所以叫新型方式，也称为不连续方式。所谓新，就是与传统不一样；所谓不连续，就是与过去不一样。截至目前，采取这种方式的典型例子在国内还是少见。

不过，这种创新的、不连续方式必然会在中国大量出现，这一进程正在加快。中国加入 WTO 之前，只有少量先知先觉的人敢试探性地以出口的方式进入国际市场，如义乌小商品企业等，那时谈到西方的企业，大家往往都以老师视之。加入 WTO，慢慢融入国际市场之后，发现曾经非常尊重的西方企业似乎也不是那么完美。市场竞争真是个好东西，它将人们心中的恐惧一点点打破，让中国人深刻认识到真刀实枪的比拼才是王道。有了这种认识，创新时就敢以全球市场为目标。华为正在做这方面的引领。一直被华为视作市场经济老师的美国，在华为刚准备在国际市场大干一番时，就玩起了非市场经济甚至非常不堪的干预手段。虽然任正非一再告诫国人，美国仍是老师，但大家也意识到，在一些如芯片之类的“卡脖子”领域，不存在先易后难的可能，唯有知难而上才是上策。这样创新的硬仗打多了，在创业时就敢想把红旗插遍全球的中国人也会多起来。

创新的、不连续的方式本质上是对传统“等级”的心理逻辑的挑战。仍以地方与地方的例子来类比。改革开放初期，在中国人的传统心理逻辑中，尤其是在行政等级制度文化的影响下，省、市、县、乡、村自然形成一个由大到小的心理链条；东部沿海往往等同于发达地区，西部往往会被加上欠发达的符号，东西部又自然形成一个从富到穷的心理链条等。随着市场经济的深入推进，新成就的事实正在打破人们的心理逻辑。所谓一、二、三线城市等的榜单也在不断变换着，名次早已不是按行政等级分布了，一些地市级城市甚至县级市的经济收入、上市公司数量等经济指标会远超一大拨省会城市。曾经所谓的二、三线城市的企业，在市场中竞争时，发现曾经敬仰的北上广的企业也就如此。一些曾经不那么亮眼的城市，如安徽合肥，也开始凭借自己的特色发力，成长出一批起始就想把红旗插遍全国甚至进军国际市场的企业。仔细想想，中国企业走向国际其实是一样的道理，在竞争中建立信心，先打破自己的心理逻辑，再慢慢打破别人的认识，慢慢就走向国际市场了。

把产品卖给美国还是非洲，背后当然要看实力支撑，但最不容忽视的恰好又是“心理逻辑”。你心中在起点上有了高下之分，终点上自然就有了高下之分。这一点与前面所讲的“战略群组”内容本质上是一样的。一个人本来有实力，可以挑战更“好”的工作，但他心中有了高下之分，光想着先低就会高，到头来发现低是低了，却再也无法高了，究其根本，也许就是本无所谓高低，只是自己的认知局限。一个企业本来有实力可以自主创新，做更有“利”的事，但它心中有了高下之分，空想着先低端创新再高端创新，先买别人的技术再自主创新，先让给老外市场再拿老外技术。结果发现低端确实低端了，抄袭别人之后无法高端；买别人技术确实买了，但买完之后活得有滋有味，早忘记了自主创新的事情，直到让人家“卡脖子”；市场是让给老外了，真技术还是颗总吃不到的葡萄，甚至个别企业品牌还让人家给“灭”了。单个人或单个企业怎么做都是自己的自由，但是若想更进一步发展，创新方式或不连续方式则是必然的选择，而打破传统的“心理逻辑”则更不容回避。

（二）对外直接投资要么是建、建、建，要么是买、买、买

决定好以出口还是股权投资、非股权的方式进入国际市场之后，假如决定对外直接投资，套用发展战略实现路径（新建、并购、战略联盟）选择的角度，至少还有两个问题需要解决。以德国大众汽车进入中国为例。

假定没有政策限制，它第一个要决策的问题是，在中国是投资新建厂还是并购一家汽车制造厂，也就是新建还是并购的问题。它第二个要决策的问题是，是合资还是独资，也就是与别人合作投资，还是自己全部投资。这样一来，它就有四种选择，合并起来是三类方式：它可以独资新建一个汽车厂，即新建；也可以与中国公司合资新建一个汽车厂，即战略联盟；还可以全资收购一个中国汽车厂，或可以收购部分股权但控股一个中国汽车厂，即并购。各种方案都有其优缺点，需要权衡利弊做出选择。

从历史情况来看，跨国公司进入中国市场，相当大一部分在初期选择合资新建的方式，也就是与中国某公司合作重新建设一个新公司。选择合作的原因，除了与中国当时的政策有关以外，主要还是因为他们不熟悉中国市场。为了达到将自己的产品打进中国市场的目标，合资当然是不错的选择，既可以避免独资耗费大量的资金、占用大量的资源，还可以获得当地政策的支持，并逐步扩大市场份额。大众汽车在中国地区赚得盆满钵满，就是因为充分发挥了合资公司的优势。至于选择新建一个公司，而不是在中国原公司基础上进行改造，主要还是与中国企业当时的设备、技术及生产条件太差，全面改造成本太高或意义不大有关。

从控制权角度，对外直接投资有独资与合资两种形式。由于国与国之间不同点太多，如何发挥优势、规避不利，独资与合资的选择就显得重要。

用单身与结婚类比，独资相当于单身，最大的优点是自由。独资可以完全独立地决策自己的经营管理活动，可以规避由于双方目标、习俗等不一致导致的冲突。但独资的缺点也明显。①资金和资源耗费大。结婚买房可以两家共同出首付，而单身则要独自挑战进入有房阶层的壁垒。②享受不到配偶家族的支持。古往今来，做上门女婿换来好处的例子有很多。

相对应地，合资的好处也不少。①对自己好。结婚之后可以安心做自己的事业，即利于加强自己的业务。②将自己的优势扩展到对方的领域。③将对方的优势扩展到自己的领域。④说不定还能产生新的优势。合资最大的缺点就是协调成本太高。①目标协调太难。比如你想出国留学，他却想在国内创业，异国恋又太难。②文化协调太难。假设你从小勤俭持家，剩饭剩菜也舍不得扔，坚持吃掉，并以此为荣。而对方坚定地认为剩菜已经成为沉没成本，吃好之后再多吃一口并不能节省一分钱，多余的扔掉实际上也没浪费一分钱。这种架吵起来根本说不清。话糙理不糙，无论是海外投资还是国内投资，只要是合伙，出现的问题常千奇百怪，但实质上都是因为协调障碍，所要解决的都是战略（目标）与文化协调问题。

（三）非股权模式主要是建立合约关系

随着全球一体化进程加快，越来越多的企业融入全球分工体系之中，成为相互合作中的一个环节。采用合同或协议等方面建立合作关系是常见的方式。

本土企业一般会在制造（合约制造）、服务（服务外包）、管理（管理合约）及其他活动（如订单农业、特许经营、管理合约）等方面与国外企业进行合作。在珠三角地区，采取OEM、ODM等合约制造的方式比较常见。印度是国际开发软件外包的基地，全球很多大企业将软件开发任务外包给印度公司。中国一些在线英语教育公司，也与印度等国家的英语老师外包服务机构合作，将在线教育相关课程外包给这些国家去做，找印度人比找美国人当然要便宜。中国一家从事某种植物原料提取的高科技上市公司，在印度、非洲等地建立菊花基地、棉花基地。该上市公司与当地农户签订合同，提出种植过程的要求及收购要求，当地农户进行种植，上市公司进行监督管理，采取的就是订单农业的方式。此外，还有很多例子。这种非股权合作方式主要还是签订一系列买卖合约，简单的就是一般的买卖，复杂的，如前面商业模式所探讨，巧妙的商业模式设计也可以达到，虽然没有股权投资但也能实现控制目的。

第八讲

战略实施不容易

一、不会做规划才有可能做成“鬼话”

有这样一个真实的笑话。

几年前，一家咨询公司面试一个名校毕业的MBA，这名MBA应聘的是助理战略咨询顾问的职位。他的毕业论文写的是一个公司的战略规划案例，基本套路就是案例描述与案例分析，案例分析就是外部分析、内部分析，然后SWOT，最后形成公司战略，给出一些战略实施的建议。可以说，他的论文也算主题明确、逻辑严密、形式规范。在面试中被随口问了句：“你的论文最终得出了什么结论？”他非常自信地回答：“这个公司应该采取差异化的竞争战略。”接着问：“怎么个差异化法儿？”他愕然道：“得出了差异化战略还要怎样吗？”翻看他的论文，厚厚一本只得出这样一个概念性的结论，至于如何差异化却只字未提。我们知道，全中国的企业家都在说“以新取胜、以奇取胜、以特取胜”，现在的难题就是不知道该如何“新、奇、特”，论文给不出哪怕一点点破解之道，有何价值？对绝大多数在市场摸爬滚打过的企业家来说，难点并不是形成所谓的一句话战略，而是能将这个战略变成一个具体可执行的规划。遗憾的是，很多人将重心放在前面的分析与战略制定上，而没有注重后期的规划。

（一）从战略到规划再到实施的两条思路

我们知道，在设计建筑时，不仅仅需要根据概念、功能等需求画出概念草图，还需要做出设计、施工方案，否则整个建设活动就无法开展。战略管理也是这样，通过战略分析制定出来的战略，大致相当于建筑设计中的概念草图，后面至少还要有更详细的战略规划。从一定意义上来说，不能落实到规划层面上的战略，只是空中楼阁。

如何从战略到规划、实施？目前有传统的战略规划与实施、平衡计分卡的战略规划与实施两种思路。

（二）传统的战略规划与实施思路

传统的战略规划与实施思路主要通过制定战略目标、确定行动计划与战略实施三个步骤来完成。

1. 制定战略目标

常用的方法是将战略分解为具体的财务类目标。这些目标往往结合业务情况，从近中远三个层面来分解。如图 8–1 所示，该公司对未来 15 年的发展从三个层面进行规划，第一层面（2005—2008 年）的目标是化工工程扩张，第二层面（2008—2013 年）的目标是环保投资扩张，第三层面（2013 年）的目标是工程投资扩张，具体目标为 2008 年销售收入达到 12 亿元、净资产 8 亿元，2013 年销售收入达到 30 亿元、净资产 13 亿元。结合实际情况，企业未确定第三层面的量化目标。该企业采用销售收入与净资产作为量化指标。除此之外，企业还可以根据实际情况，灵活选用适合的量化指标。如有些企业会根据集团公司的考核设置相关指标，形成具体的年度经济指标，如主营业务利润、国有资本保值增值率等。

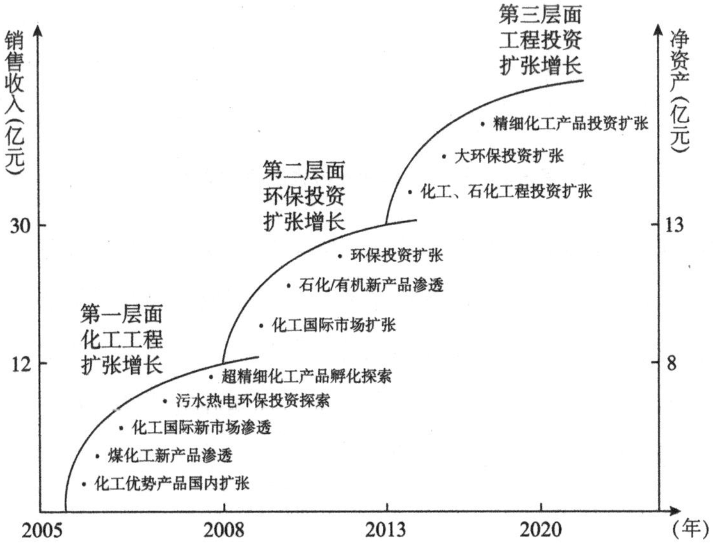

图8-1 某公司的三个层面战略规划

2. 确定行动计划

基本做法是，将战略目标具体分解为营销、生产运营、组织、人力资源、品牌等职能活动的目标，同时确定这些职能活动的主要实施计划。

传统战略规划报告的典型大纲如图 8–2 所示。其中企业发展规划目标分为远景目标、五年目标与年度目标分解，与上面提到的三个层面的目标相对应。年度目标可具体分解为总体目标、主要经济指标、主营业务结构目标等内容。实施计划包括体制机制优化计划、投融资计划、组织结构调整计划等内容。

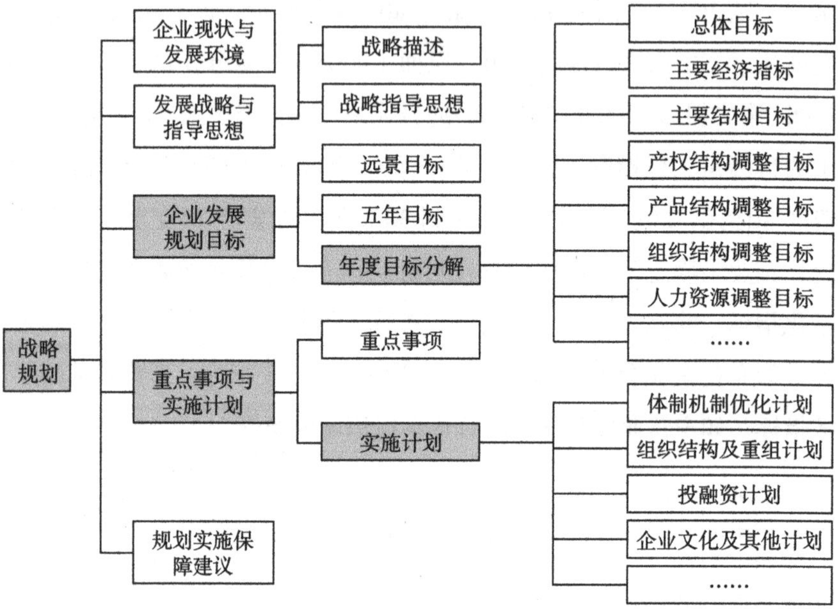

图8-2　传统战略规划报告的基本思路

年度目标与实施计划相互对应，但未必一一对应。某些年度目标需要若干项实施计划相互配合才能支撑起来，如要完成主业结构调整目标可能会涉及资产重组计划、人员安置计划等。同样，完成某项实施计划又可能支撑或影响若干个年度目标，如企业实施一项国际化战略行动，可能会影响主要经济指标、产品结构、组织结构等。

3. 战略实施

在具体实施中，企业领导者更多关注组织结构调整、企业文化管理、人才管理等内容。组织结构的调整往往伴随着人事调整，是企业家们最喜欢做的事情。企业文化管理涉及思想意识形态等方面的内容，看似无形却非常有力，管战略必须管文化。

传统的战略规划与实施思路，从目标、计划到实施，简洁明了，又符合人们的思维习惯，被绝大多数企业所采用。但是这种思路也存在着一些明显的不足。

（1）目标制定的逻辑不严密。财务目标并不是战略目标的全部，有时一些非财务目标更为关键，如企业文化、人力资源等目标，但这些目标难以量化、偏软，不容易被企业接受。近些年，也有企业尝试将非财务目标纳入战略目标体系中，但是战略目标应该是关键目标，如何在众多的财务目标与非财务目标中取舍，也是一个难题。

（2）战略规划的逻辑不严密。战略规划报告涉及年度目标分解与实施计划两部分。二者虽然并不一一对应，但在实践中，两部分内容分解之后往往要由相应职能部门来完成，如人力资源部完成人力资源目标及实施计划，投融资部完成投融资目标及实施计划。在这样的情况下，公司的战略规划也就等同于各项职能规划的简单汇总。相关的职能部门经理对此有抱怨："公司战略规划还没有出来，先做职能规划是强人所难。"然而，在这种传统规划与实施的思路下，不简单汇总又如何处理呢？对此问题，战略理论一直有所回避，到目前为止，除了平衡计分卡体系外，现有战略理论中鲜有对此问题逻辑严密、简洁明了的答案。

（3）战略实施的逻辑不严密。在具体战略的实施中，虽然人才管理与文化管理非常重要，但重要的事项未必就一定是关键事项。如对房地产公司来说，土地储备可能是关键的事项；对有色金属企业来说，拓宽融资渠道可能才是关键的事项。在一定意义上，直接决定着企业的生死存亡的关键事项，才属于战略问题。对于这些关键事项与人才、文化管理之间的逻辑关系，传统战略理论也是多予回避。事实上，这些关键事项未必会列在规划之中，列在规划之中的也未必就是关键事项。对关键事项的把握更多依赖领导们的个人经验，而不是规划设计。在这种情况下，战略规划与实施容易成为“两张皮”。

（三）平衡计分卡的战略规划与实施思路

平衡计分卡作为战略实施体系，从战略规划到实施、评估，逻辑严密，很贴合企业运行的实际。这也是该体系创立者卡普兰与诺顿对战略管理理论的重要贡献。然而，这套逻辑严密的理论却与中国企业甚至世界上很多企业的使用习惯不吻合，以致在实践中被褒贬不一。但总体来说，平衡计分卡体系可以称得上是迄今为止在企业战略实施方面最重要的理论。我们将在下一讲中专题研讨。

二、战略实施是一个系统工程

如果说战略制定的过程中科学性更多的话，那么战略实施的过程则更多的是艺术性。战略实施是一件复杂的事情，所谓牵一发而动全身，稍有不慎，如外部环境的一个小变动，企业内部某个环节的不给力，甚至一次小小的客服事件引发的负面影响，就可能导致全盘皆输。然而，企业发展是一个不可逆的过程，如果因为战略问题使得企业的发展受到影响，那只能基于错误的事实，要么将错就错，要么拨乱反正。但不论怎么做，一旦战略实施错误，所付出的代价都会让企业很难承受。

（一）战略与执行常常是“鸡与蛋”的问题

厘清战略与执行的关系是一件困难的事情。战略目标未达成，到底是战略制定得不好还是执行得不到位，很难说清。有人会说“战略是直线，而执行会拐弯”，又有人说“规划、规划，鬼话而已”。如果战略很好而执行却不好，那管理者首先要自省企业战略管理的能力，尤其是战略实施中的管理能力。

曾经有一家大型客车制造厂，由于种种原因，长期处在生存挣扎线上。在20世纪中后期，厂里来了个新厂长。新厂长敏锐地发现，客车制造行业将进入一个快速发展期，国内也将会掀起一场国企上市融资的热潮。经过研究，他认为企业一方面要积极将产品往豪华大巴上转型，另一方面要积极寻求有关部门支持，争取上市。为了实施新战略，他上任之后第一件事就是进行组织与人事调整。按他的本意，战略总得人实施，将人调整好之后，后面就会顺利。然而，他没有想到这家企业内部人员关系错综复杂，亲戚、同事、同学、师徒等关系相互缠绕，动一个位置所形成的“空穴运动”，会牵扯到几十甚至上百个人。他大会开、小会开，但巨大的历史惯性使得战略实施起来举步维艰，最后不得不草草收场。多年以后，当外部市场环境真如他当初预料的那样，客车市场热得一塌糊涂时，很多老工人才幡然醒悟，后悔不已。可是这些感叹又有什么用呢？只能说明一点，他们不幸遇到一个能提出战略构想却不懂实施艺术的领导罢了。

（二）传统思路中的战略实施主要包含两层内容

需要注意的是，这个思路属于上面所说的传统思路。从我国企业的实际来看，战略实施可以理解为包括静态层与动态层两个方面的内容。所谓静态层，也可称为内容层，指战略实施中要管理的内容，包括文化、组织、人才、现金流、制度、利益相关者这六个要素。动态层也可以称为手段层，指对战略实施过程管理的手段，包括目标、计划、沟通与控制（见图 8–3）。

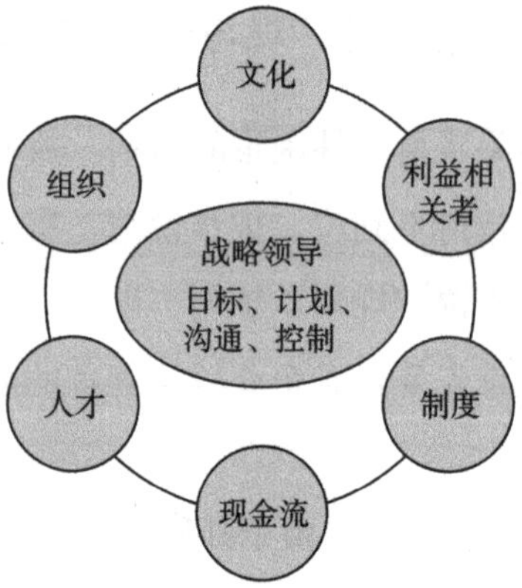

图8-3　战略实施框架模型

1. 静态层

战略实施涉及企业的方方面面，只要与企业相关的事项，都属于战略实施需要关注的内容。从理论上来说，波特内部价值链上的各个环节都属于战略实施要关注的内容。然而，这些大大小小的事情却存在着层次区分。文化、组织、人才、现金流、制度、利益相关者等六大要素处于战略层。营销、生产、财务、人力资源、采购、投融资、研发等工作都属于基础层的内容。在传统的思路中，抓好战略层的六大关键事项之后，其他基础工作都会迎刃而解。譬如，对于营销工作，公司确定好发展目标后，只要组织结构调整到适合状态并配上合适的人，再辅以资金支持、制度约束，就能够做好。这种传统思路被我国企业普遍采用。在本讲中，我们会重点对文化、组织、人才进行讲述。由于现金流与制度涉及的内容较多，且偏实务性，这里只做一个简要说明。

现金流或者现金流管理，按一般意义的理解，属于财务管理中的一个细分分支，但是从企业实践来看，却是战略管理者需重点关注的事项。现金流如果出现问题，肯定会影响到企业的生死存亡。大多数企业死亡表面上是死于资不抵债，实际上直接导火索是现金流中断。所谓“一分钱难倒英雄汉”，就是这个道理。

企业战略管理者需要关注经营现金流、筹资现金流以及投资现金流的现状及整体安排。

（1）关注现金流现状，目的是控制现金流。譬如一些中小企业出现现金流不足时，该付的款就会拖着不付，该收的钱就要催着收。从理论上来说，现金流管理属于财务总监的工作，但很少有企业尤其是中小企业的老板敢彻底放手。

（2）关注现金流整体安排，主要是关注资金缺口。公司确定发展战略后，需要筹资及对外投资。在西方管理理论中，筹资与投资工作往往是由总监级或副总级人员来完成，但是在中国，包括一些大型企业，这些工作几乎都与一把手分不开。譬如一些关键时刻的筹资，离开一把手就难以完成。在金融危机期间，我国浙江一带企业资金困难，民间资本拆借疯狂，完成拆借最终还要一把手签字。企业战略管理者必须密切关注现金流，这是中国国情下的必然选择。

专栏 8-1

战略规划需仔细考虑融资安排

战略如果不能与融资安排紧密联系，那么就可能变成空中楼阁。融资不到位，战略就无法实现。制定战略后，要对实施战略所需融资额进行详细预测，并对企业自身的融资能力进行科学评估。如果企业融资能力不足，那就必须调整战略目标。从现实情况看，不能客观评估自身的融资能力和科学预测战略实施所需的融资额度，是企业普遍存在的问题。很多企业在制定战略的时候，姑且不论对产业发展趋势判断是否准确，就是对自己所提出的战略是否远远超过自己的资源能力约束心里都没谱。

一家通过整合全省矿产资源成立的国有大型集团公司，根据国家、行业及省里的有关规划目标，结合企业实际，提出了包括一系列资产重组计划的战略规划。这些资产重组计划中的一大部分是“政治任务”。让企业苦恼的是，这么庞大的重组计划需要大量的资金，而融资问题一直无解。当时企业所处的行业整体低迷，依靠内源性融资难度太大。资金负债率较高，资金来源主要依靠银行贷款，但额度有限。同时，股权融资的通道也不畅。

对于如此庞大的战略规划能否完成，没有人心中有底，只能走一步算一步。后来，企业虽然极力争取国家开发银行贷款，通过发行中期票据等方式筹措资金，但资金缺口依然很大，并购重组活动进展非常缓慢，甚至一度停滞不前。

制度或制度管理，是一个宏大的话题。从人治走向制度化管理，在制度化轨道上平稳发展，是很多企业的梦想。但是，制度化水平的提升，离不开战略管理者尤其是一把手的关注。在中国的国情中，没有一把手或战略管理者推动，企业不可能走向制度化。企业制度的建设，既包括基本制度的建设也包括具体制度的建设，这里暂不展开讨论。

2. 动态层

战略领导者常用的管理手段有目标、任务、沟通、控制。

（1）目标。采用目标管理的基本思路，确立公司的目标并将其层层分解，最终使得人人肩上有责任、有目标。

（2）任务。又可以称为行动计划，是对目标的具体落实。每个公司每年都会制订计划，这些计划必须落实到每个人的每周甚至每日的日常工作才能有意义。

（3）沟通。包括正式沟通与非正式沟通。正式沟通包括年度会议、半年会议、季度会议以及周例会等及一些专项会议。非正式沟通的形式更多。在我国，有管理者开玩笑说自己“不是在开会，就是在去开会的路上”，表明沟通在管理工作中所占的比重很大。

（4）控制。确保战略沿着事先设计的轨道上发展。如果偏离事先设计的轨道，要么修正事先设计的目标，要么不修正目标而提高实施能力。

动态层中的目标、计划、沟通部分的内容，在战略管理学科中，并没有成熟的理论，实践中大多借鉴目标管理、沟通管理等理论，这里不做过多阐述。战略控制部分的内容，将在第十讲专门讲述。

专栏 8-2

用两军对垒来理解战略实施框架

战略实施框架听起来似乎过于枯燥，但是如果与中国军事文化相联系，会发现非常有趣。

假想一下，你是中国古代某朝的三军统帅，现在正处于两军对垒、短兵相接的时间。你可能会这样做：①歃血为盟，鼓舞士气，甚至当众斩掉逃跑主义者，这就是文化调整；②排兵布阵，按一定阵法部署兵力，这是组织；③调兵遣将，拿下纸上谈兵之流，换上有真才实学之人，这是人事；④兵马未动、粮草先行，你得预算你所需的资金与资源，这些最终表现为现金流管理；⑤严肃军纪，奖惩分明，这是制度；⑥时刻防止后方奸佞作乱，不断与后方的亲朋好友沟通，不时给皇帝上奏折，这是利益相关者管理。在这些事项都布置好之后，你紧紧盯着前方的一举一动，为下属制定目标、审批计划、持续沟通、控制进程，一刻也不松懈。

如果仗打得不顺，除了战略制定的问题外，要么是六大要素出了问题，譬如排兵布阵或调兵遣将或其他方面出了问题，要么是战略领导出了问题，譬如目标下达或作战计划安排或其他方面出现了问题。对照一下我们企业的现实情况，会发现道理是一样的。很多战略的失败，要么是在外围层出了问题，譬如组织与人事安排不当等，要么就是战略领导出了问题，譬如目标分解不到位或缺位、有目标没计划、战略沟通缺乏等。

三、歃血为盟到底“盟”的是什么

歃血为盟中“盟”的是文化。古代大军出征前，三军将士用鸡血入酒，齐喊必胜的口号，大碗喝酒，喝完将碗打碎，头也不回，义无反顾地走向疆场。在这种仪式感极强的场合中，三军将士热血沸腾。如果跳出这个仪式，从战略实施角度来看，这种“盟”实际就是一种为了战略实施而进行的文化管理。

（一）企业文化是企业潜在的行为准则

企业文化是一种只可意会不可言传的东西，学者们对此进行了更为抽象的定义与解释。譬如，有人将企业文化定义为企业成员共有的哲学、意识形态、价值观、信仰、假定、期望态度和道德规范；有人将企业文化分为理念层、制度层与物质层，等等。来自心理学的词语构成的定义，让本来就难以理解的企业文化概念变得更为抽象。

企业文化可以理解为一个企业内部潜在的行为准则。这些行为准则没有被明文写出来，但却是潜在的、可以感知的。譬如，我们到某网络企业去，会发现其员工习惯穿牛仔、T 恤，而我们到某银行去，会发现其西装革履是常态。可以想象，当银行员工跳槽到网络企业去的时候，第一天他可能会穿着西装，但第二天他必然会换过来。虽然没有人告诉他应该换过来，但他知道“到什么山，唱什么歌”，一种无形的东西纠正着他。这种无形的东西就是潜在的行为准则，就是一种文化。再譬如，在某些企业里，人们习惯相互推诿，而在一些新兴企业中，员工往往勇于担责。这时假定一个新兴企业的员工跳槽到了传统企业，在第一次出现工作失误时，他会像过去一样，勇敢地站出来主动承担责任。然而，结果他发现这样做的后果是，别人出了错也会设法推到他的身上。之后，他就会“聪明”起来，不再轻率地承担责任，甚至会慢慢掌握把责任推给别人的技巧。当然上面所说的两个例子都似乎是非分明，而在实践当中，有很多潜在的文化难以用好与坏来判断，只能说是企业的特色。譬如，华为和中兴都是中国著名的企业，但两家的文化却大不相同。华为是所谓的狼性文化，讲究团队进攻、机会捕捉、果断执行；中兴是所谓的老牛文化，讲究稳中求胜、步步为营。两家企业文化各异，战略实施也都很顺利，难以评价这方面谁强谁弱、谁好谁坏。

为了战略能够很好地实施，企业领导人会进行文化管理。譬如，在掀起一场声势浩大的改革之前，我国企业都会开一场又一场的动员会。这个动员会实质上就是一种文化管理。可是，如果文化管理的方向不对，或者说所倡导的理念与员工所持有的理念不一致，那么，这一场场声势浩大的动员会往往难以达成目的。有时领导在主席台上声嘶力竭地喊着口号，下面的员工却无动于衷，或者偷偷玩手机来打发时间，有的甚至交头接耳、说风凉话，气得领导直感叹“员工素质不高”。如果抛开其他因素，单从文化角度讲，有一点可以肯定，领导歃血为盟时“盟”的路数不对。

（二）战略与文化是相互适应的关系

战略实施对组织内部的影响程度不同。有些战略实施后，不会对公司内部产生较大的影响，如一般企业沿原业务对外扩张，往往很少会引起内部组织、人事、资源等方面的变动，对内部的影响就相对不大。有些战略实施后，会对公司内部产生较大影响，如企业实施“去产能”战略，要砍掉一些部门、下岗一些人员、卖掉一些资源，等等，对内部影响就会非常大。通俗地说，不同战略的“折腾劲”大小不同，有的是小折腾，有的是大折腾。这种战略实施引起组织要素变动的程度，称为战略稳定性。战略若属于大折腾，则就是稳定性差，反之就是稳定性好。

组织内部对战略变化的反应程度也不同。对于企业战略引起的“折腾”，有些企业的文化能很快适应，譬如某些习惯在市场中竞争的企业，多大折腾都能适应。但有些企业的文化不适合折腾，譬如一些习惯了安稳的垄断企业，稍微有点改革的动静上下都会躁动一番。以人的性格来类比，有些人性格豁达，再怎么开玩笑都无所谓；有些人性格狭隘，不经意的话都会记恨一辈子，这样的人就不能跟他开玩笑。

战略变化的大小是相对的概念，关键是文化与战略要匹配。这种文化与战略匹配的程度，就是文化适应战略的特性，或叫作文化适应性，也称作文化与战略的潜在一致程度。

文化与战略相互适应，就是要求在实施战略时，能根据不同的战略特性与企业文化特点进行灵活的管理。就像与人开玩笑时，首先要考虑玩笑的尺度大小，随后还要考虑玩笑与人的性格的匹配程度。

（三）战略与文化的不同关系对应不同的管理风格

企业文化与战略的匹配性有高低之分，这样就形成四种情况，分别对应四种不同的文化管理风格，见图 8-4。

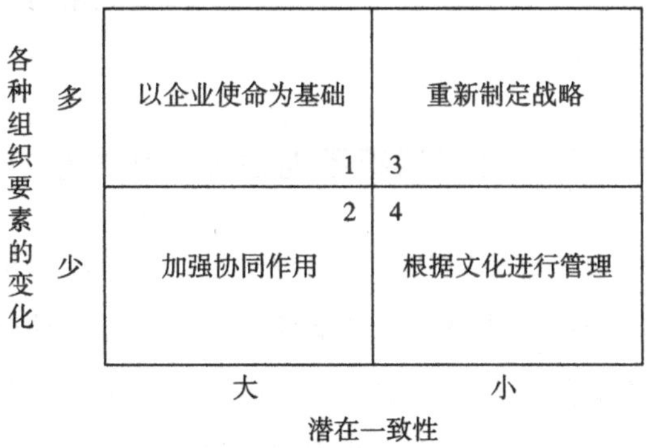

图8-4　战略稳定性与文化适应性

第一种是战略引起组织变动程度高，企业文化与这种组织大变动匹配性好，这种情况适合以企业使命为基础的管理。在战略折腾程度大、企业文化也适合这种大程度折腾时，用使命、愿景来激励较为适合。

第二种是战略引起组织变动程度低，而企业文化适应这种低变动。这种情况往往实施起来难度不大，主要需要加强协同作用，促使战略实施下去。

第三种是战略引起组织变动程度高，企业文化不适应这种大变动。这种情况下就需要谨慎审视企业所制定的战略，必要时需要重新制定战略。前面说到的那个汽车行业的国企，空降的领导雄心勃勃地制订出庞大的战略计划，但是实施时遭遇了巨大的阻力，主要原因就是战略折腾劲儿太大，而企业内部的文化是不愿意折腾，战略与文化不适应。在这种情况下，领导需要重新审视自己的战略，不能简单地把失败原因归为“员工素质低”。

第四种是战略引起组织变动程度低，而企业文化不适应这种低变动。这种情况，对企业来说，就是一种两难。企业总是要变化，而变化又受到抵制，则需要根据文化的特点来进行管理。20 世纪 90 年代末，对国企来说脱困是硬道理，而有些企业文化却很保守，对任何小的变化都非常敏感。当时一些有智慧的企业家从文化变革开始，通过各种方式给大家“洗脑”，然后逐步导入改革。当时创新出来的一些标语有些至今还在流传，如“今天工作不努力，明天努力找工作”等。这就是结合战略特点与文化适应性采取了灵活的管理风格。

（四）采取任何管理风格都不能丢掉文化内核

在战略稳定性与文化适应性的匹配基础上选取管理风格，目的是使二者更好地适应。但是需要注意，强调适应性时，不能丢掉原则性。每个企业的文化中都有能支撑企业持续生存与发展的非常优秀的东西。如果不能准确识别这些东西，一味强调战略的作用，就容易失去原则，该坚持的没有坚持，不该妥协又妥协。譬如，在 20 世纪 90 年代国企改革阶段，“爱岗敬业、精益求精”的奉献精神，是支撑企业发展的非常宝贵的东西，可是在改革中，一些企业急功近利，一味强调市场与绩效，用金钱刺激员工的内心需求。刺激没有错，能够削弱国企文化中过分保守的一面，但不能以偏概全，一并否定文化中原有的优秀的东西。如今，许多人都在感叹“工匠精神”不在了。

四、组织结构设置关键在于处理“分”与“合”的矛盾

一位非常幽默的老师曾说：“什么是组织？组织就是一群人。什么是组织结构，就是将这群人进行排列组合。”此言虽非严谨，但仔细品味，仍有几分道理。记住这个笑话，有利于我们理解组织结构的设置。

（一）“分”是分工，“合”是协调

所谓“分”，就是分工，主要是分配权力与责任。所谓“合”，就是协调，使组织各个方面的力量能够合在一起形成合力。手掌分开时可看到五个手指头，握起来则形成了一个拳头。对一群人进行排列组合，目的还是将群体成员的力量结合起来形成更大合力。

分与合是一门艺术。分权太多，虽然组织成员积极性高，但容易乱，不好协调。集权太多，虽然容易协调，但组织成员积极性低，容易僵化。按专业分责，分得细，组织成员的专业效率高，但本位主义强，容易僵化，不好协调。跨专业分责，分得粗，好协调，组织成员的整体效率高，但山头主义强，容易另立门户，得时刻防止内部分裂。按照分权程度与分责方式，在实践中有若干种组合，结果表现为不同的组织结构类型。

（二）组织结构的类型

常见的组织结构有职能型、事业部型、矩阵型三大类，按照企业由小到大的发展，具体又表现为创业型、职能型、事业部型、M 型、SBU 型、矩阵型、H 型和国际化经营企业的结构。其中，事业部型、M 型、SBU 型属于事业部型的大类，都是以事业部为基础的排列组合。H 型即控股集团组织结构是从控股关系角度谈论的组织结构类型，国际化经营的组织结构

是从与国际战略相适应的角度谈论的组织结构类型，可视为特殊情况。

1. 创业型组织结构

企业在创业时，首先采取的是简单型或创业型组织结构。这种组织结构可能不算是组织结构，只是进行简单分工，即一个老板带着若干个兵打拼。企业规模不大，人数不多，排列组合不出多少花样。

2. 职能型组织结构

随着规模的扩大，企业必须对人员进行重新的排列组合。其中若按照专业或职能进行分工，则会形成所谓的职能型组织结构。公司一般会设置办公室、人力资源部、财务部、采购部、生产部、营销部、客户服务部、物流配送部等若干个业务或职能部门。一般一个部门对应一块职能，各负其责、目标明确（见图 8–5）。

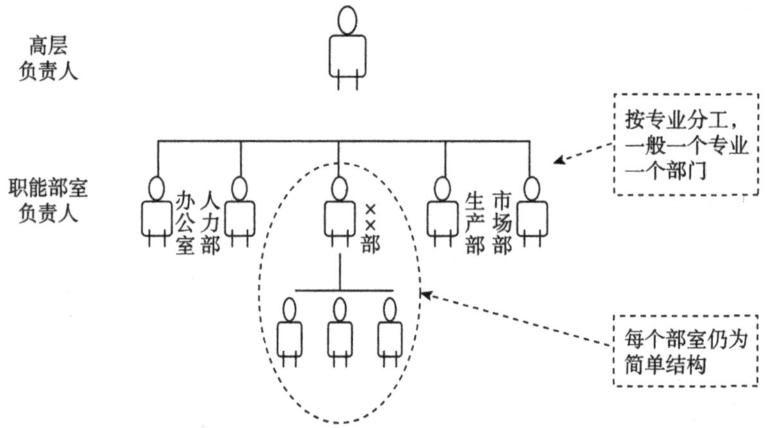

图8-5　职能型组织结构示意

这种组织结构有利于专业技能的提升，即专业的人做专业的事，专业效率会提升。譬如人力资源部专做人力资源方面的工作，人力资源工作水平自然容易提高；财务部专做财务方面的工作，财务工作水平自然容易提高。但是，这种组织结构由于过分重视职能，很容易形成本位主义，如人力资源部只管人力资源部的事，财务部只管财务部的事，缺乏整体观念，容易相互扯皮。现在政府部门推行负面清单制，就是为了防止职能部门的本位主义。一些地方政府尝试集中办公、统一窗口等方式，也是为了降低部门之间相互扯皮的可能。

3. 事业部型组织结构

公司产品不断增多或经营区域不断扩大，需要进一步对人员进行排列组合，其中按照“跨专业”进行分工，就形成了所谓的事业部，通常简称事业部制。公司将一块独立的产品或业务交由一个事业部型组织结构负责，相应地，与这一块业务相关的“跨专业”职能都交给这个事业部。这些跨专业职能包括行政、人力资源、财务、采购、营销等多个“专业”职能。从分权角度，该类型的组织结构分权力度较大。从分责角度，该类型的组织结构采取“跨专业”的方式分责（见图 8–6）。

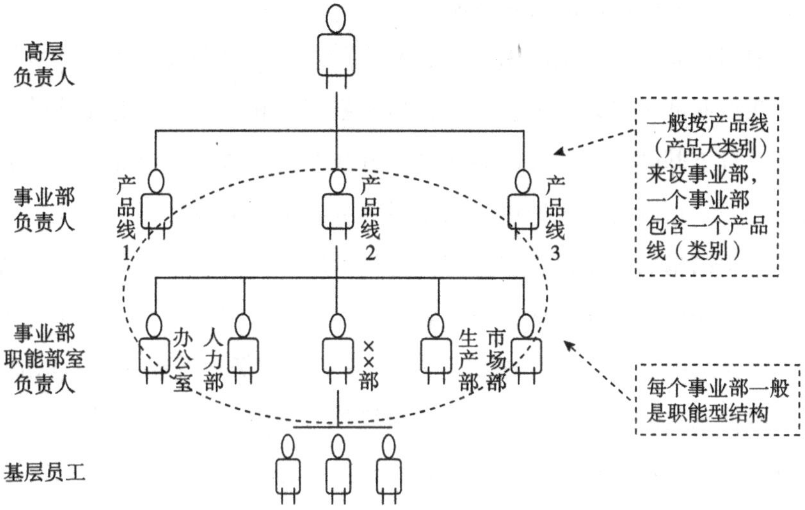

图8-6 事业部型组织结构

事业部型组织结构包含产品事业部与区域事业部两种形式。

（1）按照产品进行组织设置，就是产品事业部制。在具体设置事业部时，一般按照产品线（又称为产品大类）来设置，一个产品线设置一个事业部。这时公司虽然设置了事业部，但事业部一般数量较少，事业部所负责的产品线中所包含的具体产品数也少。

这种组织结构的优点主要有三个。一是总部协调工作少，不用事必躬亲。各个事业部独立负责自己产品的相关协调工作。二是事业部独立性强，能够迅速做出决策，并对结果负责。分责之后，事业部责任明确，有利于打造差异化的产品。三是产品做得好与坏，一目了然。好产品留下，差产品淘汰。相应地，好的事业部留下，差的事业部淘汰，操作起来相对简单。该组织结构最大的缺点就是可能尾大不掉，事业部容易叫板总部，即山头主义严重。

（2）按区域进行组织设置的思路，与产品设置的思路类似，就是将一个独立的地区交给事业部负责，这个事业部负责该地区范围内所有的相关职能工作。相当多的企业发展是按这个组织模式进行的，如设立华北的分公司或子公司，该分公司或子公司独立负责这一片区域的发展。缺点也与产品事业部类似，最怕尾大不掉。

从中国企业的运行实际来看，总部负责人与事业部负责人的关系相对敏感。在事业部负责人的岗位上，容易积累客户和运营公司的完整经验，能为创业打下基础。相当多的离职创业者在原公司做过事业部或类似事业部的负责人。正因为这个原因，为了避免分权带来的风险，实践中，采用事业部组织结构的企业比较多，但僵化到彻底分权的书呆子式企业又确实不多。很多企业在构建事业部时，名义上是加大放权，但实际上却会适当收权，譬如运用适当的方法将战略权、人事权、财务权等权力收归总部。

随着信息化的发展，这种收权的趋势越来越明显，有些企业甚至将生产运营都由总部通过信息化统一负责。归根结底，明放权、暗收权，还是为了防止尾大不掉。

4. M 型组织结构

随着产品线的增多，公司将会采取 M 型组织结构（见图 8–7）。所谓 M 型，就是多部型，多个事业部的意思。公司可能会有多个大事业部，每个大事业部包含一到多个产品线，即每个大事业部下面都有一个或多个小事业部。每条产品线都对应着一个小事业部，为了避免混淆，我们称小事业部为产品线事业部。譬如，A 公司过去只有三个产品线，燃气产品线、洗衣产品线和电子产品线。三条产品线分别由三个产品线事业部负责。现在该公司收购了另外两家公司 B 和 C，其中 B 公司有空调、冰箱和火炉三条产品线，对应有三个产品线事业部；C公司只有一个小器具产品线，对应有一个产品线事业部。暂且不论采取何种方式合并，这个公司的组织结构就变成一个大公司下辖原A、B、C三家公司。这三家公司相当于三个大事业部，每个事业部下有一条或多条产品线，我们称之为M型结构。这里说明一点，事业部可以采取分公司方式，也可以采取子公司方式，甚至可以采取一个大部门的方式。在讨论组织结构时，暂时不涉及股权关系，只讨论业务关系。

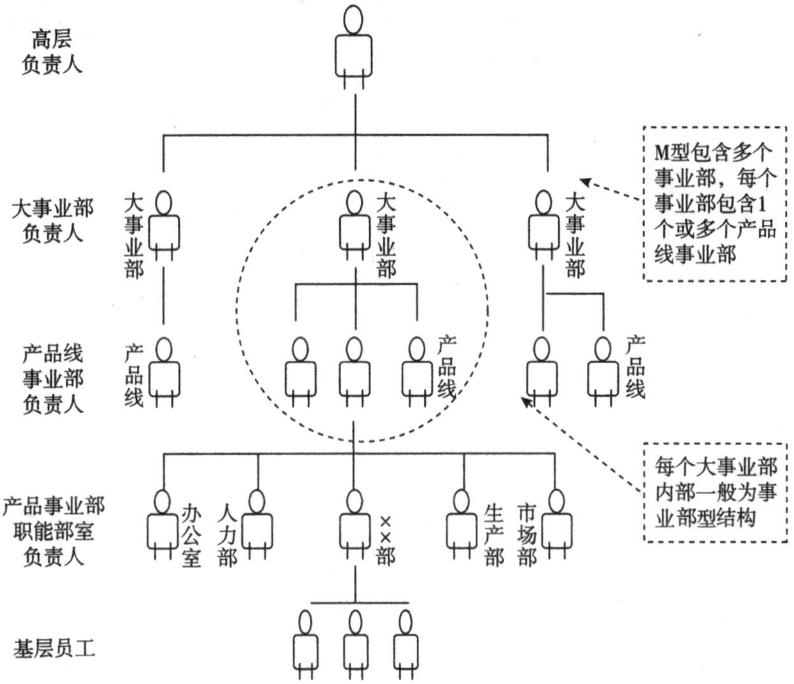

图8-7 M型组织结构

5. SBU型组织结构

随着公司业务的增多，公司将采取战略事业单元组织结构，即SBU型。公司大事业部比较多，大事业部下又有若干个产品线事业部，公司按照业务类别将相同或相关业务的事业部进行合并同类项，交由一个战略事业单元管理，这种组织结构就是战略事业单元型组织结构，主要适用于规模较大的多元化企业。需要注意的是，在每个SBU内部又包含多个大事业部，即它的内部是按 M 型组织结构设置的（见图 8-8）。

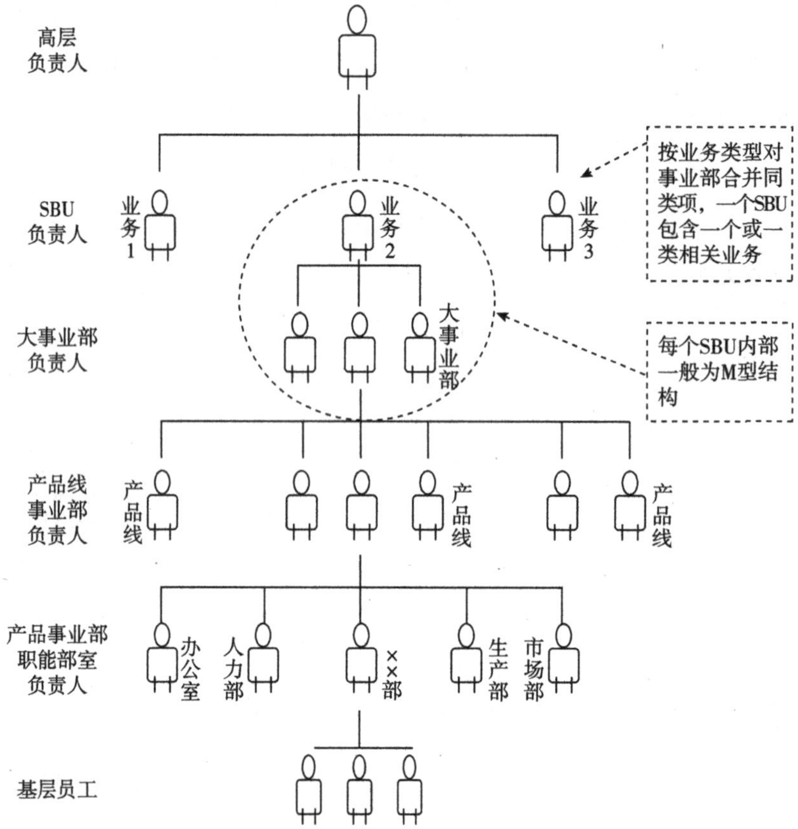

图8-8　SBU型组织结构

6. 矩阵型组织结构

这是一种为了处理一些复杂项目而设的组织结构。譬如，从各个职能部门抽调若干个人组成项目组，由项目经理负责。被抽调的人员既要对职能部门经理负责，也要对项目经理负责。这种组织结构纵横交织，最大优点是能够聚合各方力量来实现产品或项目的成功。譬如，一个从事传统业务的公司拟进行互联网转型，需要集中时间与人力进行研究，这时从各个部门抽调若干人组成项目组，效率自然会高很多。这种组织结构最大的缺点是职权不清，项目人员受到双重领导，容易产生冲突。

7. H 型组织结构（控股企业/控股集团结构）

H 型组织结构是一种以产权为纽带的母子公司体制。母公司控股一批子公司，这些子公司具有较强独立性，可能分布在不同的行业。在极端的情况下，母公司可能只是一个投资公司，主要通过买卖企业股权来实现资本保值增值。我国国有资本管理体系改革，正在从管资产向管资本转变，其通常做法是成立一家国有资本公司，由这家国有资本公司持有国有企业的股权，但不参与国有企业实际运营。国有资本公司主要通过资本运作的方式来实现国有股权保值增值。这种国有资本公司与其控股的国有企业就是一种 H 型组织结构。

8. 国际化经营企业的组织结构

在第七讲中已展开论述了相关内容，此处不再赘述。

五、调组织是新官上任常烧的火

新官上任三把火，调组织往往是第一把火。调组织，就是砍掉一些部门、新设一批部门、合并一些部门、调整一些部门。在这一砍一设、一合一调中，人事也会跟着变动，一些人被提拔，一些人被拿下，一些人被调离，一些人被淘汰。

（一）战略决定组织

战略决定组织，组织要跟随战略。有什么样的战略，就会有什么样的组织。战略变，组织也要变。新官上任实施新的战略时，组织跟着也要变。

美国企业史研究专家钱德勒出过一本经典战略著作《战略与结构》。

该书的核心思想就是“战略决定组织”。按照该书的说法，所谓组织，实际上是不同的增长方式的体现，而战略所决定的就是这种增长方式。举一个简单的例子，一个连锁经营企业，在业务还局限于一小片区域时，总部对各个分店直接管理，采取职能制组织结构。当它开始向全国各地扩张，各个地区新开若干家分店时，由于公司投入的人财物等资源发生了变化，原有组织结构不再适合企业发展，公司将组织结构调整为事业部制，即设置不同的区域事业部来管理分店。这种组织结构的转变体现了公司跨区域发展的增长方式。战略决定了这种增长方式的转变。如果公司不改变战略，还在原来的小区域内发展，也就不会有增长方式的转变，组织结构也就不会发生改变。

（二）战略决定组织结构的具体表现形式

1. 企业不同发展阶段的组织结构

企业在不同阶段，其规模、产品和市场都发生了变化，所采取的组织结构形式也会有所不同。

（1）在创业阶段，企业相对较小，只生产一种产品，面对的市场也小，适合采用简单结构，并逐步过渡到职能结构。

（2）随着企业的发展，市场逐步扩大，生产单一或相关的产品，适合采用职能结构，并逐步过渡到事业部结构。譬如企业开始由北京向全国发展，就需要设置区域事业部。

（3）企业相关的产品系列扩大，市场不断多元化，这时适合采取事业部结构，并逐步过渡到矩阵结构。譬如，企业开发相关产品系列，可能需要设置不同产品事业部，企业同时又在不同市场上销售，可能又需要设置不同的区域事业部。当产品较多市场也较多时，按照地区与产品进行管理，就可能形成一种矩阵结构。

（4）企业实施不相关多元化，面向不同市场，从事多种不相关业务，则适合采用事业部结构，并随着规模扩大，可逐步过渡到战略业务单位结构。

专栏 8-3

大企业集团规模化扩张中的“发展陷阱”

综观国内外的大企业集团，在规模化扩张中，都曾遇到过一些共性的发展陷阱问题，主要包括：

（1）战略陷阱。集团战略与所属公司的战略方向不一致或者有差异，集团发展方向上形不成合力。

（2）多元化陷阱。一个业务板块出现问题，如资金链问题，会拖累多个板块，引起集团整体失血。

（3）组织陷阱。组织往往有自发扩大的趋势，而不能自动纠偏，如不能有效控制，会出现层级增多、部门增多、岗位增多现象，从而表现为组织僵化、效率低下、成本高企。

（4）治理陷阱。表现为所属公司层级增多，每个层级的外部合作股东增多，各层级公司间的治理关系理不顺，“董事会”成为内部人控制的挡箭牌。

（5）管控陷阱。母子公司之间集权关系不合理，会影响所属公司积极性，分权关系不合理，则会导致诸侯割据。

（6）文化陷阱。集团核心价值观得不到贯彻，各公司过分强调自身的文化特色，会形成文化割据。

（7）制度陷阱。每个制度都有其利益导向，一旦成了某些人巧妙实现自己利益的工具，尤其是制度已是既成事实、不好改变时，就会给公司造成巨大损失。制度不合理所造成的损失多是隐性的，危害大还不易被发现。

2. 多元化竞争战略与组织结构

对多元化业务进行分析，主要采用 BCG 矩阵。对于 BCG 矩阵中的不同产品类型，应采取不同的战略，相应地应采用不同的组织结构。前面已经讲过，这里简单总结一下（见表 8–1）。

表8–1　不同业务宜采用的战略类型与组织结构

业务类型	战略类型	宜采用的组织结构
明星业务	由于所处的市场高速增长，自身又处于强竞争地位，应采取以提升市场占有率为目的的发展战略	事业部的组织形式，由既懂生产又懂经营的人才担任负责人
问题业务	由于所处市场增长快速，公司市场占有率又不高，对有希望的项目应采取扶持战略或风险投资战略	项目形式或矩阵式结构，由有创业精神的人才担任负责人
现金牛业务	由于所处的市场增长过慢，公司市场占有率又很高，应采取收获战略	事业部的组织结构，由懂营销的人才担任负责人
瘦狗业务	由于所处市场增长缓慢，公司市场占有率又不同，应采取撤退战略	将该产品撤销，或与其他产品事业部合并

3. 发展战略与组织结构

发展战略包括一体化战略、密集型战略和多元化战略。对于不同的战略类型，由于所面临的市场、产品或业务情况不同，应结合企业的实际采取不同的组织结构形式。譬如，在产业增长阶段的后期，企业为了减少竞争压力，需要获得部分原材料生产能力或控制一些销售渠道，可能会采取一体化战略，这时适合考虑采取事业部的组织形式。以果汁行业收购果园为例，由于果汁与果园所需的生产、人力、技术等条件存在很大的不同，收购果园后，一般需将果园业务单独列为一个事业部管理，以避免管理方式的差异影响果园的发展。

（三）组织结构调整的另类方式

组织调整，就是人们常说的部门调整，主要就是上面所说的砍掉一些部门、新设一些部门、合并一些部门、调整一些部门。实际上，除了这些砍、设、合、调之外，中国企业最喜欢做的往往是另外一种“暗调”，即在不改变组织结构形式的情况下，不显山不露水，悄悄地对权力与责任进行调整，从而达到调整组织的目的。

大刀阔斧的组织结构调整干脆利索，能够给组织传递变革的信号。有的企业负责人上任后，就召开全员大会，公布自己的施政方针，之后就是连发几道文件，撤掉几个部门。这样做能给员工留下雷厉风行的印象。然而，在企业文化对战略大变革接受程度低的时候，大刀阔斧往往会带来不必要的阻力。这时，采取一些不动声色的方式更为适宜。

只调权责也可以达到调整组织结构的目的。组织结构设计最关键的工作之一就是分工，分工又表现为分权与分责。只要从实质上达到分权与分责的目的，组织结构在形式上调整与否就不再重要。譬如，一个企业想撤掉某部门，但直接撤掉影响太大，企业就使用了逐步减少该部门的职能来弱化其作用的方式。之后再配合人事的调整，该部门实质上已经名存实亡了。

中国企业常常深谙只调权责不动形式之道。譬如，有些企业虽然也设置很多部门，有一个形式上非常科学的组织结构，但是领导将权力集中在自己手中，下面的部门经理甚至事业部总经理都要早请示晚汇报，这使得任何形式上非常科学的组织结构，无论是职能式、矩阵式还是事业部制，事实上都形同虚设。这种现象在民企非常普遍，因为“大家都是给老板打工的”，都围着老板转，最后导致组织事实上处于缺乏层级的无序状态。又譬如，虽然名义上没有调整部门，但是无原则地加大一些部门的权力、削弱一些部门的权力，将组织权责调整当成人事的工具，也会让所谓科学的组织结构形同虚设。譬如，当部门经理是领导眼中的“红人”时，则可能会门庭若市。换个人当部门经理，则可能会门庭冷落。通过“暗调”来进行组织结构调整是正常的手段，但是如果用得不好或者出发点不对，就极有可能违反组织规律。

六、“搭班子”是战略实施的重要内容

在中国传统的管理哲学中，用好了人，战略就实施了；用不好人，再好的战略也是空架子。甚至有些人更为肯定，直接把“用人”等同于战略实施，将文化、组织之类都看作是职能性或战术性工作。用人工作在中国文化中非常受看重，而“搭班子”是用人工作中的重中之重。

（一）“搭班子、定战略”还是“定战略、搭班子”

中国人的文化中，虽然也强调战略的重要性，但往往把“人”的作用看得更重。柳传志有一个著名的管理三要素，叫“搭班子、定战略、带队伍”，把搭班子放在定战略之前。在我们的理想中，只要找到合适的人，这些人能带来更新的战略思维、有更宽的战略视野，战略就可以定好。甚至在某些企业负责人心中，如果一个能人来了，只要能给企业赚钱，自己都可以围着他转。

西方的战略管理虽然也强调人的重要性，但把“战略”看得更重，“定战略”往往放在“搭班子”之前。他们的潜在逻辑是，定好战略之后，只要有好的机制总可以找到好的人才。这一点在通用集团前 CEO 韦尔奇的身上体现得较为明显。他定好战略后，一项非常重要的工作是为子公司找 CEO，而他找 CEO 的时候，往往是会根据自己的战略确定合适的人选。有了这种思想之后，西方的战略管理理论几乎不提“搭班子”的事情，而最多强调一下人才的重要性，将具体的人才管理看作职能战略的事情。

专栏 8-4

班子成员就是战略性人才吗？

所谓战略性人才是指对战略实施有支撑作用的关键人才。这部分人才具体指哪部分，东西方的理解有所不同。

在我们的观念中，“兵熊熊一个，将熊熊一窝”“千军易求，良将难得”，这些都是强调组织中领导的重要性，相对应地，战略性人才就是班子成员。因此，股权激励的对象也主要是高管人员。

西方的观念与我们有所不同。他们也承认战略性人才是对战略有支撑作用的人才，但具体认定时，是从战略重要性上认定的。这些人才当然一般是高层，但也可能包括部分中层。高管中也不是所有的人员都可被认定为战略性人才。譬如在一个制造企业中，关键车间的车间主任可能被认定为战略性人才，而某些分管后勤之类的副总可能不被认定为战略性人才。一个营销型企业，某位具有特殊策划能力的创意总监可能被认定为战略性人才，而某些分管生产协调的副总可能不被认定为战略性人才。在这种观念中，战略实施总会涉及一些关键战略节点，能够支撑这些战略关键点的人才，才是战略性人才。

如果说西方的观念中市场导向更重，则我们的观念中更明显存在官本位主义的思想。简单谈论孰优孰劣，并没有什么意义。但在实施战略时，应该正视客观现实，以西方市场化人才导向为主，可适当考虑“官本位”文化，将中国的班子建设与西方的战略性人才理念结合起来，逐步推动变革。事实上，我国很多企业正在以“外圆内方”的智慧，着力转变官本位思想，譬如有些企业按照“岗位等级”进行薪酬调整，某些中层的薪酬比某些高层的薪酬还要高，直接原因就是如果不给出更高的薪酬，根本不可能从市场中招聘到这类型的中层人才，这就是向市场化思想转型的表现。这种情况下，这些中层实质上已经被认定为战略性人才了。

（二）班子配置的难点在于影响因素太多

从中国企业的现实来看，班子配置难就难在，它期望找到班子的搭配方式与公司业绩之间的因果关系规律。但在现实中，两者间的影响因素太多，再加上人的性格特质很难用简单的公式化语言来描述，所以很难得出一个规律性的结论。更为麻烦的是，由于多因素纠缠，人们在讨论班子配置问题时常常不在同一对话平台上，有人从班子年龄搭配上谈，有人从董事长与总经理关系上谈，有人从胜任资格上谈，“只见树木、不见森林”的讨论使本就复杂的问题变得更为复杂。面对这些难题，相当多的企业负责人在为公司或下属公司配置班子时，主要靠“悟”，也就是凭直觉处理。实际上，再复杂的影响因素，也总是存在一定规律的。

（三）班子配置既要形成“一个中心”，也要制衡“一个中心”

“一个中心”是团队形成凝聚力、战斗力的关键。“一个中心”又分为名义中心与实际中心。名义中心，是指根据组织制度或相关法律法规确定的权力中心，一般是指职级较高的人，如董事长就是公司的名义中心。实际中心，是在班子中实际起到凝聚作用的成员，也就是在公司决策中起到实际影响作用的人员。

1. 班子配置的关键是名义中心与实际中心吻合

很多因素如年龄、司龄、学历、资历、经验以及个人性格特质等会使职位最高者有名无实。又如管理因素中的责任因素，“责任不清”可能是把双刃剑，会加剧有名无实，也会加剧个人独裁。

2. 班子配置，实际上就是先形成“一个中心”，再制衡“一个中心”

没有中心，班子只能成为一盘散沙，决策不可能集中。没有制衡，班子只能沦为人治，决策不可能民主。班子要稳定，既要集中又要制衡。

（四）形成与制衡“一个中心”需要综合考虑三大影响因素

班子是一个团队，且是一个位于公司高层受到公司治理环境影响的团队。因此班子既具备一般团队属性又具备治理属性，还具备组织管理属性。这三大属性对应班子配置的三大影响因素，即治理因素、管理因素、团队因素（见图 8-9、图 8-10）。

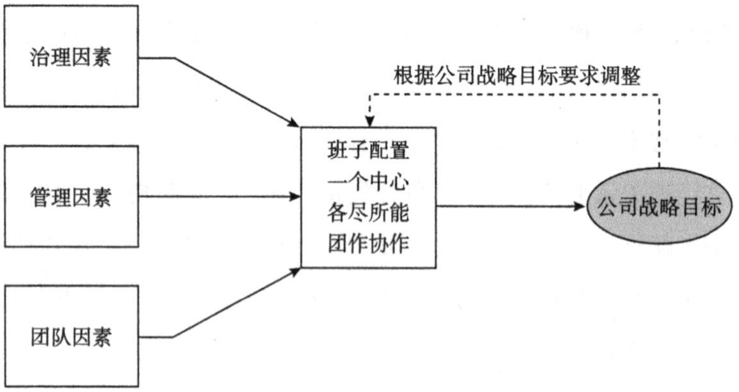

图8-9　班子配置目的及其作用原理

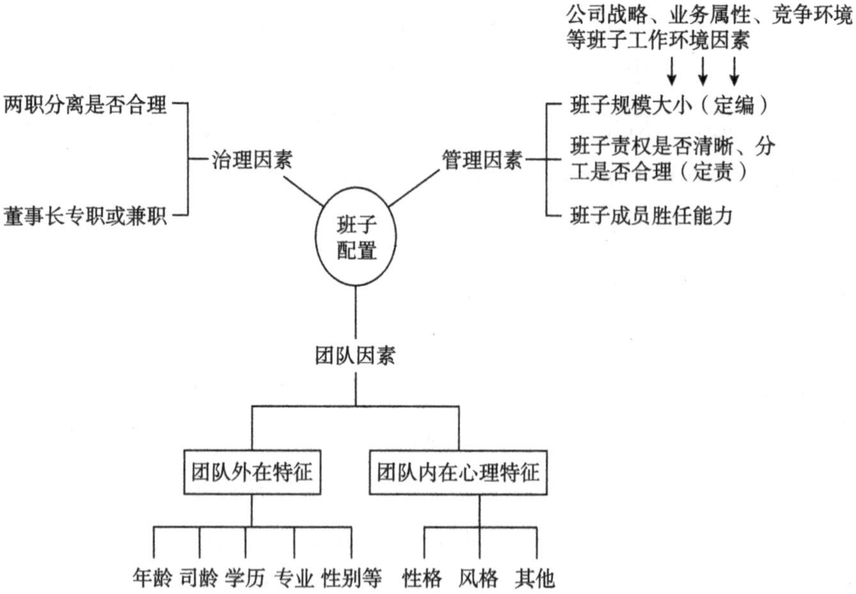

图8-10　班子配置的三大影响因素

1. 治理因素

治理因素主要包括两职分离与董事长专兼职。

（1）两职分离是董事长与总经理分别由不同的人担任。现代公司治理常常主张两职分离，实践中很多企业也采取两职分离。这样做的目的是让董事长集中精力管战略，总经理集中精力执行。但对于一些规模并不大、业务相对稳定的企业，战略涉及的事务较少，董事长与总经理之间就容易责权不清，要么董事长沦为花瓶，要么总经理成为助手。这样的情况下，班子的名义中心与实际中心就可能不吻合。

（2）董事长专兼职，指的是确认董事长是常驻公司还是兼职挂名。一些集团公司下设若干子公司，这些子公司的董事长、董事常常由集团公司的董事或相关管理人员担任。如何界定兼职董事长的责任，也是班子中需要考虑的重要因素。

治理因素直接影响到班子“一个中心”的形成与制衡，也是常见班子不团结问题的根源。结合中国的企业情况，在班子设置时，应将复杂的治理因素简单化，尽可能先考虑两职合一再考虑两职分离，先考虑专职再考虑兼职。

2. 管理因素

管理因素主要包括班子规模大小、责权以及班子成员的胜任能力。这些因素又受公司战略、业务属性、竞争环境等班子工作环境因素的影响。

班子规模大，利于民主，但不利于集中。班子规模越大，一个中心越不易形成。从实践来看，成员人数10人以上的班子，中心就可能不止一个。而中心太多，扯皮的事情就更容易发生。

班子成员之间分工明确，有利于各自独立开展工作，但也容易导致本位主义。班子成员之间分工过细，会使一些班子成员实际沦为部门经理的角色。虽然名义上是公司班子成员，但平时所管的事情与一个部门经理无异。插手部门经理的工作，与班子成员的名义角色不符合，不插手又无实际工作可抓。这在国内很多企业包括在很多上市公司中都非常常见。

班子成员能力强弱搭配是否合理，也关系到“一个中心”的效果。若班子其他成员能力都强，容易相互制衡，但是名义中心往往会受到挑战，难以成为实际中心。若班子其他成员能力都弱，名义中心与实际中心能够吻合，但不易制衡，容易出现“一言堂”的情况。

3. 团队因素

团队因素包括外在特征，如年龄、司龄、学历、专业、性别等，也包括内在心理特征，如性格、风格等因素。班子配置就是要考虑班子成员在这些特征方面要能够匹配。如人们常说的老中青搭配以及男女搭配等，目的都是使班子成员的特征能够匹配。

通过团队特征来配置班子是传统的方式，因为这个因素比较直观，也容易操作。然而，团队因素对“一个中心”是间接影响，影响的机理也比较复杂。譬如年龄搭配时，人们潜在的假设是年长者经验丰富，可以成为中心，年轻者经验缺乏，可以在辅佐年长者的同时磨炼自己，但这一假设未必能够成立。到了高层，能力、经验与年龄之间的相关性会非常弱，年纪相差 10 岁未必能够说明能力谁大谁小。用团队因素进行班子配置时，应透过年龄、性别等外在特征，将其背后的性格、管理风格及胜任能力作为主要考查因素。

（五）通过“调治理、调分工、调人员、调编制”来调整班子配置

实际进行班子配置时，因有各种现实条件的限制，很难直接套用理想化的模式。尤其是对现有的班子进行调整，只能采取循序渐进的方式。可通过相关因素“此轻彼重”的方式来调整，主要手段是调治理、调分工、调人员、调编制。此轻彼重的意思是，如果这个因素不合理，但暂又不可调整，可通过调整另一个因素来完成。譬如班子成员人数太多，未能形成“一个中心”，要压缩班子编制又比较困难，这时可以按班子的胜任能力调整，一个胜任能力强的成员带若干个胜任能力弱的成员。或者可以调整年龄结构，适当增加年轻人员，以培养为主要目的，最终仍然可以达到“一个中心”的形成与制衡的目的。

班子配置中，调治理的效果最为明显，譬如将董事长与总经理两职合一，将兼职董事长变为专职董事长，会直接影响到“一个中心”的形成与

制衡。调分工是最为常见的办法，当现实条件都不好改变时，调整班子分工则更为简便。调人员涉及人事调整，也是较为常用的办法。通过人员调动来加强班子建设，效果也会较为明显。调编制是迫不得已、效果最差又是现实中普遍使用的办法。譬如某个班子成员该退居二线，本该换人，但考虑到人情世故，结果采取的方法是增加编制，即不换老人，通过增加编制数来增加新人。这种调编制的班子配置方法是一种妥协，解决的是个人利益问题，对公司却是有百害而无一利。

七、管风险要全面

人活着就会有风险。

企业也是一样。创业时有卖不出去货时刻关门的风险；做大了一点，生死风险倒不至于马上就有，但也不能掉以轻心；就算做到了上市公司，以为可以稍微松口气，但实际上到了高手如云、腥风血雨的资本世界，涉及的风险更为复杂，譬如稍有不慎就可能被别人“围猎”，一不注意就可能触雷，更有很多像索罗斯那样的国际猎手，动辄要将一个国家的上市公司一网打尽，让人不由感叹活着真难。

尽管有风险，人们还是愿意去尝试，原因是有风险才会有收益，无风险就没有收益。在风险中前行，才是活着的意义。风险不可怕，关键是如何管理好风险。

基于此，管理风险就是管理贪婪的欲望。贪婪的苗头一旦被点燃，只会愈演愈烈，它可能在任何时间、任何环节产生，故对贪婪的管理必须每时每刻、无处不在。这也就是所谓的全面风险管理。

（一）风险就是不确定性

风险就是不确定性，或可能性，或概率大小。

假想一个两人抬杠的例子，来理解一下这个看似简单又非常重要的概念。张三与李四两个抬杠冬天晒太阳会不会感到暖和。

张三认为，冬天太阳晒到身上，肯定会暖和，难不成越晒越冷吗？张三说的是外在条件“太阳”在身上产生“暖和”的可能性，强调这个概率已经接近或者就是百分之百，即确定。

李四认为，冬天太阳晒到身上，不一定暖和，万一出现著名的天文现象譬如“日蚀”呢？李四强调的是“不确定”，强调外在条件“太阳”发生“日蚀”的变化，导致在身上“暖和”变化的可能性。

张三认为李四明显是没事找事，总是假设，还能想出“日蚀”这种稀奇古怪的事。李四认为张三明显是想当然，吃了亏就晚了，提前做好预案有什么不好？

其实在企业里类似的事非常普遍，业务部门认为风险管理部门没事找事，一天到晚就会假设，而风险管理部门认为业务部门只顾眼前，不顾长远，不撞南墙不死心。

（二）企业风险最终体现为收益的不确定性

李四的回答中有一个重要的概念，即变化导致了不确定性。由于条件变化了，所以结果就存在不确定性。如果条件没有变化，那么自然就没有结果的不确定性。

“变化导致了不确定性”是理解风险识别最为关键的点。风险识别就是找到风险。沿这个点下来就是“什么可能变化”“怎么导致”“什么的不确定性”这三个节点。理解了这三个看似普通的节点，就能够准确识别风险。

接着谈企业，为了好理解，换个顺序来说三个点。

先说“什么的不确定性”。企业是为了赚钱的，最为担心的是赚钱存在不确定性，即企业所有风险，不论如何分解最终都要回到“净收益的不确定性”上来。对企业净收益产生波动影响的可能就是风险。净收益又是收入减去成本税费等的结果，那么沿其分解下去，对收入产生波动影响、对成本税费等产生影响的都是风险。这样，凡是对财务报表的各个项目可能产生不确定影响的，都是风险。

再说“什么可能变化”。主要是内部环境与外部环境发生变化。环境变化会直接或间接影响到公司的收入、成本税费等，习惯上也称之为风险。环境变化可能体现为宏观层面的风险，如政策风险、法律风险、技术风险，甚至新冠肺炎病毒所带来的风险，也可能有市场层面的风险，如股票上市就有股价波动的风险、被门口野蛮人威胁的风险、供应商断货的风险、大客户赖款的风险等，也可能体现为企业内部环境层面的风险，如发展战略东摇西摆、运营不得力、杠杆放得过大等风险。如图 8-11 所示。

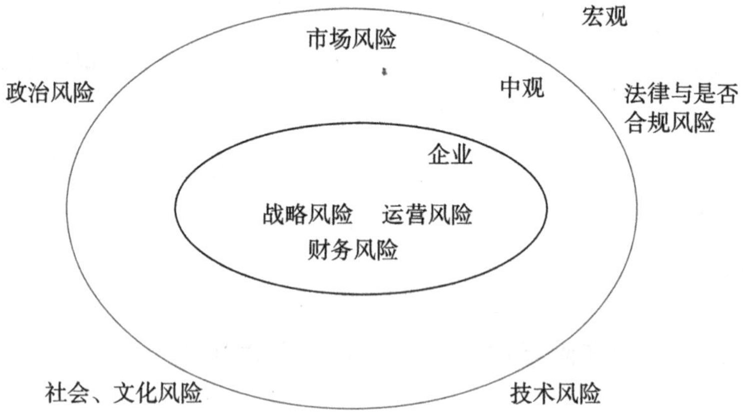

图8-11　风险的基本类型示意图

最后是“怎么导致”，这涉及自圆其说的逻辑。不同风险涉及的内容可能会不同，但逻辑有很多相似性。

譬如，公司是就一个业务在全国开连锁店，还是只在本地区做多个相关业务？高管们在讨论的时候，支持方一般谈收益，反对方一般谈风险。这里只说风险。譬如反对前者的，其中理由之一是“公司管理跟不上”。他自圆其说的逻辑是：从本地区到全国连锁经营，所面临的环境将发生重大变化，如果管理跟不上，公司就可能赔钱。

需要强调的一点是，风险是未发生但可能发生的事件，说的是可能性。这就意味着，只能对未来进行预测，或者对未来做容易产生歧义的“假设”。这样以上所说的三个节点就成了：“什么可能变化”“怎么导致”“什么的不确定性”。

专栏 8-5

租房的风险管理策略

假定你要租一套房子来安心备考 CPA。如果你租房过程中没有收入、积蓄也不够，到时就存在交不起租金的可能。为了应对这种不确定性，你可选的策略不外乎以下七种。

一是到时再说，这叫风险承担，也叫风险保留、风险自留。如果风险提前发现了，自己愿意承担，是主动承担；如果没有发现，到时发现了那是被动承担。无论被动还是主动，都是风险承担。

二是不租房了。为避免出现交不起租金的风险，不租房了。这叫风险规避。类似做法，某些国企领导本来要带领大家搞改革，但考虑到改革有风险，搞不好会危及自身，就不搞改革了，这就是风险规避。

三是找老爸，自己交不起，让他来交。这叫风险转移。交不起房租的风险转移给你老爸了。类似做法，“双十一”期间，天猫上的企业都加上了“运费险”，就是将退换货运费的风险转移到保险公司。

四是少花钱买复习资料。这样交不起房租的风险降低了，但考不过的风险又增大了。一高一低，将一个风险变成另一个风险，总量不变，这叫风险转换。类似做法，企业放宽信用标准，扩大销售，但应收账款可能增多。

五是用另一件事的收益来弥补这件事情的损失，即风险对冲。譬如，借此千载难逢的机会，考验一下自己男朋友是否对自己“真爱”，是否“真有钱”。交不了房租事小，判断一个人“真爱”“真有钱”事大。这个赔了，但若另一个赚了，就是实现了对冲。类似做法，在金融资产管理中，对冲也包括使用衍生产品，如利用期货进行套期保值。

六是提前储备一些备用金，以防止出现这种极端情况。这叫风险补偿。类似做法，企业自身准备了风险准备金或应急资本等。

七是制订花钱计划，严格控制开支。这叫风险控制。类似做法，企业加大质量控制，防止生产次品等。

（三）风险管理常态化需要建立一个体系

风险管理体系主要包括风险管理策略、组织职能体系、内部控制系统、风险理财措施、风险管理信息系统等内容。

这里对具体内容不展开讨论，只简单梳理一下该体系的逻辑。

（1）风险管理策略是针对不同类型风险的对策。风险管理有七大策略：风险承担、风险规避、风险转移、风险转换、风险对冲、风险补偿、风险控制。

（2）组织职能体系主要论述风险管理参与者的组织机构及权责关系等内容。最顶层是公司治理结构，股东（大）会、董事会、监事会；接下来是董事会的内设机构风险管理委员会，该委员会对董事会负责；再下来是风险管理部类似的职能部门，该部门对总经理或分管风险的副总负责。可以理解为，这是关于风险管理队伍的管理。

（3）内部控制系统是全面风险管理的重要内容。都说要对风险进行全面的管理，怎么才叫全面，还是得回到波特价值链论述。简单地说，内部控制系统就是针对波特价值链的每个环节都严格进行风险管理的系统。可以理解为，这是风险管理的具体落脚点。

（4）风险理财措施是用金融手段进行风险管理，如购买期货以对冲现货的价格变化风险等。

（5）风险管理信息系统，即对风险相关内容进行信息化管理。

企业需要建立健全风险管理体系，力争将风险消灭在萌芽之中，但也要注意防范“过度”。何谓“度”，其实又是一个比较难以判断的问题。有些企业里一强调合规，有些人就可能不干活了，即风险规避。这时，也不能简单说风险管理强调过度了，因为每个人对不确定性的判断标准不同，进而导致每个人眼里的风险不同，对风险的判断和认识也不同。

一个刚到大都市的新人要过红绿灯，本能的做法就是看到车少就要过。这时旁边一个老人提醒他：“不遵守交通规则就是找死。”新人不听，径直走过去，发现并没死，认为老人是骗他。老人骗他了没有？并没有。

只能说，由于认识维度的不同，导致两者讨论的事件不在一个层面上。如果老人不提醒，甚至不再提醒，相信这新人真的迟早会出事。但是如果老人提醒烦着新人了，新人很有可能一怒之下，决定以后不上街了。

企业里的风险故事也莫过于此。

第九讲

平衡计分卡专题

一、平衡计分卡不是绩效考核体系而是战略实施体系

平衡计分卡体系是一个有独特逻辑的战略实施体系。1992年，卡普兰和诺顿在《哈佛商业评论》上发表论文，首次提出平衡计分卡的概念。之后，两位又先后推出了《平衡计分卡——化战略为行动》《战略中心型组织》《战略地图——化无形资产为有形成果》《组织协同》《平衡计分卡——最佳战略实践》等系列著作，逐步建立了这一战略管理体系。

（一）用平衡计分卡体系进行战略实施的基本逻辑

平衡计分卡最初是作为绩效衡量工具出现的。后来，经过不断完善，逐步成为包含平衡计分卡、战略地图、战略计划在内的战略实施体系。

该体系进行战略实施的基本逻辑如下。

1. 如果你不能描述，那么你就不能衡量

战略应该被描述成一张可见的战略地图，它能将主要战略包含的内容及其逻辑清晰地展示出来。按卡普兰和诺顿的定义，战略是由一组相互联系的战略主题组成的。简单地说，战略要能描述成环环相扣的战略主题，这是平衡计分卡体系的逻辑起点。这一点有别于从战略制定到战略规划之间逻辑常常欠缺的传统的战略实施体系。

2. 如果你不能衡量，那么你就不能管理

为战略主题以及战略目标确定量化目标，这是平衡计分卡体系的第二步逻辑。平衡计分卡体系将企业的战略实施分为财务、客户、内部流程、学习与成长四个层面。环环相扣的战略主题和战略目标就分布在财务、客户、内部流程、学习与成长等四个层面的若干模块中。衡量战略就要为每个战略主题及战略目标确定量化的指标，也就是我们常说的考评指标。

3. 如果没有转化为行动，那么一切战略都是空中楼阁

每个量化目标都需要一系列行动计划支撑，这是平衡计分卡体系的第三步逻辑，至此化战略为行动。

4. 开展相应配套工作

包括开展预算管理、协同管理、建立沟通体系等内容。这些内容在战略实施中同样重要。

总之，按照该体系，战略要能够可视化、数字化和项目化，其中可视化就是将战略描述成环环相扣的战略主题或战略节点，数字化就是将战略目标进行动态量化，项目化就是规划出一场场战役或一个个行动计划。

（二）用一个通俗的例子来理解平衡计分卡体系的逻辑

平衡计分卡体系本来应该是一个容易被企业接受的理论，但由于其理论用词与传统管理用词不一致，再加上该体系试图将传统的战略管理、营销管理、目标管理等相关知识纳入自己的体系框架，故使得整个体系显得高深莫测。实际上，结合军事对抗中的例子，我们会发现平衡计分卡体系的逻辑非常清晰。

在两军对垒的大形势下，主帅在充分了解敌情并对自己的情况摸底之后，脑海中会闪现出“全面出击”的战略。

1. 找到实施战略的关键节点，并厘清其中的逻辑关系

这个战略在主帅的脑海中酝酿了很久。由于涉及的事项太多，他不断梳理着各种因素之间的逻辑关系。他需要考虑作战部队的战略路线，譬如3个月内必须拿下某个大关口，再攻下某个大城市，最后渡过某条大江，占领全国。这些作战行动的关键节点，卡普兰和诺顿称之为战略主题。主帅还得考虑支持部队的关键环节。为确保作战部队能够顺利开展任务，后勤部队要做好粮草供给、医疗保障，信息部队要迅速与后方联系，敌后工作者要在敌方大本营组织大规模的工作。这些支持部队行动的关键节点，卡普兰和诺顿称之为战略目标。在梳理完这些关键节点及其逻辑关系之后，参谋部门将之清晰地描述成作战地图。

相应地，企业领导者应将所制定的战略转化为一个个相互联系的关键节点。譬如一家房地产公司，确定好面向北上广的战略之后，就要找到土地储备、项目建设与销售活动中的关键点，并梳理其中的逻辑。这就是战略描述，所用到的工具就是战略地图。

2. 为每个关键节点确定量化目标

当找到关键节点并梳理清楚其逻辑关系后，参谋部门在主帅的指导下，对每个关键节点提出具体可衡量的量化目标。譬如三个月内拿下某个关口，四个月内拿下某个大城市，一年内视情况而定渡过某条大江。为了确保这些关键节点能够拿下，参谋部还将确定更为清晰的指标。譬如，攻打某个关口时，直到最后一颗子弹打光也不能撤离阵地等；打某个大城市时，可以调集一切兵力全力以赴等。主帅要做的事情，就是盯着这些关键节点是否按时、按预定目标完成，并结合完成情况适时调整战略。

相应地，企业领导者明确了关键节点并梳理清楚其逻辑关系后，就需要围绕战略初衷，明确每个关键节点的量化目标。譬如，一家房地产公司制定了面向北上广的战略，明确了其中一个关键节点是土地储备，公司就要为这个工作设定明确的量化目标。这就是衡量战略，所用到的工具是平衡计分卡。

3. 为实现每个关键节点上的量化目标规划战役

在为关键节点确定好量化目标之后，主帅要思考的是如何调动各方力量组织一系列战略性战役，譬如辽沈战役、淮海战役、平津战役。这些战略性战役工作需要主帅统揽全局来确定，至于其中一些小型战斗，可由各具体承担作战任务的部队去制订计划、灵活应对。这就是所谓的行动计划。

相应地，企业领导者也需要为实施战略制定一些战略性战役。如果只制定量化目标，而不能纵观全局提出有支撑战略的战略行动，那么，战略就不可能落地。

经过这样的步步设计，主帅就可以等着下面传来战果了。如果规划得好，主帅可能谈笑间将强虏灰飞烟灭，反之，则可能需要到处救火。有些领导似乎任何事都可轻松搞定，而有些领导一点小事就手忙脚乱，其中差别，不会规划是不可忽视的原因。

二、战略要能描述成环环相扣的战略主题

战略要能描述成一个个战略主题。所谓战略主题就是能够支撑战略完成的少数关键战略节点，或者说关键战略流程[①]。这些战略主题之间相互联系，共同组成战略。将战略描述成环环相扣的战略主题，目的就是确保找到支撑战略的关键节点，而且要保证这些关键节点的逻辑性较强。

（一）通俗地理解，战略地图包含三层意思

1. 为了确保股东利益最大化，企业需要组织很多活动

譬如，生产部门要提高质量、降低成本、提升效率甚至节能减排；营销部门要攻略重点客户，还要负责产品定位、渠道管理、促销管理等工作；研发部门要做好产品创新；人力资源部门要招人、培训、考核、激励；企业文化部门要做好文化宣传；等等。

战略地图通用模板清晰地展示了企业中的主要活动（见图 9–1）。在这个通用模板上，企业中所有与战略相关的活动，都分布在财务、客户、内部流程、学习与成长四个层面及其下的子层面上。譬如运营管理有供应、生产、分销与风险管理四个子层面。企业管理者可以对着这张图来思考本企业的各项活动。

① 在卡普兰和诺顿的《战略地图》一书中，战略主题被界定为“我们将这些少量的关键流程称为战略主题”，并且指出战略包括并存的、相互补充的战略主题。我们在咨询实践中发现，相当多的人很难理解“战略主题”这个名词。据我们理解，卡普兰和诺顿的原意是，“战略主题”就是指能够支撑战略的关键工作，类似于中国人常说的“关键节点”。故在本讲中，战略主题与关键节点是可相互指代的。

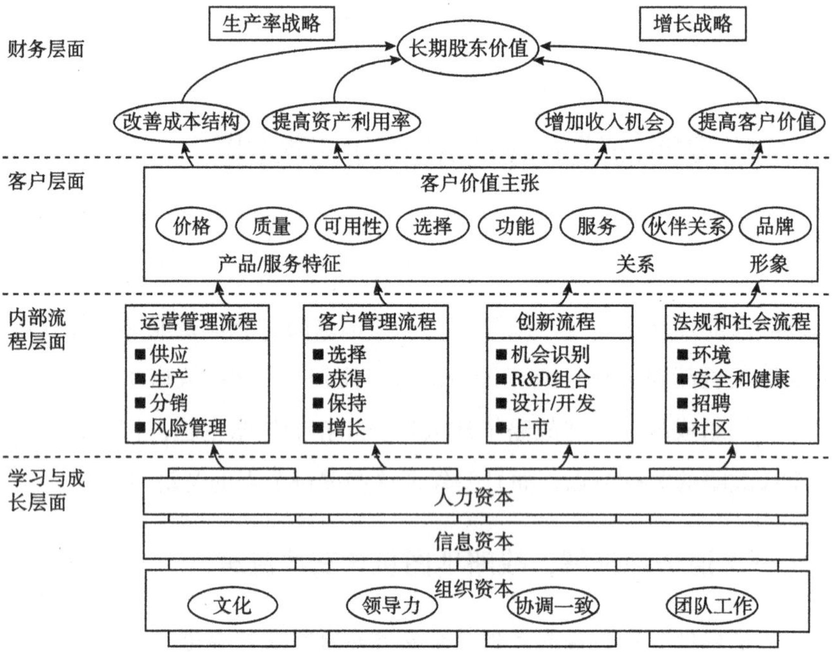

图9-1 战略地图通用模板

2. 企业里的活动是按逻辑配合的

其基本逻辑是：要实现财务目标，就要满足客户；要满足客户，就要在内部流程上将工作做好；要做好内部流程工作，就需要在人力资本、信息资本和组织资本上用力。按照这样的逻辑，人力资本、信息资本和组织资本等无形资产就可以经过内部流程、客户流程最终转化为财务结果。卡普兰和诺顿将《战略地图》一书的副标题定为“化无形资产为有形成果”，就是这个意思。

企业要实现股东利益最大化，假定拟采取低成本战略，以量大价低取胜。要实现财务目标成本持续降低、销售收入持续提升，就得满足客户对相对较低的价格、超越期望的功能、可用性强等方面的要求。要满足这些要求，就得由供应、生产、研发、营销等部门协同发力，而这些部门还需要组织、人事以及信息等部门配合。这样企业里相互配合的一些活动才能共同支撑起低成本战略。

3. 战略就是找到这些活动中的关键节点

譬如要实施低成本战略，就得有战略采购、批量生产、“爆品”研发甚至“饥饿营销”等活动来支撑。这些关键节点就是所谓的战略主题，环环相扣的战略主题共同构成战略。战略管理者就要找到能够实现战略的关键节点，在这些关键节点上着力提升。

对战略地图中的关键战略节点进行选择，可与战略分析中的关键成功因素分析结合起来。在进行战略分析时，我们曾分析过行业的关键成功因素。当从内部业务流程的各个模块角度去透视这些关键成功因素时，就容易找到各个模块中的常用关键战略节点。譬如以运营管理流程中的供应要素为例，通过关键成功因素分析，容易知道降低获得成本、获得适时交付的供应能力、开发高质量供应商的能力、运用供应商的新理念、实现与供应商的伙伴关系、外包成熟与非核心产品和服务等就是常常用到的战略主题，至于具体选择哪个作为自己的战略主题，则需要企业根据实际情况来确定。

（二）用战略地图描述战略的实例

下面是 A 工程总承包公司确定战略以后，通过战略地图进行战略描述的实例[①]。

该公司的客户价值主张是“性价比满意十分”，具体表现为有竞争力的价格、性能达标、如期交付、无缝快速服务、伙伴关系、绩优黑马工程商等 6 个战略目标。

该公司的内部流程有 15 项战略主题。为了实现客户层面的战略目标，公司着力在关注绩优增长的新客户、协同的项目管理等 15 项关键节点上进行提升（见图 9–2 中的 P1–P15）。这 15 项关键节点就是所谓的战略主题，这些战略主题之间又存在一定的逻辑配合关系。

① 本讲的案例得到了王波、王光灵、曹幼虎、苗全利、谢鑫、徐霄、张正辉的协助。

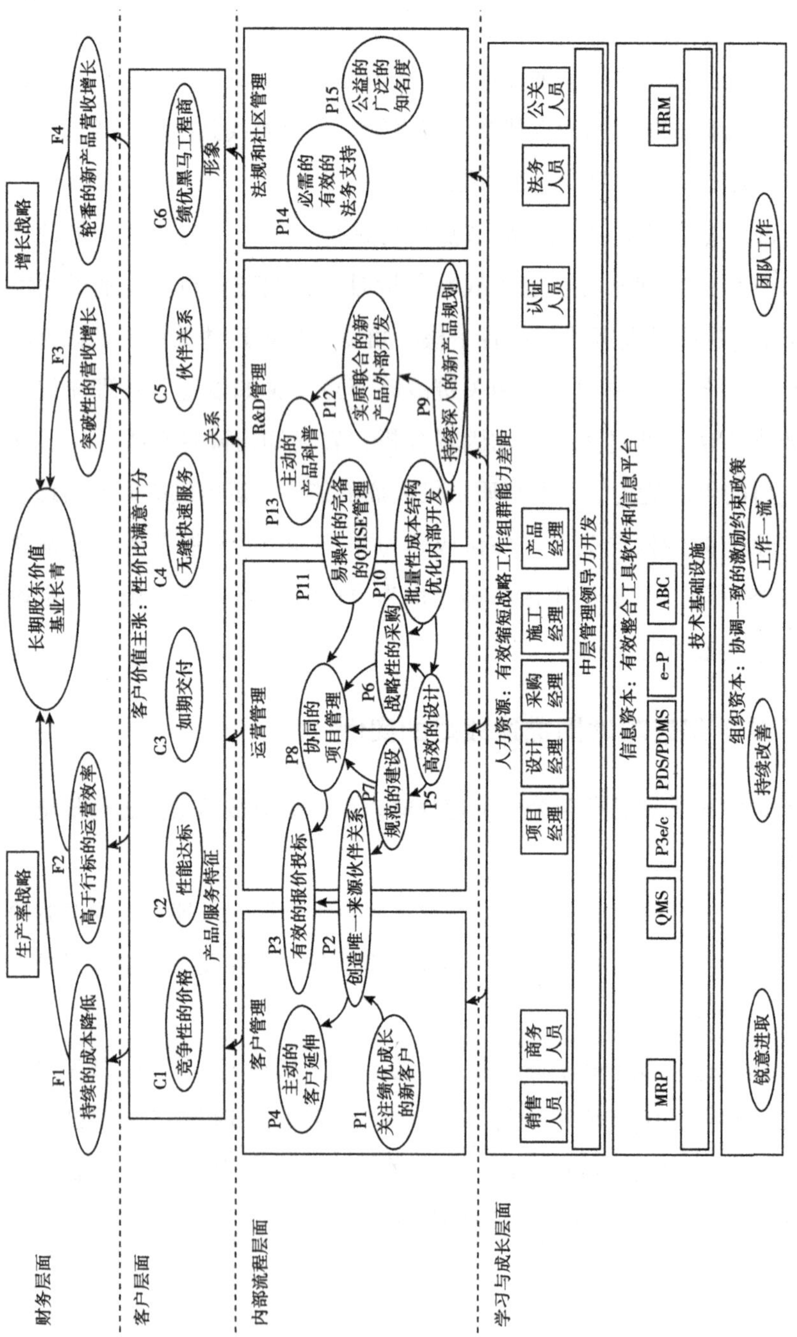

图9-2 某公司的战略地图示例

梳理其中的逻辑关系主要有两个目的。第一个目的是确保客户流程上的 6 个战略目标能够实现。譬如“如期交付”是客户层面的战略目标，要完成这个目标，就需要完成内部流程层面上的“协同的项目管理”等关键战略主题。梳理逻辑关系，就是要确保“如期交付”与“协同的项目管理”等逻辑关系成立。一旦成立，最终就会落实为具体责任部门的考核指标。第二个目的是确保内部流程上 15 个关键节点之间逻辑关系成立。战略地图就是要明确企业内部工作之间的相互联系，以及为实现战略目标，这些内部工作是如何被联系在一起，又如何支撑战略实现的。

最后，为了这些关键战略节点上的成功，公司明确了人力资源、信息与组织方面的战略责任，如人力资源的主要任务是有效缩短战略工作组群能力差距等。公司希望通过这些努力，最终能够实现持续的成本降低与突破性营收增长等财务目标。

三、平衡计分卡的三个关键词

平衡计分卡包含财务、客户、内部流程、学习与成长四个层面，每个层面都有几个 KPI 指标，四个层面共有若干个指标，共同构成了平衡计分卡考核体系。

平衡计分卡的理论定义是：平衡计分卡表明企业员工需要什么样的知识技能和工作系统（学习与成长层面），通过创新及相关活动建立适当的竞争优势（内部流程层面），使企业能把特定价值带给市场（客户层面），从而在达成财务目标后最终实现股东价值（财务层面）。

（一）通过实例来认识平衡计分卡

表 9–1 某公司总经理的平衡计分卡。该公司的目标是“做大、做强、快速”，并对目标进行了量化。为了实现这些目标，公司提炼出来财务层面的 5 个指标、客户层面的 6 个指标、内部流程层面的 11 个指标、学习与成长层面的 3 个指标，共计 25 个指标，并对各个指标的目标值以及评分的基准值进行了界定。

（1）财务层面。平衡计分卡财务层面的指标是公司带给股东价值的具体体现。该层面是股东关心的指标，如增加营业收入、降低成本费用等，因为只有这样，才能确保公司有盈利，股东可以得到分红或资本利得。从实际来看，股东可能并不关心财务指标之外的东西。

（2）客户层面。平衡计分卡客户层面的指标是带给客户价值的具体体现。该层面是客户关心的指标，如最大合同额、性能考核达标率等。客户并不关心公司内部活动。

表9-1　　**一个平衡计分卡样例**

总经理 *** 平衡计分卡

公司战略目标：

▶做大：2008 年实现营业收入 12 亿元 = 化工工程 10 亿元 + 环保投资 2 亿元

▶做强：2008 年实现净资产 8 亿元

▶快速：营业收入年均增长率 36%，净资产 3 年翻两番

▶2013 年前进入国际工程商行列：ENR TOP100，EC=50M US$=TTL REV 15%

▶2020 年前成为国际优秀的工程投资商

BSC OWNER：***														
BSC层面	关键成功因素	关键测量指标			权重Wi			基准值	目标值			计分标准		
Perspective	CSF	KPI			CSF	KPI	分值	Ref.Point	2006	2007	2008	100分	60分	0分
	F1：降低成本费用	F01	01	成本费用占收入比例		30%	15分	91.9%	92.0%	90.0%	88.0%	92.0%	93.0%	94.0%
	F2：提高资金利用率	F02	01	净资产收益率		10%	5分	20.1%	25.0%	28.0%	31.0%	25.0%	22.5%	20.0%
财务层面	F2：提高资金周转速度	F02	02	应收账款周转率	50%	10%	5分	8.2次/年	9.0次/年	10.0次/年	11.0次/年	9.0次/年	8.5次/年	8.0次/年
	F3：增加营业收入	F03	01	主营业务收入		30%	15分	4.1亿	8.0亿	12.0亿	18.0亿	8.0亿	6.0亿	4.0亿
	F4：增加新产品收入	F04	01	新产品设计收入比例		10%	5分	—	5.0%	10.0%	15.0%	5.0%	4.0%	3.0%
	F5：优化投资组合	F05	01	投资回报率		10%	5分	(5.85%)	10.0%	12.5%	15.0%	10.0%	7.5%	5.0%
	C1：扩大价格竞争域	C01	01	最大合同额		10%	2分	2.55亿	4亿	6亿	8亿	4亿	3亿	2亿
	C2：提高性能达标率	C02	01	性能考核达标率		20%	4分	(70%)	80.0%	90.0%	95.0%	80.0%	70.0%	60.0%
	C3：如期交付标的物	C03	01	项目计划延期率		20%	4分	—	15.0%	10.0%	5.0%	15.0%	17.5%	20.0%
客户层面	C4：提高无缝快速服务能力	C04	01	客户满意度	20%	20%	4分	50%	60%	70%	80%	60%	55%	50%
	C5：创造伙伴关系	C05	01	获得过半新投资份额的客户率		20%	4分	40%	45%	50%	55%	45%	40%	35%
	C6：创造绩优黑马工程商形象	C06	01	总承包营业额排名		10%	2分	91名	70名	50名	20名	70名	85名	100名

续表

BSC层面	关键成功因素	关键测量指标			权重Wi			基准值	目标值			计分标准		
Perspective	CSF	KPI			CSF	KPI	分值	Ref.Point	2006	2007	2008	100分	60分	0分
内部流程层面	P3：提高投标报价能力	P03	01	有效中标率	20%	20%	4分	—	15.0%	20.0%	25.0%	15.0%	10.0%	5.0%
	P5：提高设计效率	P05	01	限额人工时降低率		10%	2分	—	5.0%	10.0%	15.0%	5.0%	3.0%	1.0%
	P6：建立战略采购体系	P06	01	高效设备供应商比例		15%	3分	—	5.0%	10.0%	20.0%	5.0%	3.0%	1.0%
	P7：实现规范建设	P07	01	高效工程商比例		10%	2分	—	60.0%	70.0%	80.0%	60.0%	55.0%	50.0%
	P8：提高项目管理协同性	P08	01	设计变更金额占合同金额比例		10%	2分	(5%)	5.0%	40%	3.0%	5.0%	5.5%	60%
	P9：规划新产品项目	P09	01	可上市新产品项目建议书数量		10%	2分	2个	2个	4个	6个	2个	1个	0个
	P10：降低限额设计标准	P10	01	设计优化贡献率		20%	4分	—	5.0%	10.0%	15.0%	5.0%	3.0%	1.0%
	P11：贯标QHSEM	P11	01	QHSEM外审一般不合格项数		5%	1分	10项	9项	6项	3项	9项	10项	11项
学习与成长层面	L1：缩短战略人力资源能力差距	L01	01	人力资本准备度	10%	40%	4分	—	60%	70%	80%	60%	50%	45%
	L2：整合工具软件和信息平台	L02	01	信息资本准备度		30%	3分	—	40%	60%	80%	40%	30%	20%
	L3：保持和谐氛围	L03	01	员工满意度		30%	3分	(85%)	60%	70%	80%	60%	55%	50%

注：为保护隐私，总经理名字用***代替。

（3）内部流程层面。平衡计分卡内部流程层面与公司内部运作有关，是公司可以关注并落实战略的模块。用通俗的话说，内部流程层面是公司可以发力的地方。要给客户提供更好的产品或服务，要在客户心中树立良好的形象，就需要在内部流程中发力。这些内部流程层面的指标，如有效中标率等量化了相关工作的目标。

（4）学习与成长层面。平衡计分卡学习与成长层面与公司的人力、组织、制度、信息化等工作密切相关。这些工作并不能直接产生市场效益，但可以通过支撑内部流程层面的活动而产生效益。如表 9–1 中的人力资本准备度等指标。

此外，我们可以看出平衡计分卡中，存在有别于传统战略绩效管理的三个关键词：逻辑、平衡、关键。

（二）平衡计分卡的三个关键词

1. 平衡计分卡的第一个关键词：逻辑

平衡计分卡四个层面的若干指标是按战略的逻辑选出来的，能够很好地支撑战略。这个基本逻辑就是从财务、客户、内部流程一直到学习与成长层面形成逻辑链。回到表 9–1 中，我们看一下其中的逻辑。

逻辑第一步首先是从财务出发的。在财务层面上，譬如公司希望能够“增加营业收入（F3）”。这是公司具体的财务目标。那怎么做到呢？

逻辑第二步是站在客户角度思考客户价值主张。所谓客户价值主张，就是客户最想要的东西，可以理解为现在互联网行业经常说的“刚需、痛点”等。站在客户角度，就是要从市场视角来思考我们应该提供的价值，而不是简单地说我们能提供什么。经过对行业的情况分析，公司认为最关键的成功因素是“扩大价格竞争域、提高无缝快速服务能力、创造绩效黑马形象”等，并对此关键要素进行量化处理。那么这些又是如何做到的呢？

逻辑第三步是需要在内部下功夫，即在内部流程上下功夫。公司认为只有在生产运营、研发创新、营销管理、社会形象等方面多管齐下才有可能做到。那么，怎么才叫多管齐下？公司分析了经营管理中的关键成功因素，并确定“提高项目管理协同性”等为战略主题或关键战略节点。“提高项目管理协同性”对这家公司来说非常重要。设计变更过于频繁意味着成本过大，这对该公司来说是最要命的。设计变更频繁与否也是行业中衡量工程管理能力高低的关键指标，即以“设计变更合同额占总合同额的比例”来考核。这些事情，说易做难。相关人员会抱怨公司人员素质不够、信息系统不发达、大家习惯难改变等，改革的阻力就会产生。

逻辑第四步是人力、信息、组织管理要跟上。那么，怎么才叫“跟上”呢？要分析做好这些工作的关键成功因素，并结合实际提出可测量指标。

2. 平衡计分卡的第二个关键词：平衡

“平衡”这个词在中国文化中可理解为“妥协”，但更准确些应理解为“全面”“辩证”“发展（眼光）”“系统”等意思。要防止“以偏概全”“一叶障目”，就要“全面地、辩证地、发展地、系统地”看问题。

第一个平衡是外部与内部的平衡，可以理解为要全面地看待内外部情况。财务层面、客户层面是外部的，内部流程层面、学习与成长层面是内部的。这里先说说“层面”这个词，英文叫“Perspective”，翻译过来是层面、维度等意思，现在一般讲平衡计分卡时都爱用“层面”一词，但其实，理解成“视角、角度”更合适，如财务层面的指标是股东眼中的“你”，客户层面的指标是客户或市场眼中的“你”，内部流程层面、学习与成长层面是你眼中的“你”。这样理解以后，股东眼中的财务层面与市场眼中的客户层面，都是公司以外的东西，或者表现出来的东西。别人眼中的你未必是真实的你。我们不仅要看到自己，也要看到别人眼中的自己，才能够在社会中生存。抛弃外在诱惑，回归内心的安稳，大致都是这样的意思。

第二个平衡是财务与非财务的平衡，可以理解为要辩证看待“结果”与“过程”的关系。这个相对好理解一些。财务是结果，其他三个层面是过程。我们经常说，能够考取 CPA 证书、能够成为上市公司 CEO、能够把一个公司做到上市固然重要，但最重要的还是体会酸甜苦辣的过程，就是这个道理。

第三个平衡是短期与长期的平衡，可以理解为要以发展的眼光看待“眼前”与“未来”。学习与成长层面是未来，其他三个层面是眼前。经常有人说，公司中最宝贵的是人力资源。之所以说这里的学习与成长层面的人力、组织、信息等是未来，是因为这些因素不一定会立马显示出力量，但的确是未来发展的力量源泉。

第四个平衡是利益相关者的平衡[①]，可以理解为要以系统的眼光看待公司的所有相关者。刚才说了，财务指标是股东眼中的“你”，包含着股东（含债权人等）这一利益相关者。客户指标是市场眼中的“你”，包含着市场上客户、供应商、同行业的企业及关注企业社会责任的公众等。内部流程、学习与成长层面是你眼中的“你”，公司又是由管理层、员工等组成的。平衡计分卡系统地考虑了这些众多利益相关者的利益。这时的平衡可以理解为“妥协”，不过理解成“系统地看问题”更好。

3. 平衡计分卡的第三个关键词：关键

平衡计分卡一直强调“关键”。

平衡计分卡将企业战略实施从财务、客户、内部流程、学习与成长四个层面来展开，抓住了公司战略实施中关键的利益相关者的需求：股东要回报、客户要产品、公司要运营、员工要发展。

平衡计分卡要求在每个层面都找到关键节点。按其逻辑，企业应该抓住最关键的工作，舍弃对战略实施作用较小的工作。这与中国人常讲的“抓大放小”“切中要害”是一个道理。

平衡计分卡要求为关键节点设计量化指标时，也要找到关键点。以关键节点“提高项目管理协同性”为例，要为其设计出量化指标，就需要结合企业实际，找到最能体现该关键节点的量化指标，实例中的量化指标是“设计变更合同额占总合同额的比例”。

---

① 有些书中将这个平衡写成是“前置指标与后置指标”的平衡，这也并无不妥。平衡计分卡的平衡之类的东西，是人们在实践中总结的，无所谓对错。

四、为战略目标确定量化的指标

为战略目标确定量化的指标，就是设计平衡计分卡的指标。它包括两个方面：一是按战略逻辑将战略主题转化为相应职能的具体量化目标，即确定指标；二是按时间顺序由近及远设置具体动态的量化目标，即为指标确定近期、中期、远期的指标值。按照我们平时的说法，这项工作叫作细化。真正的细化，还需要层层分解至岗位，这里暂不涉及①。

下面以某出版社为例来说明平衡计分卡指标设计的方法，其中针对“加大网络营销转型”这一战略节点进行具体设计。

在互联网冲击下，该出版社试图进行互联网转型。在对内外部环境进行分析的基础上，该出版社制定了转型战略，其中提到“加大网络营销转型”。这项工作属于内部运营层面的客户管理模块的内容。从常识上，这项工作应该由发行部具体落实。然而发行部认为，互联网转型不应仅是发行部的事情，而应该是全社上上下下共同的事情。如果不厘清这种逻辑关系，简单地将任务下达给发行部，战略任务必然不能如期完成。

（一）第一步：明确相关战略主题

战略主题之间是相互联系的。在设计指标之前，需要先分别明确与该战略主题横向相关、纵向相关的战略主题或战略目标（参见图 9–3）。

1. 横向相关

主要指内部流程各个模块中与其相关的战略主题。如要完成“加大网络营销转型”，需要研发团队加大数字产品开发以及有关社群定制产品的

---

① 从理论上来说，每个职能工作也可以画出自己的战略地图，再从两个方面进行具体分解。为了避免烦琐，再加上很多企业实际上远未做到这步，故这里不涉及从上到下的分解。

开发，需要生产部门能够逐步做到在线定制化生产，以满足大量个性生产的需要，为客户快速提交产品。经过分析，明确了“在线定制化生产”“加大数字产品开发”“社群产品定制开发”是横向相关的战略主题。

2. 纵向相关

是指该战略主题或战略目标与上下各层面中相关的战略主题或战略目标的相关关系。譬如，“加大网络转型”这一战略主题表现在财务层面的结果是“拓宽网络销售收入”，表现在市场层面上的是“树立了转型品牌形象”。同时，还要求在学习与成长层面“开发网络技能”“开发网络系统”“建立互联网化组织”。经过分析，明确这五项为纵向相关的战略目标。

战略地图

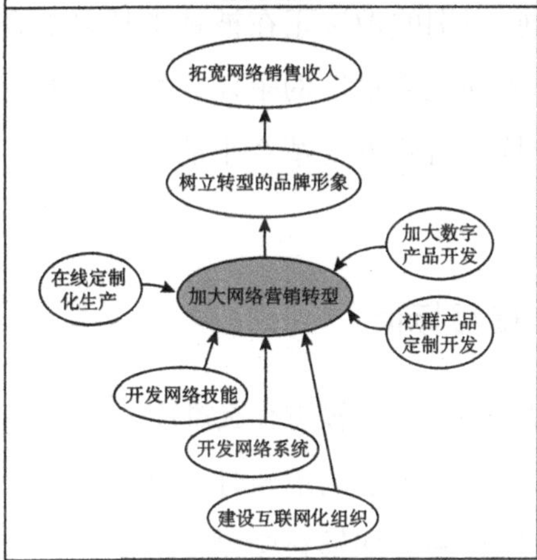

战略目标	量化指标	2013年	2014年	2015年
拓宽网络销售收入	网络收入份额 网络收入额	20% 1000万	40% 2000万	60% 360万
树立转型品牌	细分市场占有率	20%	30%	35%
加大网络转型	自营网店计划完成度 网销渠道计划达成率 社群经营数量	40% 40% 100万	40% 40% 300万	40% 40% 600万
人力资本 信息资本 组织资本	人才准备度 系统准备度 组织准备度	40%	80%	100%

图9-3　从战略地图到战略目标量化

（二）第二步：结合企业实际详细设计指标

详细指标设计既要考虑指标设计，又要考虑数据来源。

有些考核指标数据可以直接从现有报告中选取，如营业收入、成本、利润等。有些评价指标则需要与现有管理工作结合起来才能获得，譬如人才准备度，它等于现有人才数量占战略所需人才数量的比例。什么是人才？怎么计算现有人才的数量？怎么确定战略所需人才的数量？都是一些颇有争议的话题。这项指标需要人力资源部门开展相关工作并提供数据信息，才能够实际被应用。如果不能提供此类信息，那该指标就形同虚设。这就是平衡计分卡实施的难度，它既需要企业提升挖掘现有数据信息的能力，还需要提升管理能力。卡普兰和诺顿为了讲清学习与成长层面的指标，曾经开发出一套测量人力资本准备度的方法，其中涉及战略人才群体划分以及能力素质模型等内容，可见其难度。在实践中，为了推动平衡计分卡的实施，应尽可能选择一些数据收集难度低的指标。相信随着大数据技术的推广以及人工智能技术的发展，数据收集会变得越来越容易，也会因此推动管理的变革。譬如，过去强调微笑服务，也只能强调一下，或者现场暗访抓一些坏典型，现有了人脸识别技术，就可以通过抓拍服务人员面部表情进行微笑服务指标的量化。这种人脸识别的做法正在被越来越多的企业采用，也引起了人们对其过于“非人性化管理”的争议。姑且抛开商业伦理不谈，这一事件至少说明了新技术对管理变革产生的影响，值得我们关注。

（三）第三步：为指标确定年度目标值

为指标确定量化数值是企业经常做的事情，并没有什么难度。

需要说明的是，年度目标的确定要注意数字的逻辑性，譬如网络收入份额占比需要对整个行业的状态进行预测才能够科学制定。如果预测不准确，目标定得过高或过低，都会影响企业的发展。如果预测准确，但是对自己的实力估计不准确，目标定得过高或过低，也会影响企业的发展。

从实践上来看，一些优秀企业确定的目标往往是“跳起来、摸得着”，强调目标需要努力才能够实现，努力了就可能实现。如果“跳起来、摸不着”，大家对这个目标会觉得无所谓，不会为之付出努力。还有一种是“不用跳，就够得着”，根本不需要努力就可轻松达成目标，那对大家来说，目标完全起不到激励作用。

年度目标数字的逻辑性又与战略分析紧紧联系起来。譬如要设定网络销售收入份额这一指标的目标值，需要明确网络销售收入与公司整个销售收入两个数值。这个目标的确定需要结合行业的情况，如行业的整体生命周期目前是处于增长期还是衰退期、预期行业增长率有多高等。又譬如要设定自营网站完成率的年度目标，就需要对企业内部的基础情况进行分析，这就需要用到内部分析尤其是采用对标分析得出的一些结论与数据。

五、每个量化的目标需要一系列行动支撑

在将战略描述成环环相扣的战略主题构成的战略地图之后，平衡计分卡又对每个战略主题设定了量化的战略目标，接下来需要为每个量化的目标设计一系列具体的行动计划。如果没有行动计划支撑，战略仍然还是空中楼阁。

（一）行动计划需要项目化

一个典型的行动计划应该有可稽核的结果、明确的责任人、确定的完成时间。有可稽核的结果，行动计划是否完成就可得以考核，行动计划需要何种资金与资源的支持也可以预算。有明确的责任人，就可以避免相互推诿。有确定的完成时间，就可以根据时间因素与别的项目进行对接。有了这三个要素，行动计划就可以变成一个个项目，可以按照项目管理的方式进行管理。

为了准确理解行动计划项目化，这里仍以军事为例。当主帅明确“解放全国”这一战略之后，他在脑海中不断盘算的是敌我力量对比的动态，他要在大脑中规划一个个大的战役来完成自己的战略。如果战略制定者不能规划出支撑战略的一个或数个战役，战略就不能落地。我们强调行动计划项目化，就是强调要不断提升战略规划能力。在一定意义上，战略规划能力比战略制定能力更为重要。

（二）不会规划战役是战略不能落地的主要原因

把行动计划项目化，恰恰是中国企业最缺乏的能力，而不会制订行动计划，也是战略不能落地的主要原因。很多企业制定战略后，最多会提出

一些未经科学测量的目标，然后就再也没有下文。2010 年前后，曾经有一家房地产企业，像模像样地编制出了未来五年的发展规划，提出要大力发展商业地产。该企业能看准商业地产的机遇，还是有一定的战略判断力的，遗憾的是它没有对如何实现这些目标进行具体的行动计划规划或者战役规划。结果就是规划做完之后，也就是在大会上读读，接下来一切照旧。

科学的战略管理要求企业不能仅仅依靠少数关键人物的战役规划能力，而要依靠整个企业的战役规划能力。在那家企业看准商业地产机遇的同时，另外一家重庆地产企业也看准了商业地产的机遇。这家企业的管理底子很弱，根本没有做什么战略分析，也没有成形的战略规划，但是企业负责人凭直觉规划了一个又一个所谓的战役，如“走出山城、杀向北上广”“橙色地王风暴”等计划，并根据竞争对手的反应做出调整，明确每个关键时间节点上的目标。结果该企业像黑马一样迅速在业界跃出。

许多企业负责人普遍存在缺乏战役规划能力的现象，这也是企业忽起忽落的主要原因之一。如果去看改革开放以来中国企业的发展史，会发现许多企业的迅速崛起都与负责人具有较强的战役规划能力密切相关，而崛起之后又迅速没落，也与优秀负责人出现职位变动有关。

（三）行动计划规划应紧盯竞争对手的反应

行动计划规划使得战略规划工作与战略分析紧密联系在一起。行动计划规划要求企业密切关注竞争对手的变化：或找准竞争对手市场假设中的漏洞；或找准竞争对手策略的漏洞；或洞察行业规律发现新的蓝海，然后精心设计一场漂亮的战役，在竞争中胜出或成功跨越战略组群之间的障碍，进入更高的竞争梯队。

（四）行动计划也应层层分解

在沿着战略主题确定公司级行动计划后，还可以通过组织层级从高到低制订出部门、项目甚至岗位级的行动计划，如图 9–4 所示。行动计划规划及层层分解将有效地调动全员战略实施的积极性，将整个企业的力量聚在战略目标上，形成突破性的优势。

一般来说，结合中国企业的实际，公司级行动计划关键在于协同，使不同部门的行动计划之间能够相互协调、彼此支持，防止出现相互抵触的情况。部门级行动计划关键在于提升，包括管理提升、人员提升和资源效率提升。项目级或岗位级行动计划关键在于效率。当然，不同企业的情况会有所不同，需要根据实际情况进行调整。

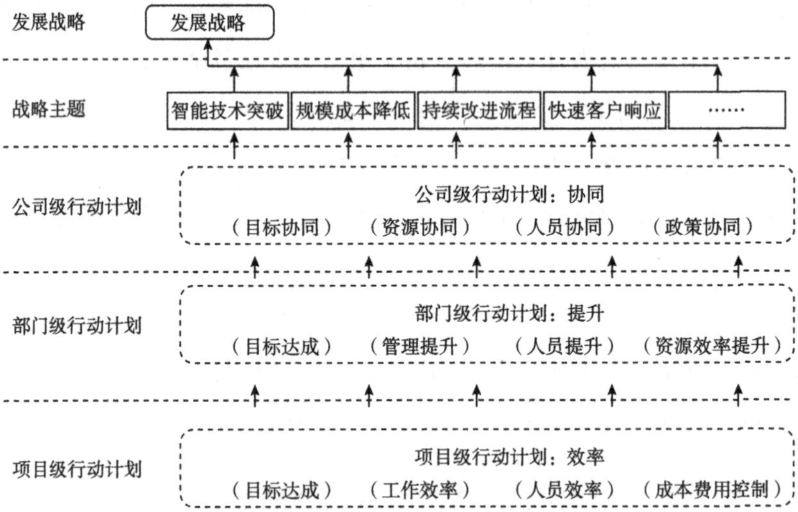

图9-4 行动计划层层分解示意图

六、平衡计分卡体系应用时的三个关键技术难题

战略规划本身是一门技术，其中也有一些关键的技术难题。如果不解决这些技术难题，即便依葫芦画瓢做出战略地图、提出量化目标并且制订了项目计划，结果也只能是画虎不成反类犬。

（一）如何根据战略确定出战略主题

描述战略地图时，需要找到支撑战略的关键节点，或者说战略主题。如果战略主题凭感觉确定，那么整个战略报告，从战略分析到制定到规划，效果必然会打折。就像在足球场上，前面几脚都干净利落，但最后临门一脚太臭，前面的努力也只能前功尽弃。

战略关键节点隐藏在企业的业务活动中，它可能是高层管理中的一项重要活动，也可能是基层工作中的一段工序。战略管理者要从杂乱的战略现象中找到这个关键节点。

若干年前，美国五角大楼遇到一个尴尬的小问题：漂亮的外墙玻璃上总有很多鸟屎。为了解决这个问题，五角大楼尝试过很多种方法，如责任到人、奖罚分明等，可鸟屎的问题还是解决不了。后来他们高价聘请一个外部专家团队来尝试解决。专家经过调研、访谈、数据分析等，最后提出一个令人啼笑皆非的对策，就是“定期打开窗户”，后来照做后问题还真得以解决。原来，五角大楼内采用了自动化的空气管理，不用经常开窗户也可保持室内空气清新。可是不开窗户，在窗户缝隙处就会滋生微生物。鸟儿要来吃这些微生物，于是就产生了鸟屎问题。

我们常说，打蛇要打七寸，就是说要找到决定成败的关键节点。这些关键节点不是所谓的一般细节，而是战略节点。能否注意到这些细节，与

心细与否关系不大，而与战略洞察力高低直接相关。

有家制造企业曾面临一个令人头疼的问题，就是客户对产品投诉太多。为此，他们进行了多方面的尝试，开除了分管生产的副总、在内部大搞培训，但依然解决不了问题。后来，公司请来了一位退休的老师傅。这位老师傅在现场转了几天，凭直觉认定是某一组机器设备与工艺不匹配，只要把这个问题解决了，产品质量自然会上去。经查证，事情果然如老师傅所料，最终问题得以解决。

无论五角大楼外聘的专家还是机械厂老师傅，寻找关键节点所用到的方法都是关键成功因素分析。关键成功因素分析是战略分析的一项工具，目的是找到行业取得成功的关键点。在找寻战略主题时，同样可以用到这个工具。譬如，一家果汁企业确定了要实施低成本战略，其中在供应方面应该选择何种战略主题，可以通过同行业供应管理方面的关键成功因素分析，再结合自己的实际情况选择。在这个过程中可以依靠类似机械厂老师傅的“直觉”，也可以像五角大楼专家团队一样用科学的推理，再结合企业特点确定具体的关键节点。

（二）如何设置出科学的量化目标

一家大型电器公司确定以“扩大营业收入”为战略目标，现在要为其设定年度目标值，该如何设定？这就需要与战略分析中的生命周期理论、竞争对手分析、对标以及宏观经济分析等战略工具紧密联系在一起，最终总能找到公司营业收入与宏观经济发展、区域经济发展、行业发展、兄弟单位、竞争对手发展目标等方面的逻辑关系。

以该电器公司为例。譬如当年国家预测未来五年的宏观经济增长率为6%，行业预测增长率为4%，主要竞争对手的增长目标估计都在4%，而本省的增长目标确定为8%，这家企业又是本省的支柱企业，那么它的目标该确定为多少？它的发展受到国家宏观经济与区域经济发展的影响，又不可能脱离行业的实际。在这样的情况下，它就需要在各种约束条件中找到最优解，譬如为保持支柱企业的位置，增长率不能低于本省目标太多，至少必须超过或持平竞争对手，行业与宏观的增长率又是大势所趋，它就需要结合这些约束条件确定一个可能范围，并决策选取一个适当的值。这也就是为什么每到年末很多企业家都热衷于谈论下一年经济发展走势的原因之一。

专栏 9-1

目标设定要受“钱”的约束

目标设定一般都会落实为销售收入的目标值，如果未直接落实到位，也需通过转换最后确定销售收入的目标值。有了销售收入的目标值，就可以测算其所需的内部资源，根据内部资源情况反过来又可倒推销售收入。这样循环的过程中，最终可以确定销售目标值的理性范围。一般企业的资产周转等相关财务指标都与销售收入有一个相对稳定的比例，譬如销售收入增加，现金储备、应收账款、存货等资产和短期应付款等债务需要增加，这些项目的增加与销售收入之间的比例很难在短期内有大的转变。这种比例很大程度上由行业特点所决定，譬如一个给政府采购提供信息化软件的公司，销量越大，应收账款必然会越多，而且应收账款周转天数不能奢望一定会在短期内有大的改变。这些钱总是要垫付的，如果钱不够，就需要融资。融不到，现金流就会中断。

基于这样的认识，我们就可以用销售预测为起点，根据历史比例关系，估计经营资产和经营负债，估计各项费用和盈余，最终计算出实现销售目标所需的外部融资额。可以向股东进行股权融资，也可以到银行进行债权融资，但是股权融资与债权融资不可能无限。这就形成了对销售目标的约束。

另外，从增长率角度也能确定资源条件对销售收入目标的约束。如果没有特别的事件发生，一般企业的盈利水平（销售净利率）、运营效率（资产周转率）、借债能力（杠杆水平）、分红比例（利润留存率）、股本总额等都会相对稳定，在这些约束条件下，会倒推出一个销售收入增长率，叫作平衡增长率或可持续增长率。如果我们现在设定的销售增长率大于这个可持续增长率，并且没有特别的事件发生，如产品利润突然提高，银行认可的资产负债率可以长期大幅提高等，这样的高增长率只是假象，迟早要降下来。譬如，有些企业为了实现突破性增长，当年大量举债，疯狂提升资产负债率，杠杆比行业均值及自己历年水平都高很多，当年销售收入确实获得了大幅提升，但是借的债总是要还，资产负债率不能总维持居高不下，理性的决策就是放慢增长速度，但这些企业无视现实，一味冲刺，最终在旧债要还、新债难续的状况下，未能规避现金流中断的命运。

再谈一个通俗的例子。假定你是一位普通中学的高三班主任，你所带的班是普通班。现在要制定明年的高考升学目标，如多少人考上普通大学、多少人考上 985 大学等。任何未来趋势都是历史的再现，预测目标不可能脱离历史规律。据你所知，全市本届高三考生水平比往年要高，预测今年升学率会高 12 个百分点，达到 75%。你们学校处于全市学校中的末流梯队，这个梯队有 8 个学校，大家每年的目标都是争着不当最后一名，大致情况是升学率比平均值低 5 个百分点。而且通过近几次模拟考试，你发现今年学校的水平要落后于其他末流竞争学校 1 个百分点左右。你所在的班级又居全校的平均水平，这样今年预计目标定在 70% 左右较为靠谱。然后你看看班级内部情况，估一下有几个肯定能够考上大学，有几个会在录取线附近徘徊。简单地说，战略量化目标设定是各种约束条件下求最优解，而不是凭空设定的。你会发现，在这个分析过程中，班级的目标既受到大环境（本市的升学率）又受到区域（本校）的约束，同时还受到所处的梯队（同级别的学校）、主要竞争对手的约束。本班的升学率目标，就是这些约束条件下的最优解。

（三）如何规划出战役或项目化的行动计划

企业领导者首先要能够规划出漂亮的战役，才有资格谈论下属战略执行力的问题。公司级战役规划的主要责任无疑在领导者的身上。

规划战役确实是一个难题。规划出好的战役，尤其是一举扭转乾坤的战役极为不易。但是对一般战略主题，依靠专业知识仍然可以做出漂亮的规划。规划战役需要沿着关键战略节点，结合战略分析的一些结果，在企业实际情况基础上提出备选方案，从而进行选择。仍以果汁厂为例，其中一个关键战略节点是“加大与果园联盟”，如何完成呢？假定在进行战略分析过程中运用PEST模型时，发现“农村建立专业合作社急需外部资金与现代管理知识”这一需求；在分析竞争对手时发现，主要竞争对手有在农村建立合作社的意图，并在加速跑马圈地。以这些信息为基础，考虑到公司实际，果汁厂提出的一项备选战役就是“圈300家农村合作社，以公司为支点，引入风险资本、市场资源以及现代管理知识，撬动8000家果园的发展，确保原料供应”。这一战役后来被描述成“送资本、送市场、送管理”的给果园“送温暖”的活动，公司因此成立农合发展基金、农产品在线交易平台、农业企业管理培训公司等机构，具体支撑了企业战略的发展。

专栏 9-2

用平衡计分卡的“神”进行注会职业规划

学习平衡计分卡，不能只学其形，而更要学其“神”。学到平衡计分卡的精髓后，会发现战略无处不在。下面举一个注册会计师职业规划的例子。

假定有一个刚入职的“菜鸟”注册会计师，他希望自己能够在未来10年内成为顶级事务所的合伙人。经过调研，他发现这个目标具有可行性，按照平衡计分卡的思路，他应采取如下行动。

首先，细化理解“10年成为顶级事务所合伙人”这一目标。他经过分析，发现要成为顶级事务所合伙人，关键成功因素是“职位上升、学历提升、经验提升”这三项。对他来说，职位上升很关键，需要先成为项目经理，再跳槽到顶级事务所，再往上走，才有可能达成目标。经过分析之后，他确定将“职位、学历、经验”作为考核指标，结合自身情况，把未来10

年目标量化为“职位每年升一级，学历两年内考取名校硕士、五年内毕业，经验每年一个标志性提升”。至于何谓经验的标志性提升，他结合业务实际确定了一些标准，如参与大项目、在大论坛上发言等。

其次，分析要成为“顶级合伙人”，应该在市场上展示什么形象。这个市场，既有单位领导、同行人士，也有猎头顾问等。在市场上的形象，就是在这些市场人士眼中的他是什么形象。如果在这些人士眼中，他就是一个平凡的审计师，而且功底不扎实、主动性差、团队合作意识差等，那没有人会主动给予他机会。如果在这些人士眼中，他是一个迟早会成功的人士，那很多人就会主动给予他机会。经过分析，他确定自己要给社会留下一个“智慧的职业后起之秀”形象，具体表现为“学历提升快、技术功底厚、项目做得好、人脉关系广”，并确定了四个指标，即“读研计划完成情况、每年写出高质量论文数量、每年高质量项目的比例、每年结识优秀人士的数量”。

最后，他要直面自己的内心，知道自己该做什么。他经过仔细思考，发现要成功关键在于自律，只有自律才能完成这些指标。于是他确定了在学习、工作与社交方面都要自律。针对爱睡懒觉、不愿意与领导走得太近的毛病，他确定了指标：“每天学习工作时间不少于16个小时、每周的自律学习计划全部完成、每周顶层社交的次数不少于2次。”

我们会发现，这个逻辑链沿着“结果—原因”关系展开，其基本逻辑是“外在结果好—市场要满意—自己要努力”，每个环节都是按照关键成功因素来抽取指标的。这样的考核方式与一般豪言壮语式的考核方式自然不同。因此，如果仔细理解其中奥妙，会发现平衡计分卡真是个好东西。

当然，这样分解后，有人可能会说：“这不累死人吗？”平衡计分卡的确是一个让人“累”的工具，它不允许自己欺骗自己。

有人又会说：“我制定好了，不执行不等于零吗？”99%的人制定好了都不会执行，所以成功的人只有1%。

七、一个平衡计分卡的实务案例

平衡计分卡向来讲究基于“事实”的因果关系链。要获得，就必须付出，获得与付出又都是在洞察行业基础上进行界定的。这种所谓科学的东西，在中国实施时却很容易遭遇到哲学的对抗。你想知道的事实，别人不一定给你。别人相信的事实，又未必是真的事实。中国这种传统无所谓好与坏，在中国应用平衡计分卡，要做的就是把握其“神”，其中对企业“事实”的判断需要靠“悟”。

（一）“悟”出平衡计分卡所要基于的事实

这是笔者多年前为一家多元化的国有企业集团公司做的咨询案例。该集团公司的房地产板块下面有多家专业地产公司。多年以来，趁着“猪都会飞”的“风口”，他们发展得非常不错。但是风总有减慢的时候。在风减慢时，他们才知道必须“向管理要效益”。当这个口号出来的时候，像所有的国企一样，他们设想能够找到一个很现代的绩效考核工具，让好的、差的一目了然，好的留下，差的离开。他们希望用平衡计分卡这个工具，笔者也就趁势承担起这个光荣而艰巨的任务。

“叶公好龙”式的管理是很多企业的通病。如果真相信他们想让考评出来差的离开，那就太天真了。另外，他们的战略报告有很漂亮的版本，但执行的却是一把手脑海中的思路。漂亮版本是报给上级部门的。如果真实的东西以打印的形式出现，姑且不说其中有多大困难，就是有再严格的保密制度与惩罚手段，当天打印出来，当天晚上也很可能到达竞争对手的手中。竞争对手既有跟你抢市场的外部人，还有跟你抢职位的内部人。你敢拿出真实的战略目标，保准有人会拿着它先来考核你并让你下台。用西方的话说这叫“棘轮效应”，用中国的话说这叫“鞭打快牛”。当然中国话里还有一个词语叫“画地为牢”。他们要做的事情，实际上是“外圆内方”，既起到运用现代手段加强战略管理的作用，又不显山露水，让上上下下和谐接受。当然，这些都是不能说出来的。

（二）提出科学而务实的思路

这个集团是典型的国企，房地产又是市场化的行业。所有科学的思路必须基于这个事实。集团公司确实希望能够真实反映各地产公司的业绩，并希望集团公司能够用业绩指标监控并督促各房地产子公司的进展，但不想过多涉及“薪酬”及“人员调整”等敏感事件。以往由于缺乏共同的沟通工具，遇到一些问题大家都有借口，只能依靠“老大”的权威解决，这无形之中增大了领导的负担。总之，集团也希望以此为契机，推动房地产业务的协同发展。

根据平衡计分卡理论，解决思路是：以推动企业战略目标达成为目标，强化绩效导向，淡化排名。强化计划管理，淡化谁承担战略责任、谁又没承担、谁承担得多、谁又承担得少这些比较排名。具体技术思路是：解读公司战略，描述出战略地图，让上上下下有个沟通的工具。结合行业经验，精准提炼出 KPI，确定目标值，为企业提供管理抓手。最后，推动基于 KPI 的行动计划项目化规划，促进战略落实为行动。对于预算管理、薪酬激励等暂不涉及。

（三）围绕主线有序开展工作

沿着这个思路，笔者团队操作的主要技术步骤如下。

1. 制定战略地图

主要阅读公司领导在各大小会议上的讲话，以及公司的年度报告等资料。该公司的战略报告主要是用来应付上级检查的，里面的内容除了有关行业分析的一些信息有点参考价值，其余部分套话太多，真假难辨，参考价值有限。相反，在集团领导的各种讲话稿中倒是蕴藏着宝贵的信息。采用性质研究的一些方法，最后我们提炼出几页纸的战略内容请领导确认。领导高度认同，认为基本上全面总结了自己的战略意图。

确认了战略意图后，就开始结合行业特点为每个模块抽取关键成功因素，试着形成逻辑链。其中一个难题是，确定战略主题或战略关键节点时，有些节点看似在基层的岗位上却很关键，而有些高层岗位与战略关键节点根本沾不上边。这虽然符合理论也符合实际，但有悖于公司的文化或中国的文化。解决该难题的思路是，紧紧抓住战略这一主线，从关键成功因素角度判断是否为关键节点，并在形式上给予妥协，譬如在战略地图上多画两个可有可无的所谓关键主题（见图 9–5）。

该公司战略的核心目标是多拿地、运作流畅以及营收结构调整。为做到这点，公司希望客户眼中的公司是一个能提供一站式配套、如期交付精品的公司，而且能够与客户形成深度的伙伴关系。具体落实下来，最为核心的就是对细化市场需求的敏锐感知、样本先行与产销协同、项目管理协同、创新性融资等内容，而这些工作又需要与精准的定位、产品标准化开发等关键节点相互配合。这就要求公司能做到“人才保值增值”（其中“值”是指人才要能培养人才），信息化部门可建设好“房地产项目一体化平台”，组织管理部门要在协同管理制度体系建设以及文化建设方面下功夫。在这样的整体安排下，全公司上上下下才能将力量聚焦到公司价值最大化的目标上。

2. 提炼 KPI

主要从 KPI 是否能够准确反映战略主题以及数据可获得性上进行考虑、妥协与平衡。确切地说，这不是科学的过程而是妥协的过程。KPI 的提取离不开具体业务负责人的支持，如果他们不支持，提炼起来难度最大。即便提炼出来，他们不接受也难以实施。当然，你也可以坐在屋里给每个人定考核指标、确定考核标准，但你的方案根本出不了小屋，因为不够实用。这个过程必须是沟通的过程。然而沟通中，你会发现最难办的是那些根本不关键的部门。由于你上一步的妥协，他们也勉强进了关键战略节点，但是你没法给他们定节点指标，因为他们的工作内容本来就虚，

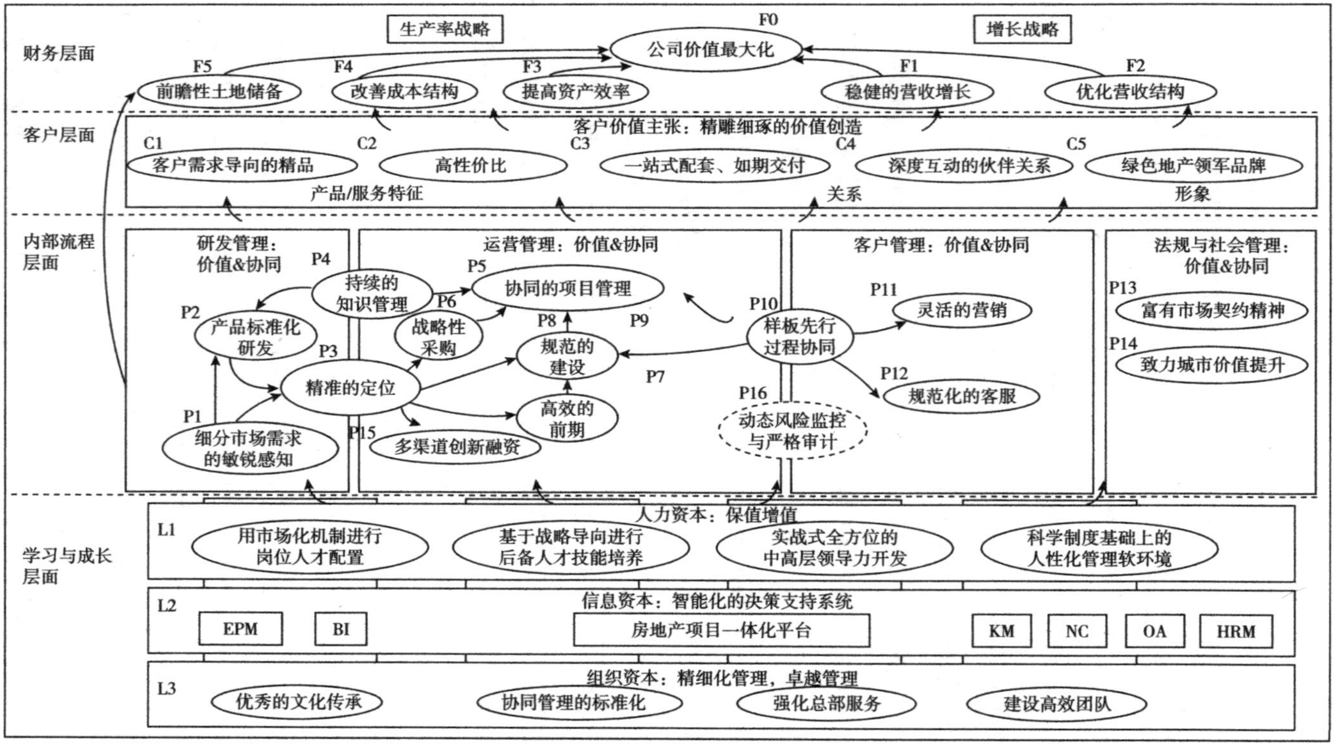

图9-5　某房地产公司的战略地图

责任可有可无，可做事也可不做事。这时你唯一能做的，就是制造一些可考核可不考核的虚指标。妥协与平衡，有时比所谓的提炼指标更难。这就是中国特色。

确定指标不应靠拍脑袋，而应该围绕着战略目标进行。“想让人做什么，就考核什么”。关于指标的要求有两点。

一是要能反映关键成功因素。如果关键成功因素太笼统，可以进一步分解，如表 9-2 所示（出于保密原因，表中省去部分内容），“规范的建设”可进一步分解为“进度管理”“质量管理”等内容。这种分解要能够分解到最后与日常工作相对应，尤其是与现有的规章制度相对应。

二是要构造指标。对于不易构造的指标，尤其是管理类的指标，就要求相关管理部门结合工作实际构造并给出评价结果。譬如对于“进度管理”的各项指标，如果项目管理部门不作为，该项指标永远不可能“自动自发”地展示出来结果。该指标要求项目管理部门对现有项目进行“红黄绿评价”。多年来，公司领导在不同场合说过多次该项工作，但始终没有进展。这次该工作被列进了平衡计分卡中，每次项目管理部经理见到公司领导都会紧张。后来虽然有一定难度，但最终还是推进了，而且得到了相关部门的好评。

为确保各子公司高管的考核指标之间的逻辑性，我们给该公司建立了《上市公司关键成功因素及指标库》，对关键成功因素进行编码，对每个关键成功因素所对应的指标进行分类编码。这样做是为了确保对于同一个关键成功因素所形成的指标，无论怎么分解成子指标，如将指标分解成不同的指标，以及无论怎么向各级人员分解，如将任务分解给不同的人员，都可以保持逻辑一致性、数字一致性。同时，我们对每个子指标的含义进行了简要解释，详细的解释由公司组织相关人员对照着现有规章制度进行提取。所形成的其中一张平衡计分卡见表 9-3。

表9-2 J公司关键成功因素与指标库（节选）示意

BSC层面	关键成功因素	编号	二级关键成功因素	编号	备选考核指标库	备注
Perspective	CSF	CSF2			KPI	
内部流程层面	P6：战略性采购	P602	供应商数据库定期评价与更新	P60102	优质供应商所占份额	每个项目结束有个后评价中含采购，上市有评价
	P7：高效的前期	P701	速度快：主要是获取土地至具备开工条件的速度	P70101	获取土地至具备开工条件的时间	上市有基本标准：住宅6个月，办公楼8个月
	P8：规范的建设	P801	进度管理	P80101	绿标项目数占总项目数比例	对开工、结构封顶、装修、竣工四个节点进行红黄绿评价。上市公司简报对每个项目进行了红黄绿的评价。由房地产部统计给出结果，并有责任进行核查。该类指标面临问题：如果用来考核，信息准确性很难保证，需风险部监督
				P80102	绿标加黄标项目数占总项目数比例	
				P80103	红标项目数占总项目数比例	
		P802	费用管理	P80201	实际累计成本与造价指标差额占造价成本的比例	同上。累计发生成本=累计工程合同额加当期洽商额 累计发生成本-造价指标=差额
				P80202	累计发生成本	
				P80203	累计发生洽商	
				P80204	累计工程合同额	
		P803	质量管理	P80301	绿标项目占总项目数比例	同上。无问题显示绿标；A、B类质量问题显示黄标；C、D类质量问题显示红标
				P80302	绿标加黄标项目数占总项目数比例	
				P80303	红标项目数占总项目数比例	
		P804	安全管理	P80401	绿标项目数占总项目数比例	根据上市《安全管理办法》，1）出现减分值100分的重大责任事故，该项得分直接为零。对个人考核时，个人得分直接为零。2）出现加分项省市级“安全文明样板工地”“安全文明工地”及通报表彰、新闻宣传的。红标即为不及格。具体细化标准结合行业管理规定再定
				P80402	绿标加黄标项目数占总项目数比例	
				P80403	红标项目数占总项目数比例	
		P805	档案资料管理	P80501	档案资料建设合规程度	工程档案资料完整、移交及时；完成档案清查工作，推动合约平台建设

续表

BSC层面	关键成功因素	编号	二级关键成功因素	编号	备选考核指标库	备注
Perspective	CSF		CSF2		KPI	
内部流程层面	P10：样板先行、过程协同		样板间按计划、按标准建成		样板间建设计划达成率	在开盘前完成示范区、售楼处、样板间、看房通道的建设与美化工作
	P11：灵活的营销	P1102	完成销售签约计划	P110102	签约额全年计划完成率	等实际签约额与全年计划签约额的比例
				P130103	签约额计划达成率	时间过半，任务过半。等于实际签约额与到考核日计划签约额比例
	P12：规范化的客服	P1201	建立客户投诉接待标准，实施标准化服务	P120101	标准化建设计划达成率	等于实际建设的标准数/计划建设的标准数。建立客服体系和责任体系，明确工作标准，明确接待客户诉求的规范时间、反馈时限、答复标准等，量化客服体系工作评价标准
	P13：富有市场契约精神	P1301	树立合法合规的企业形象	P130101	外部排名	如最受尊敬的上市公司、上市公司治理排名、最佳雇主、最负社会责任感的公司等
	P14：致力城市价值提升（全面社会责任管理）	P1401	全面提升公司在完善城市功能、实现区域产业升级方面的竞争实力，通过与政府合作以合理成本获取土地资源	P140101		
	P15：多渠道创新融资	P1501	融资数额满足公司资金需求	P150101	融资金额与计划融资金额的比例	满足现有项目资金需求和未来项目拓展资金安排
		P1502	融资时间满足节点要求	P150102	融资计划节点达成率	等于实际完成的融资计划的节点数与应完成节点数的比例
		P1503	融资模式持续探索	P150103	形成X项可行性的融资模式	包括发起房地产基金、引入战略合作伙伴、开展项目股权与债权融资、发行信托产品、借助保险资金支持等多种方式，保证公司资金充裕，满足各层面资金使用需求
	P16：动态风险监控与严格审计	P1602	进行严格审计，确保财务规范	P160102	审计不合格项数	集团审计中发现的但上市公司审计中未发现的项数

表9–3　　平衡计分卡示意表

BSC OWNER：总经理							
BSC层面	关键成功因素	关键测量指标			权重　Wi		基准值
Perspective	CSF	KPI			CSF	分值	Ref.Point
财务层面	F0：公司价值最大化	F001	01	净资产收益率	50%	15	***
		F001	02	净利润		15	***
	F1：稳定的营收增长	F101	01	营业收入		10	***
				自持物业营业收入		5	***
	F5：前瞻性的土地储备	F03		新增土地储备额		3	***
客户层面	F0：客户价值最大化	C06	01	客户满意度	10%	3	***
		C08	01	群体性重大投诉次数		7	***
内部流程层面	P01：建设成果	P01	01	开复工面积	30%	5	***
			01	竣工面积		5	***
	P11：完成销售计划	P11	01	房屋销售签约面积		5	***
			02	房屋销售签约金额		5	***
	P04：规范的建设	P02	03	地产开发与建设指数		7	***
	P05：风险控制	P02	04	风险指数		3	***
学习与成长层面	L1：提高人才准备度	L101	01	人才准备度	10%	4	***
	L2：提高信息准备度	L201	01	信息化指数		3	***
	L3：提高员工满意度	L301	01	员工满意度		3	***

注：为保守企业秘密，部分数值用***表示。

3. 项目化行动计划

项目化行动计划的主要做法和思路也很简单，但操作起来很烦琐。基本做法就是找到集团领导以及各子公司领导曾经的讲话稿以及部分员工的总结稿等，从中梳理他们曾经提出的想做的事情。不梳理不知道，一梳理真是让人吃惊。公司很多非常重要的事情，报告里总结里年年提、月月提，但是年年都没有做。

该项目实施以后，各地产公司开始有些不适应，因为确实考核得细了，指标多了。后来集团明确绩效评价只是为了战略决策服务，而个人的绩效考核暂按国资委的相关办法进行，大家很快接受。事实上，还在适应期时，有些子公司已经开始依葫芦画瓢做自己的平衡计分卡了。

第十讲

战略控制是为了战略纠偏

一、战略控制的基本逻辑

战略控制属于战略实施的内容，它是监督战略实施的过程，及时纠偏，确保战略有效实施，使战略实施结果符合战略预期目标的手段。

（一）战略控制的基本构成及逻辑关系

广义的战略控制，包括狭义的战略控制、战略评估与战略纠偏三个环节（见图 10–1）。

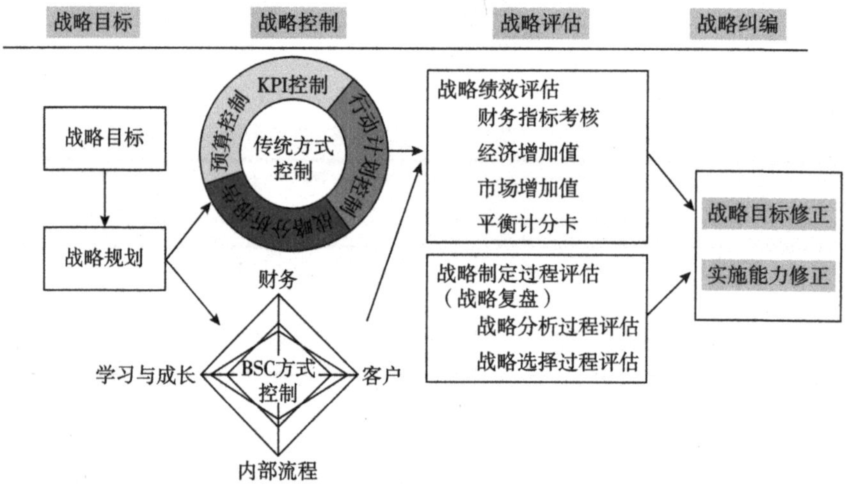

图10-1　战略评估的逻辑

狭义的战略控制，主要指战略方向控制及战略实施过程控制，主要用到预算控制、关键业绩控制、行动计划控制、战略分析报告等传统的控制方法，以及平衡计分卡等控制工具。

战略评估是对战略实施的结果进行评价，主要包括业绩评价和战略复盘。业绩评价主要有财务指标、经济增加值、市场增加值、平衡计分卡等方法。战略复盘是对从战略分析、战略制定到战略实施全过程的回顾，目的是从中总结经验与教训，目前尚没有成熟的理论工具，随后会介绍联想等企业比较实用的经验。

战略纠偏是对战略实施偏离预先设定的方案时的一种纠正措施，包括战略目标修正与战略实施能力修正两个部分。战略实施过程与战略预先设定的目标发生偏离时，可以调整战略，也可以不调整战略而要求组织提升实施能力。

在实践中，由于狭义的战略控制、战略评估与战略纠偏都以业绩评价工具为主要战略工具，常常被混淆等同，有时将三者合并称为战略控制，有时又会称之为战略评估。

以驾车作类比有利于准确理解战略控制的定义。在驾车过程中，狭义的战略控制相当于手握方向盘对行进方向的控制，以及脚踩油门或刹车对行进速度的控制。战略评估相当于通过汽车仪表系统，如仪表盘显示出的瞬间车速、油耗、电量等检查车况，再结合驾驶者对行驶方向、路况、车况等信息做出判断。前者是定量业绩评价，后者是定性业绩评价。战略纠偏相当于评估之后对方向、速度进行纠偏。如果偏离预先设定的目标路线，或者行驶速度快于或慢于预设目标速度，就需要调整预先设定的目标，或及时调整方向与速度。前者称为修改战略，后者称为提升或修正实施能力。

（二）战略控制：事前、事中、事后

传统的战略控制主要采取事前、事中、事后的控制方式。

事前控制主要通过预算管理进行控制。预算本质上是一种资源分配，通过对各个部门未来一年所需的资源进行审批，从而控制战略的执行。其基本逻辑是，在事前提出各部门要做什么事项、需要多少资源，由公司相关部门进行审批，以使战略落实为各部门的行动。这种方式是企业普遍采用的传统方式，也是战略实施中的重要方式。然而，这种方式在实践中也存在着预算乱报、人为审批、预算花不完赶着花等情况。

事中控制主要通过计划管理对活动进行控制。相当一部分公司会制定

五年发展规划，几乎每个公司都会制订年度计划。公司制订年度计划后，往往还会要求每个部门甚至每个岗位都制订自己的工作计划。这些工作计划汇总在一起，由公司进行审批，并实时监督活动的进展和结果。

通过工作计划管理对计划活动进行控制，是一种最为常用也最为有效的控制方法。某公司每年会制订年度工作计划，并要求每个部门都制订季度工作计划，每个员工都制订周工作计划。公司每半年召开一次公司重点工作计划完成情况的总结大会，分析重点工作进展以及影响进展的原因，提出针对性改进措施。公司计划管理部门对部门工作计划完成情况进行打分，报公司总经理批准后，作为部门年度绩效评估的重要依据。部门经理则对员工工作计划打分，作为员工年底绩效评估的重要依据。通过这种计划管理，公司战略转化为行动的可能性大大提升。

事后控制主要是通过一些财务指标与非财务指标进行量化控制。譬如，公司拟在未来三年销售收入分别增长1000万元、2000万元、3000万元，那么到每年年末可以对着目标完成情况进行测评。

专栏 10-1

生活中的战略学：一个战略控制的通俗例子

假定你在北京大兴区，现在要让一个小伙子从中关村出发给你送急件。你给小伙子布置了任务，要求3个小时内必须送到。这就是战略目标设定。由于那天小伙子恰好手机不能上网，你查阅路况信息后，给小伙子规划好了路线图。小伙子就出发了。

结果刚出发一会儿，小伙子给你打来电话，说越走越慢，估计西直门会堵。你查了路况，坚定地命令小伙子不能随便变更路线。小伙子抱怨你瞎指挥，决定不再汇报。到了西直门路堵得一塌糊涂，都两个小时了还一动不动。你给小伙子打去电话了解到情况后，非常着急，迅速查路况信息，临时调整路线图。这样小伙子终于按时到达目的地，你对着原来时间要求检查是否超时。这个过程中，你进行了狭义的战略控制、战略评估与战略纠偏。

之后你把小伙子叫到会议室，认真对整个过程进行回顾。你发现目标已经达成，但是过程中有几个问题。一是当初制定路线图时，是看了路况，但没有预计到下班点西直门会堵车，你选择路线的时候没有避开西直门，这是你的失误。二是你与小伙子都缺乏灵活应变的能力，你的固执，小伙子后来的不汇报，结果导致有不堵的路不走，硬是堵在西直门快两个小时。你语重心长地对小伙子说："沟通很重要，你要及时汇报才对。"小伙子敢怒不敢言，点头称是。这就是战略复盘。

二、预算管理应该是严肃的事

预算管理是企业最为常用的战略控制工具。它是企业战略决策在部门、岗位等各个构成环节的具体落实，也是企业控制经营管理活动的重要依据。

（一）预算是控制支出的重要工具

长期的战略计划需要通过完成一个个短期目标来实现。预算是促进企业实现短期目标的重要形式。预算及预算控制的主要目的有四个。

一是预算控制迫使企业管理人员根据公司的年度目标，制订出详细的工作计划。由于企业原则上禁止不在预算内或超出预算的支出，企业管理人员为了下一年度能够顺利开展经营管理活动，就不得不提前做出详细的计划。

二是预算控制将促进企业各个部门协调一致。各个部门由于职责不同，受所处位置的局限，往往会出现相互冲突的现象。例如，销售部门提出一个庞大的销售计划，但生产部门缺乏相应的生产能力，采购部门无法完成相应的原材料采购，人力资源部门无法招募到合适的人员。预算控制可以将各部门需求予以综合平衡，解决部门之间的冲突。

三是预算控制为公司年度经营管理提供了一个标准。实际支出与预算标准的比较出现较大差异时，可以把预算作为线索，查明原因并采取措施。

四是预算可以作为绩效考核的依据，进而与激励约束制度相结合。

知识小贴士

战略规划、长期计划、财务预测与全面预算

战略规划通常时间跨度为 5 ~ 20 年。

长期计划以战略规划为起点，包括经营计划和财务计划。通常企业会制订 5 年长期计划。我国企业一般制定的所谓“战略规划”，实际上只是 5 年的长期计划。

财务预测是财务计划中的一项重要内容，狭义的财务预测仅指估计企业未来的融资需求。全面预算属于短期计划，按其涉及的预算期分为长期预算和短期预算。长期和短期的划分以 1 年为界限。通常所说的全面预算，一般是指 1 年期内的短期计划。

（二）预算编制与控制的主要程序

1. 预算编制

预算编制涉及经营管理的各个部门，其中关键是界定好决策机构、财务部与执行部门之间的权责，明确各自在流程中的责任。主要程序包括：①决策机构提出总目标，并下达规划目标；②各部门编制预算；③预算委员会审查、平衡各预算，汇总出公司的总预算；④决策层审批。

某公司预算编制工作涉及董事会、预算委员会、职能部门、执行部门与子公司几个主体，其中职能部门是指财务部以及需要参与汇总预算的相关部门，如企划部、经营部、项目管理部等。执行部门是指不需要参与汇总预算的部门、项目部及分公司等。该公司预算编制，按上下结合、分级编制、逐级汇总的程序进行，在界定各自权责的基础上制定预算编制流程图（见图 10–2）。

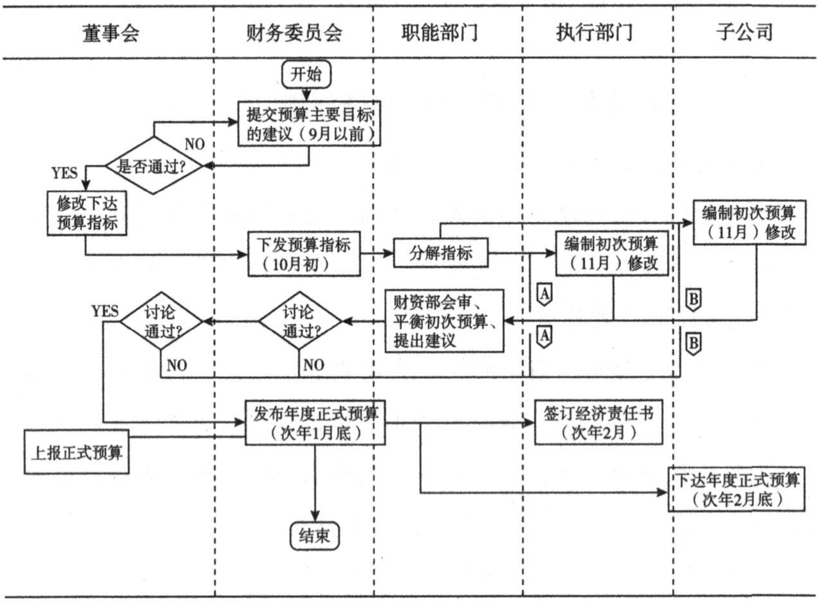

图10-2　某公司预算编制流程

2. 预算控制

预算控制的关键是对预算外事项进行控制、对预算执行情况进行汇总与分析。由于预算只是对未来的计划，很难与实际情况完全吻合，不可避免地会出现偏差。公司需对预算外事项的处理做出明确的制度规定，定期对预算执行情况汇总、分析与调整。

某公司将预算作为预算期内组织、协调经营活动的基本依据。公司财务部将预算分解为月度、季度预算，并加强预算控制。其中预算控制主要有以下方面内容：①对预算外支出，按例外事项实行审批；②预算控制与公司经济活动分析相结合，对公司预算执行情况进行整体分析；③对预算执行中发生的异常情况或偏差较大的重大项目或其他单位，要及时查明原因，提出建议和措施（见图10–3）。

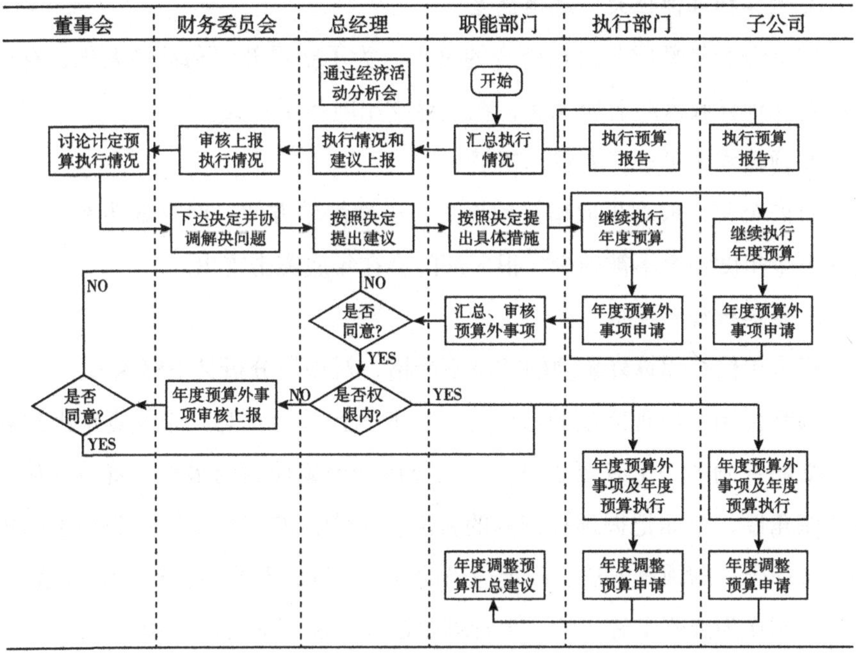

图10-3　某公司预算执行流程（节选）

（三）在实践中，预算控制常常是走形式

根据企业实际运行情况来看，尽管预算是一种传统成熟的控制手段，但仍然未能起到其应有的作用。

1. 预算与战略结合不紧密，不能体现战略导向

例如，有些部门只是根据过去的工作进行预算，很少能根据战略需求提出创新性举措。公司在审核预算时，也只是汇总与平衡，而不是从战略导向角度进行取舍。

2. 预算与业务活动结合不紧密，对提升管理水平的效果有限

全面预算的主要特点是“全”，要落实到具体生产经营活动中，目的是通过预算对生产经营过程进行控制。实践中，在预算编制时，企业往往以利润预算或费用预算为主，预算做得不细，很难达到提升管理的目的。

3. 预算标准弹性大，准确性差

预算编制是部门与公司博弈的过程。为了获得部门利益最大化，有些部门会在预算收入时有所保留，在预算支出时尽量扩大。

4. 预算方法单一，客观性不够

目前企业一般都采取增量预算法，虽然简单方便，但客观性差。为了确保下个年度预算不被减少，很多部门会在年底突击支出。

5. 预算执行不严格

很多单位对预算外事项的控制不严格，对差异分析又不够深入。

预算控制中出现问题的根源是，企业为预算而预算，未能真正将预算作为战略控制的一个有效手段。企业要提升预算控制的水平，就需要从战略控制角度，全面把握预算控制的目的，围绕目的建立预算控制的组织机构，选择合适的预算方法、确定适当的预算标准，并严格执行。只有这样，预算控制作为战略实施中的一个管理手段才能起到应有的作用。

知识小贴士

平衡计分卡体系中有个新的预算思路

针对传统预算管理存在的问题，卡普兰与诺顿提出了基于平衡计分卡的预算管理的思路，目的是促使预算与战略相联系。基本思路是用一个时间驱动的作业成本模型把战略规划与运营预算、资金预算结合起来。

包括五个步骤：①对销售收入动态预测，主要基于战略分析等手段来判断；②将销售预测转化为详细的销售和运营计划；③根据销售和运营数据，运用时间驱动的作业成本模型，预测资源需求；④预测运营支出和资本支出；⑤根据产品、客户、渠道和地区等预估利润。该方法与传统预算相比，主要创新点就是引入作业成本法，直接针对作业进行预算，更为准确。不足之处是，企业必须先建立时间驱动的作业成本法。这对大多数企业来说，都是有一定难度的工作。

三、战略评估不是为了发奖金

战略绩效指标既可用于事前控制，也可用于事中控制、事后控制。在用于事后控制时，通过战略绩效指标，可以找到战略实施效果与战略目标之间的差距，为进一步战略纠偏提供依据。战略绩效指标用于事后控制，就是常说的战略评估。由于事后评估常常与激励制度相联系，很多人就将战略评估当成了绩效考核，以为战略评估就是为了发奖金。

（一）战略评估的目的是纠偏

战略评估是为了公司能够从历史中总结经验、汲取教训，从而在未来更好地发展。战略面向未来，评估也面向未来才是关键。如果仅仅用作给领导及员工发奖金，那就必然会诱使人们在考核指标上做文章。譬如有意选择容易完成的指标，放弃虽然对战略实施重要但不容易完成的指标。结果是指标完成得很好，但战略实施却并不理想，从而失去战略评估应有的意义。

战略评估既包括对战略目标达成情况进行评估，也包括对战略选择过程进行评估，以及对战略动态调整能力进行评估等内容。

对战略选择过程进行评估，就是重新回顾战略选择的过程，判断战略目标的实现与最初战略选择之间的相关性。在很多时候，战略目标已经达成，但并不意味着当初做出了正确的战略选择。如果由于偶然因素获得成功，而公司却将成功归因于当初的战略选择，就可能会盲目自大，看不到战略思维模式的缺陷，总有一天会为此付出代价。

对战略动态调整能力进行评估，就是重新回顾战略实施的过程，判断企业把握机会的能力与规避风险的能力。企业所处的战略环境充满着变化。

在战略实施过程中，企业必然曾经把握住过一些稍纵即逝的机会，也丧失过一些非常宝贵的机会；同样，规避过一些未曾预料的威胁，也有一些事先预料到的威胁却未能规避。重新回顾战略实施过程，对公司的灵活应变能力进行评估，有助于持续提升公司的战略实施能力。

对战略选择过程以及战略动态调整能力进行评估，就是所谓的战略复盘。类似于棋局结束后，重新将棋子退回起始状态，再一步步复盘推演，以找到失误的原因以及可能存在的机会。

（二）战略选择过程评估：以联想为例

在联想，复盘已经成为企业文化的一个重要组成部分。上至制定战略下至一般工作，都需要复盘。它的复盘大致包括回顾目标、评估结果、分析原因、总结经验四个步骤。

在对战略进行复盘时，主要对原始的战略假设、战略选择进行评估。

联想手机在2010年前曾经是国内的主要手机品牌，但是到2010年后，尤其是移动互联时代到来后，其国内业务每况愈下，而一些新兴品牌如小米、华为、OPPO、vivo等却趁势起飞。联想有着庞大的营销网络和很强的品牌，可是手机业务发展却非常迟缓。用杨元庆的话说“用榔头都敲不醒”。要分析原因，就需要将历史进行复盘。

这里以渠道管理为例。在移动互联网时代到来之前，联想主要通过与运营商合作进行手机的销售。运营商购买联想的手机，开展预存话费送手机活动，为联想手机带来巨大的销量。到2010年前后，移动互联网时代到来后，智能手机迅速崛起。这时，联想有机会抓住这一历史机遇，但那时公司多少有些漠视这种趋势，仍然坚守着过去的成功经验，即在渠道上坚持走运营商补贴的路子。公司假设运营商补贴仍然将是行业未来成功的关键因素，于是加大与运营商合作的力度，并没有预见到移动互联网对运营商的冲击。这一战略假设判断的失误，导致企业失去了宝贵的机遇。

通过这样的战略复盘，可以不断提升公司的战略判断能力。就像下棋时常说的，“输赢固然重要，但知道输在哪儿、赢在哪儿更为重要”。

（三）战略动态调整能力评估：以东晶电子公司为例

东晶电子公司是一家工程公司。该公司有一个习惯，每年在年初的时候都会举办“思考周”活动。在思考周，公司上上下下每个人都要结合公司实际提出问题，或针对别人提出的问题给出合理化建议。所提问题及合理化建议涉及哪个部门，哪个部门就要对此回复并落实到工作中。在思考周，高层的研讨会中，其中一项重要的议题是“我们曾经失去了哪些机会？规避了哪些威胁？”他们认为，公司的目标可能达成，也可能没有达成。达成的过程中，也有可能因为对环境反应太迟缓，以致失去了不该失去的机会；没有达成的过程中，也可能因为对环境非常敏感，规避了未曾预料到的较大风险。对这些场景进行回顾与评估，从而找到自身不足及优势，既可以避免因为运气而成功的沾沾自喜，也可以防止失败时忽视自己的优势而过度悲观。这种评估主要是对组织与环境的敏感性进行评估，目的也是总结经验。

知识小贴士

平衡计分卡体系是想做个供企业实时纠偏的导航

卡普兰与诺顿提出平衡计分卡体系后，一直号称平衡计分卡不是绩效考核工具，而是战略实施或战略管理的工具，就是期望打造一个能够实时检测企业情况的系统。这个系统表面上是一个平衡计分卡，背后则是一套支撑战略实施的系统。平衡计分卡只是一个外在显示，类似于开飞机时的仪表盘，看着仪表盘上的各个指标就可以轻松知道企业的战略实施情况，并实时进行监控、纠偏。这种战略控制的方式有别于传统的战略控制方法。

四、常用 KPI 是评价企业绩效的基础

用 KPI 进行战略绩效评估是最常用的方法，也是每个学习战略的人应该掌握的基本方法。看到任何一个企业，应该能够第一时间在大脑中跳出常用的财务指标和非财务指标，对这些企业进行基本的衡量。

（一）KPI 是关键成功因素的具体体现

KPI 中文名称是关键绩效指标，其重心在关键绩效而不是在指标上。这个关键是指能够反映出绩效好坏的“关键”。找到关键成功因素，必须与企业的实际相结合。同样的指标，因为关键成功因素不同，可能会有不同的评价结果。例如，评价一个企业的营销工作，常用的指标是销售收入。如果企业当年的销售收入高，营业收入这个 KPI 考核得分就会高，一般情况下也说明该企业的营销工作做得好。但是，一些特殊情况下未必如此。假定这个企业以大客户销售为主，当年营业收入超额完成年初的既定任务，但大客户数量下降，则这个企业的营销工作就不能给好评。

这种评价结果在企业中容易引起争议。其根本原因就在于 KPI 的精髓是关键绩效指标的“关键绩效”而不是“指标”。大客户销售的特点决定了稳定并增加客户数量要比客户当年购买金额更为重要。客户数量是这个行业的关键成功因素。关键成功因素是成功的必要条件，即要成功就必须要有这些因素，没有这些因素就不能成功。KPI 要能够反映关键成功因素。以大客户销售为主的企业，获得大客户的成本大、难度高，一旦获得，会持续多年为公司带来销售收入；一旦丢失，不仅影响当年的销售收入，而且会影响未来好多年。同时，企业丢失了客户，竞争对手的客户就会增加。这一来一去，丢失 25% 的客户可能对公司发展带来致命的影响。

（二）能洞察行业“秘密”的 KPI 才是好的 KPI

战略绩效评估时，要用到的是对战略有关键影响的指标。这就需要从战略出发，寻找能够支撑战略的关键绩效指标。一家以大型客户销售为主的企业，公司的战略目标之一是“积极向石化领域扩张”。对于这个目标的测定，从理论上来说有销售收入、市场份额、毛利率等指标可选择，但都不是理想的 KPI，因为在石化领域，搞定一个客户就意味着巨大的订单，而且一般这类大客户稳定且持续性强，搞定就意味着后续持续的大订单。这时，搞定大客户就是完成这一指标的关键成功因素。这时以“客户数量”为 KPI 倒也不错，但该指标仍然不能准确反映“搞定大客户”的关键节点。经过探讨，企业发现这个行业的销售有一个特点，即需要不断拜访客户，有意向的客户会派人回访并进行技术交流，多个来回甚至持续多年之后才有可能销售成功。在拜访与回访中，只有客户方关键的技术负责人回访过公司，才称得上是“初步建立起了客户关系”，这些人来过后，公司一般就会被客户列为备选的采购对象。

找到搞定大客户的“秘密”，并将这个秘密设计成 KPI，才能真正为管理服务。最后该公司选取了“客户关键技术负责人到访次数”作为营销工作的 KPI 之一。

（三）常见的三类财务 KPI 指标

第一类指标是盈利指标。典型的是资产收益率，它可以反映企业的竞争策略、营运效率以及财务结构。资产收益率经过杜邦分析后，可以分解为 3 个：

①反映市场竞争策略的销售净利率或毛利率。对于实行低成本竞争策略的企业，一般毛利率都不会太高，产品品质大众化或有一定特色但生产成本较低。实行差异化战略的企业，希望以差异化特色来获取更高的利润，一般毛利率会相对高些。

②反映生产运作能力的资产周转率。资产周转率反映一个企业的运作

效率，所对应的主要是波特内部价值链上的主价值链上的相关活动。一个实行“薄利多销”策略的企业，应该有较高的运营效率。从该指标可以判断企业的运营策略与能力。

③反映财务策略的权益乘数。权益乘数是股东权益可撬动总资产的倍数，与之对应的是资产负债率。负债率过高，企业风险过高。权益率过高，企业可能会损失利息抵税的好处。通过比较行业的基本数据，可以判断企业的财务策略。

第二类指标是市盈率、市净率、市销率等。它们可反映企业所处行业的特点。站在股东尤其是上市公司的股东角度来看，好企业与差企业的重要区别就是能否赚到钱。市价比率既反映价格，也反映净收益、净资产与销售收入之类的信息。有效分析行业之间的这些指标，可以大致对行业所处的生命周期状态进行判断。譬如高市盈率的行业往往处于导入期或成长期，以高科技企业居多。观察这些指标，又可大致判断企业在行业中的受关注程度，如高市盈率的高科技企业往往具有较好前景的业务或技术。

第三类指标是反映企业能力的一些指标。财务报表中有很多常见的财务比率，如反映短期偿债能力、长期偿债能力、营运能力、盈利能力等方面的一些比率指标。通过纵向比较这些比率，可判断企业的发展变化。通过横向比较，可判断企业在行业中的地位与变化。这是财务工作者普遍关注的指标，战略工作者则更应重点关注企业的可持续增长率指标。

可持续增长是指企业平衡增长的状态，即企业在市场政策不变、财务政策不变、运营效率不变的情况下可以保持的正常增长。可持续增长率可以分解为销售净利率、总资产周转率、期初权益期末总资产权益乘数以及利润留存率。通过比较企业的纵向数据，可以对企业提出的发展战略的可行性进行判断。若一个企业超越平衡增长、盲目扩张，则有可能发生现金流不足的风险。从战略工作者角度，当一个企业提出超常规的发展战略时，就应关注该企业的可持续增长潜力。

五、经济增加值是好看不好用的东西

经济增加值（EVA）是剩余收益类指标中的一种。自从剩余收益的概念出现以后，社会中出现多个用于评价企业业绩的指标，其中经济增加值是最热的一个。然而，这个指标非常好看，用起来却有些麻烦。

（一）经济增加值是考虑资本成本的剩余收益类指标

经济增加值的基本计算公式是“调整后的税后经营利润减去加权平均资本成本率乘以调整后净投资成本的差”。简单地说，经济增加值就是净利润扣除投入资金成本后的差额。它既考虑税后经营利润也考虑企业投资的机会成本，代表了企业给股东实际带来的价值。

经济增加值的突出特点就是考虑到了资本的机会成本。所谓机会成本，是做出一个投资选择时，放弃别的选择机会的成本。例如，某个人有一套门面房，他可以将其出租，预计租金每月 5000 元，也可以自营商铺。他选择自营商铺，意味着放弃的机会成本是每月 5000 元。

考虑到机会成本后，经济增加值能准确衡量企业给股东带去的价值增加。接上例，如果这个人最终选择自营商铺，每月赚取的利润小于 5000 元，假定只有 3000 元，虽然从表面上盈利，但考虑到机会成本，按照 EVA 计算，他实际每月“赔”了 2000 元。他不但未能让这套房产生更大的价值，反而连房租都赚不回来，说明他的经营水平是有限的。

经济增加值的另一个突出特点是考虑到了企业长期发展，具体表现为“调整”。经济增加值的计算，基于会计数据又不囿于会计数据，需要对会计数据进行调整。这种调整是从企业长期发展视角下进行的。例如，研究与开发活动是企业长期增长的重要驱动力，是企业为了持续发展的重要投资。然而，按照会计准则要求，研发费用被当作费用要直接扣除。在计算经济增加值时，研发费用被调整成投资。从企业长期发展视角对税后净经营利润与净投资资本进行调整，能够规避企业的战略短视，引导企业着眼长远，倾力打造核心竞争力。

知识小贴士

EVA 计算时的典型调整

计算 EVA 进行调整税后净经营利润时，涉及利润表及资产负债表有关项目，应按复式记账法同时调整。计算资金成本时的总资产，应为扣除经营负债后的投资资本，需将长期性经营租赁资产等表外融资项目纳入。典型的调整见表 10-1。

表10-1　会计准则处理与EVA处理比较

项　目	会计准则处理	EVA处理
研究与开发费用	作为费用立即将其从利润中扣除	作为投资并在一个合理的期限内摊销
战略性投资的利息	计入当期财务费用	记入专门账户中资本化并在开始生产时逐步摊销
收购形成的商誉	一部分立即转为费用，一部分作为无形资产在规定年限内摊销	要求商誉保留在资产负债表上，不进行摊销，除非有其价值下降的证据
品牌建设与市场开发费用	作为费用立即从利润中扣除	争取客户的营销费用资本化并在适当的期限内摊销
折旧费用	大多数时候使用直线折旧法处理	对某些大量使用长期设备的公司，按照更接近经济现实的“沉淀资金折旧法”处理
重组费用	确认为当期费用	作为投资处理

（二）经济增加值更能反映股东价值

我国企业自改革开放至今，业绩评价主要经历了以下几个阶段。

一是产值考核为中心的阶段。在此阶段，考核指标以产值为中心，再配以利润、成本等指标。1982年国家经济委员会、国家计划委员会制定了包括产值、产值利税率等16项指标的国企业绩评价体系。

二是以投资报酬率为中心的阶段，核心指标是“利润”。1993年，财政部颁布了会计准则，从盈利能力、运营能力、偿债能力三个方面来评价企业。1995年财政部发布了第一套国企业绩评价体系，包括销售利率、总资产报酬率、资本收益率等10项指标。1999年财政部等发布新评价规则，包括财务效益、资本营运、偿债能力、发展能力四个方面的24项定量指标和8项定性指标。

三是以EVA为中心的战略评价和价值评价的阶段。2005年，有些上市公司尝试过用EVA进行业绩评价。2010年，国务院国资委开始对中央企业负责人实行EVA考核。2012年12月发布30号令，要求2013年1月1日起开始实施修订后的《中央企业负责人经营业绩考核暂行办法》。

经济增加值与传统的投资收益率相比有明显的优点。

一是经济增加值最直接地与股东财富的创造联系了起来。销售利润率、每股盈余等以利润为中心的考核指标，表面上与股东价值联系在一起，但实际上由于资本成本未被扣除，并不能直接反映股东的期望。例如，上面所举的自营商铺的例子，表面上看自营商铺有利润，但利润额赶不上房租额，那不如直接出租更合算。由于历史原因，有些国有企业占有国家给予的大量资产，所赚取的利润还不够这些资产的资本成本，表面上看是为股东创造了财富，实际上却没有。使用经济增加值考核后，企业是否为股东创造了财富，可以一目了然地看清楚。

二是经济价值将战略与财务管理、薪金激励等联系起来了。它将资本预算、业绩评价和激励报酬等结合起来，有利于企业更好地实施战略。过去，资本预算、业绩评价和激励报酬分别采用不同的考核指标。如资本预算时，一般采取净现值法和内部报酬率法，业绩评价时采取投资报酬率法，激励报酬时又会采取税后利润等指标，各个部门决策的依据存在不同，相互之间就不易统一，不利于战略实施。采用经济增加值后，这些工作都围绕经济增加值展开，相互之间容易统一。

三是经济增加值有利于投资人选择最有价值前景的公司。企业给股东所带来的价值增值非常清楚，便于投资人选择。目前已经有专业机构在做经济增加值排名。

（三）经济增加值实际使用时也很麻烦

经济增加值被社会各界普遍关注，有人甚至将其称为21世纪以来最大的创新，但是从战略角度来看，业绩评价工具只是一个工具，关键还在于如何使用。另外，作为工具，自然有优点就有缺点。

经济增加值的缺点主要有三个。

一是使用起来太麻烦，需要做很多调整。对于企业来说，只要涉及调整，就容易乱。对于税收净收益的调整，该调哪些、如何调、对于资本成本该如何确定等，目前都存在着争议。

二是它是一个绝对数指标，与净利润指标类似，不同规模的企业会有所不同。用它来比较，显然有失公允。

三是企业所处不同的战略阶段，经济增加值会有所不同，单凭经济增加值会误导使用者。例如，一个正在高速成长的网络企业，如京东，经济增加值可能较少甚至是为负，一个处于衰退阶段的传统企业，如邮政公司，经济增加值可能会较大，单凭经济增加值得出后者更利于投资的结论，显然不科学。

参考文献

[1] Kenneth R. Maccrimmon，Do Firm Strategies Exist? ［J］. 1993，strategic Management Journal，14，113–130.

[2] Prahalad CK，Gary Hamel，The Core Competence of the Corporation［J］. Harvard Business Review，（May–June），1990.

[3] Robert S Kaplan，David P. Norton，The Balanced Scorecard：Translating Strategy into Action［M］. 1996，Harvard Business School Press.

[4] Robert S Kaplan，David P. Norton，The Strategy–Focused Organization：How Balanced Scorecard Companies Thrive in the New Business Environment［M］. 2000，Harvard Business School Press.

[5] Robert S Kaplan，David P. Norton，Strategy Maps：Converting Intangible Assets into Tangible Outcomes［M］. 2004，Harvard Business School Press.

[6] Simons，R.，How new top managers use control systems as levels of strategic renewal ［J］. 1994，Strategic Management Journal，15（3），169–189.

[7] 〔美〕迈克尔·波特. 竞争优势［M］. 陈小悦，译. 北京：华夏出版社，2005.

[8] 〔美〕迈克尔·波特. 竞争战略［M］. 陈小悦，译. 北京：华夏出版社，2005.

[9] 〔美〕迈克尔·波特. 国家竞争优势［M］. 李明轩，邱如美，译. 北京：中信出版社，2012.

[10] 周三多，邹统钎. 战略管理思想史［M］. 上海：复旦大学出版社，2002.

[11] 〔美〕赫伯特A. 西蒙. 管理行为［M］. 詹正茂，译. 北京：机械工业出版社，2004.

[12] 〔英〕理查德·惠廷顿. 战略是什么［M］. 王智慧，译. 北京：中国劳动社会保障出版社，2003.

[13] 〔美〕保罗·R. 尼文. 政府及非营利组织平衡计分卡［M］. 胡玉明等，译. 北京：中国财政经济出版社，2004.

[14] 〔美〕卡普兰，诺顿. 组织协同［M］. 博意门咨询公司，译. 北京：商务印书馆，2006.

[15] 〔美〕毕意文，孙永玲. 平衡计分卡中国战略实践［M］. 北京：机械工业出版社，2003.
[16] 〔加〕明茨伯格，阿尔斯特兰德，兰佩尔. 战略历程（修订版）［M］. 魏江，译. 北京：机械工业出版社，2006.
[17] 〔加〕明茨伯格. 管理工作的本质［M］. 方海萍等，译. 北京：中国人民大学出版社，2012.
[18] 〔韩〕W. 钱. 金，〔美〕勒妮·莫博涅. 蓝海战略［M］. 吉宓，译. 北京：商务印书馆，2005.
[19] 〔美〕克里斯. 长尾理论［M］. 安德森，乔江涛，译. 北京：中信出版社，2006.
[20] 〔美〕亚瑟. A. 汤姆森，A. J. 斯迪克兰迪. 战略管理：概念与案例（第10版）［M］. 段盛华，王智慧，主译. 北京：北京大学出版社，2000.

编后记

《战略十讲》第二版终于问世，作为本书编辑，满怀感慨与感恩。

感谢第一版的近20000位尊贵读者，你们的慧眼识珠和鼎力支持，让本书有了再版的底气和勇气。你们从本书中获得了知识和力量，又反馈以期许和鼓励。这种携手共进的双向奔赴，必将令我们的第二次相遇充满久别重逢的惊喜，也让本书对迎接更多新的尊贵读者充满期待！

感谢为《战略十讲》第一版无私录音的十位读者伙伴。你们的声音穿透时空，借助喜马拉雅App传递给更多期待学好战略的人们。《战略十讲》因与你们的名字产生联结而倍感荣耀：徐婧，李姗，石崎，张宇翔，徐锦，刘梦雪，杨莉，刘凤，兰秋菊，大麦。何其有幸再相逢！

感谢《战略十讲》第二版的七位试读者，你们牺牲了闲暇，在最短的时间内逐字审校，每一个修改和建议，都闪烁着智慧和热忱的光芒。芮京兰，郝美华，刘昕，徐宁，刘元玲，黎志敏，沈润莲。你们是《战略十讲》第二版未具名的编辑，请与它一起迈向星辰大海！

战略的本质就是选择，它影响着人、企业乃至国家的终局。

愿与选择《战略十讲》第二版的读者一道，洞察商业人性，立足百年变局，鹰击长空，乘风破浪！

感谢翻阅。祝学有所得，读有所悟，成就更好的自己！